성공회대학교 동아시아연구소 학술총서

종전에서 냉전으로:
미국 삼부조정위원회와 전후 동아시아의 '신질서'

성공회대학교 동아시아연구소 기획

강성현, 백원담 편

진인진

:::지은이

강성현 성공회대학교 동아시아연구소 HK연구교수
곽귀병 서울대학교 사회학과 박사과정 수료
공준환 서울대학교 사회학과 박사과정 수료
권헌규 고려대학교 사회학과 석사 졸업

종전에서 냉전으로: 미국 삼부조정위원회와 전후 동아시아의 '신질서'

초판 1쇄 발행 | 2017년 5월 15일

엮은이 | 강성현, 백원담
기   획 | 성공회대 동아시아연구소
편   집 | 배원일
발행인 | 김영진
발행처 | 진인진
등   록 | 제25100-2005-000003호
주   소 | 경기도 과천시 별양상가 1로 18 614호(별양동 과천오피스텔)
전   화 | 02-507-3077~8
팩   스 | 02-504-3079
홈페이지 | http://www.zininzin.co.kr
이메일 | pub@zininzin.co.kr

ⓒ 진인진 2017
ISBN 978-89-6347-329-1 93300

이 저서는 2007년도 정부(교육과학기술부)의 재원으로 한국연구재단의 지원을 받아 수행한 연구결과물임(NRF-2007-361-AM0005).

책머리에

1.

10년째다. 방학 때마다 자료 조사를 위해 미국을 방문한다. 미국 국립문서기록관리청NARA, 대통령도서관, 의회도서관, 각종 군 아카이브즈, 그리고 대학과 민간 재단이 운영하는 민간 아카이브즈에는 한국 근현대사 자료들이 상당한 규모로 존재한다.

2007년 7월 메릴랜드 컬리지팍College Park에 소재한 NARA 2관에 처음 방문했을 때 느꼈던 긴장감과 흥분을 아직도 기억한다. 국민보도연맹과 한국전쟁기 학살 자료의 조사 '발굴'이 목적이었다. 자신에 차 있었다. 미국에 오기 전 국사편찬위원회 등 한국 자료기관이 조사 수집한 미국 자료들을 꽤 많이 접했다. 성공적인 조사를 위해 NARA의 기록관리 구조에 대한 지식과 정보를 습득했다. 선임 연구자들이 쌓은 자신만의 노하우와 검색공구Finding Aids를 활용해, 내가 찾고자 하는 자료들을 목록으로 만드는 예비 작업을 수행했다. 나름 만반의 준비를 했고, 긴장감과 흥분이 범벅된 채 NARA에서의 조사를 시작했다.

하루가 채 지나지 않아서 당혹감을 느꼈고, 1주가 지나면서 좌절감이 밀려왔다. 그제야 사전 준비 없이 왔던 모 기자가 NARA에 와서 6개월

넘게 허탕을 치며 초조해했던, 선배로부터 들었던 에피소드가 떠올랐다. 내가 타겟팅했던 목록은 일주일도 지나지 않아 거의 쓸모없음이 판명 났다. 서울에서 김서방 찾기 수준의 목록이었던 것이다.

그렇게 훌쩍 3주가 지났다. 건진 것은 이미 조사 수집되어 한국에도 소개된 '쪼가리' 자료들이었다. 내 손으로 직접 확인했다는 의미 외에 무엇이 있었을까? 그러던 어느 날 NARA의 '터줏대감' 방선주 선생님이 말을 거셨다. 익히 들어 알고 있었지만, 매일 인사를 드려도 별다른 반응과 대꾸가 없던 차였다. 그랬던 방 선생님이 밥도 사주셨다.

하루는 방 선생님이 펜실베니아 칼라일Carlisle에 있는 미육군역사연구소USAMHI에 방문 조사하러 가는데, 같이 가겠냐고 제안했다. 기회였다. 가고 싶었지만, 차가 없어 갈 수 없는 곳이었다. 따라 나섰고, 맥아더의 정보참모였던 윌로우비 소장, 여순사건의 현장에 있었던 모위츠 대위의 개인 박스들을 비롯해 여러 장성, 장교의 기록들을 '까' 볼 수 있었다. 그 다음날 아침 방 선생님으로부터 두 박스 분량의 NARA 소장 기록물을 선물로 받았다. 방 선생님이 조사 수집했던 기록 복사물이었다. 무엇보다 내가 찾으려고 애썼던 자료들이었다.

그 자료들은 나에게 고구마 줄기 같은 역할을 해줬다. 부실한 잠자리와 식사, NARA 문서기록실Textual Record Room 큰 창으로 들어오는 8월의 뜨거운 햇살과 빵빵하게 나오는 에어컨의 냉기를 오가며 몸은 천근만근 가라앉았지만, 하루에도 몇 번씩 내 앞에 새롭게 나타나는 자료들을 읽으며 마음만은 들썩거렸던 기억이 새록새록 난다.

이 경험이 10년 동안 나를 미국으로 이끌었다. 해마다 NARA에 방문해 자료를 조사하는 다른 연구자들도 그럴 것이다. 과거에는 독일, 그리스 등 유럽에서 온 연구자들이 많았다고 들었다. 그 뒤를 이어 일본과 오키나와에서 온 연구자들이 북적거렸고, 언제부턴가 한국인 연구자들이 많아졌다. 한국 현대사 '2세대 역사학자' 중 미국 자료들을 바탕으로 괄

목할만한 성과를 낸 연구자들은 1990년대 중후반부터 2000년대 중반까지 NARA, 대통령도서관 등 미국 자료기관의 자료들을 '섭렵'하고 다녔다.

대학원 시절 그런 연구들을 따라가면서 부러운 속내를 애써 누르고 불만과 비감을 터뜨리곤 했다. 왜 한국 현대사 연구자들은 한국에 자료가 없어서 미국으로 가서 자료를 찾아야만 하는가? 한국의 정치, 경제, 외교, 사회, 심지어 일상사 연구의 재료가 될 수 있는 자료들이 미국에 있었다. 한국어로 된 대규모의 노획자료captured documents에서 각종 기관이 생산한 다양한 유형의 정보, 작전, 심문, 종합연구 보고서 등에 이르기까지, 일반 주민에서부터 한국 최고위급 지도층 인사들의 동향에 이르기까지 미국에는 없는 것이 없었다. 1945년 이후, 특히 1950년대 연구자에게 NARA는 자료의 보고寶庫였다.

조사 햇수가 거듭될수록, 연구 관심의 대상이 점차 한국이라는 국가 스케일에서 벗어나기 시작했다. 처음에는 다양한 주제의 한국 관련 자료들을 조사했고, 박스에서 관련 자료들을 "뽑아냈다." 그러다가 이 행위에 대해 문제의식을 갖게 되었다. 자료의 생산 맥락에서 보면, 내가 뽑아냈던 자료와 그렇지 않은 자료가 구분되지 않는 경우가 많았다. 오히려 긴밀하게 연관해서 보아야 그릴 수 있는 세계가 있었다. 예컨대 상당수 자료들은 한미 관계를 넘어 미국의 동아시아 전략, 심지어는 아시아·태평양 전략 속에서 구상, 결정, 진행된 정책 자료로서 생산된 것이었다. 미국의 정책을 국가·국제 스케일national-international scale에서만 작용하는 힘으로만 볼 것이 아니라 지역 스케일local-regional scale에서 작용하는 힘과의 관계 속에서도 파악해야 한다는 것을 깨닫게 되었다. 뿐만 아니라 미국이 단일한 의도를 갖고 있는 행위자가 아님을 인식하게 되었다. 정책 기획의 원탁에서는 외교 DNA와 군사 DNA가 협력하기도 하지만, 경합·갈등하면서 정책을 결정한다. 이것은 부서 간 경합과 갈등일 뿐만 아니라 부서의 이해를 넘어 연결된 정책 기획·결정 인사들의 네트워크 간 경합과 갈등의 양상으로 나타나기도 한다. 미국의 이익을 위한 정책을 조정하며 입안했던 국무·육군·해군 삼부조정위원회(이하 SWNCC) 자료들은 이를 잘 보여준다.

2.

SWNCC는 미국 국무부와 군부의 전후 신질서 기획이 구상으로 그치지 않도록 부서 간 경합·갈등을 조정하며 실행될 수 있도록 한 장치였다. 물론 SWNCC가 미국의 유일한 전후 신질서에 대한 정책 형성자는 아니었다. SWNCC와 비슷하게 부서 간 경합·갈등을 조정하고 정책을 형성한 다른 기구들도 있었다. 유럽과 태평양의 경우 국무부와 군부 외에도 재무부와 내무부가 정책 형성에 참여했다. 예컨대 독일 점령의 경우 재무부 중심의 IPCOGInformal Policy Committee on German가 SWNCC와 관할권 다툼을 벌였다.

한국 문제는 미국의 아시아·태평양 전략의 하위에서 정치-군사적 문제로 다뤄졌다. 적국 일본제국주의의 식민지로서 '조선'은 일본과 그 식민지, 그리고 위임통치령의 맥락에서 취급되었다. 이 지역은 SWNCC의 관할권이었다. SWNCC를 움직이는 인사들(또는 그 네트워크)의 생각과 결정에 달려 있었다는 의미이기도 하다.

한국에서도 1990년대 중후반부터 SWNCC 자료를 조사하고 이를 활용하는 연구들이 있었다. 대개 미국의 한반도 분할(분단) 결정, 해방 전후 대한정책, 미군정기 한국의 국가-사회 형성, 한일관계 연구의 흐름 속에서 SWNCC 한국 관련 자료집이 신복룡, 이길상, 정용욱 등에 의해 간행되었고, 이를 바탕으로 해 많은 연구서들이 출판되었다(이 책 5장에서

이 흐름을 간략히 정리했다.).

　이 자료와 연구들은 한국 현대사의 토대가 되었다. 동시에 후발 연구자 또는 '3세대 역사학자'에게는 넘어서야 하는 과제가 되었다. 우선 "한국 관련"이라는 족쇄를 풀어야 한다. 미국 SWNCC 정책은 한미관계, 미일관계를 넘어서 미국의 동아시아 또는 아시아·태평양의 전략 속에서 파악되어야 한다. 다음으로 자료의 범위도 더 넓어져야 한다. SWNCC 본회의와 산하 극동소위원회SFE 보고서 뿐 아니라 여러 종류의 회의록들과 교차 분석해야 한다. 또한 국무부 자료 뿐 아니라 합동참모본부 등 군부 자료들이 함께 검토되어야 한다. 무엇보다 국무부와 군부의 경합·갈등의 장치로서 SWNCC의 통치 기제 자체를 주 연구 대상으로 삼았던 연구가 없었다.

　2013년 이러한 문제의식을 공유하는 자료조사팀을 구성했고, 국사편찬위원회의 지원 아래 SWNCC 보고서 자료의 일부에 대한 번역 사업을 수행했다. 이후 국편 지원은 중단되었지만, 자료조사팀은 자료의 번역 작업을 계속 진행했다. 2015년부터는 성공회대학교 동아시아연구소의 〈냉전아시아의 사상심리전 연구〉 지원에 힘입어 '미국 SWNCC의 전후 아시아 질서 재편과 한국'이라는 주제로 연구팀을 조직했다. 2015년 1월 미국 NARA에 방문 조사해서 SWNCC와 극동소위원회의 회의록들을 수집해 SWNCC 자료 컬렉션을 보강하고 있던 차였다. 이 때를 시작으로 연구팀은 2016년 6월만을 바라보고 꾸준하게 달렸다. 도중에 자료의 (재)발견과 공백으로 과열되기도 냉랭해지기도 했지만, 꾸준하게 페이스를 유지하면서 2015년 8월 동아시아연구소 워크숍에서의 중간 보고를 거쳐 '우리'가 기획·조직한 2016년 6월 국제학술회의를 향해 정주행했다.

　2016년 6월 24~25일 한국냉전학회와 공동개최한 국제학술회의 〈냉전-분단 아시아의 탄생: 전후 신질서 구축과 사상심리전〉 행사는 냉전아시아의 사상심리전 연구 사업 내 SWNCC 연구팀과 냉전적 학지 연구팀의 '콜라보'에 힘입은 바 컸다. 무엇보다 국내외 냉전(사) 연구자들의 전문적인 토론과 협업은 학술회의의 성과를 보다 업그레이드시킬 수 있는 과제들을 제시해주었다. 발표문을 대충 수습하는 방식으로 책을 출판해서는 안 된다는 공감대가 연구팀 내에 형성되었고, 이것이 미국 NARA와 국편 등에 대한 추가 자료 조사를 진행할 수 있었던 힘이 되지 않았나 싶다. 자료 조사 수집과 관련해 종종 경험하는 상황이 있다. 찾으려 애써도 나타나지 않는 자료들이 갑자기 귀국하기 전 막판 수일 동안에 연구자를 찾아온다는 것이다. 이번에도 그랬다. 국제학술회의도 끝난 마당에 무슨 자료 조사냐 싶겠지만, 결국 중요한 자료들이 '우리'들을 찾아왔다.

이 자료들을 최대한 소화하고 논문을 썼다. 그 결과 SWNCC 연구팀은 한국사회사학회가 간행하는『사회와 역사』112호(2016년 겨울호)의 특집을 구성했고, 냉전적 학지 연구팀은『역사비평』118호(2017년 봄호)의 기획2를 구성했다. 이제 이 논문들을 다시 확대 보완하고, 국제학술회의에 참여했던 외국인 동료 연구자들의 글들을 더해 두 권의 책,『종전에서 냉전으로: 미국 삼부조정위원회와 전후 동아시아의 '신질서'』와『열전 속 냉전, 냉전 속 열전: 냉전 아시아의 사상심리전』으로 발간한다.

3.

이 책은 성공회대학교 동아시아연구소의 냉전 아시아 및 문화냉전 연구서들을 이어나갈 목적으로 기획했다. 동아시아연구소는 아시아의 문화냉전에 대한 연구 성과를 2008~2009년에『냉전 아시아의 문화풍경 1, 2』로 출판했고, 2013년에는 중국의 냉전국제사 연구 성과를 일정 정도 반영해『'냉전' 아시아의 탄생: 신중국과 한국전쟁』을 출판했다. 이렇게 보면, 동아시아연구소는 미국과 유럽, 중국에서 새로운 냉전사 쓰기가 시도되는 2000년대 중후반에 문화적·지역적 전환cultural and regional turn을 통해 '문화로서의 인터-아시아'와 '냉전으로서의 아시아'에 대한 문제의식을 갖고 연구를 진행해왔다. 이번에 출판하는 두 권의 책은 동아시아연구소가 한국 냉전(사)연구의 '센터'로서 자부심과 책임감을 보여주는 것이다.

SWNCC 연구팀과 냉전적 학지 연구팀을 비롯해 저자로 참여해준 국내외 연구자들의 협력이 없었다면, 이 책을 출판하는데 어려움이 많았을 것이다. 이 지면을 빌어 깊은 감사를 드린다. 한국냉전학회의 여러 선생님들도 많은 도움을 주셨다. 학회 기관회원인 동아시아연구소의 학술연구 활동에 많은 관심과 참여로 응해주었고, 그 과정에서 보여준 세심한 피드백이 국제학술회의를 성공적으로 이끌어주었고, 책의 출판에도 큰 힘이 되었다. 정근식 회장, 김남섭 부회장 이하 학회 선생님들에게 감사드린다. 성공회대학교 동아시아연구소 동료 선생님들에게도 감사를 드린다. 그들이 동료로서 보여준 관심과 배려는 물심양면으로 버팀목이 되었다. 특히 연구소 사무국장인 김연수 선생님 이하 조교들은 여러 행사를 성공적으로 진행할 수 있도록 한 주인공들이었다. 특별한 감사를 보낸다. 마지막으로 어려운 출판 환경 속에서도 이 책의 출판을 결정해준 진인진 출판사의 김영진 대표와 배원일 편집자님, 그리고 출판 노동자들에게 고마움을 전한다.

2017년 4월

공동 저자들을 대신해서
강성현·백원담

목 차

미국 삼부조정위원회를 통해
'전후 신질서' 구축과 냉전적 변형을 보다

강성현

1. 미국 국무·육군·해군 삼부조정위원회에 주목하다

군인과 외교관이 원탁에 둘러 앉아 세계를 정치-군사politico-military 문제로 환원하여 새로운 질서를 디자인하는 모습이 상상되는가? 미국이 제2차 세계대전을 승리로 이끌면서 세계 헤게모니 국가가 되었고, '신질서 New Order'를 구상하고 주도해나갔으며, 당시 주조된 질서가 지금의 질서와 강력한 연속성을 가지고 있다는 사실에는 이견의 여지가 없어 보인다. 그러나 이러한 질서가 어떻게 고안되었는지에 대해서는 미국 루즈벨트 Franklin Roosevelt 대통령을 위시로 한 몇몇 인물들 정도가 부각되거나, 미행정부 내 부서로 국무부 정도가 부각될 뿐, 미국 내 다양한 주체들의 이해관계를 조정해가며 새로운 세계 질서를 주조했던 장치나 동학에 대한 연구와 관심은 상대적으로 소홀했다.

이 책은 제2차 세계대전의 종전 즈음 미국 워싱턴의 원탁에서 외교 DNA와 군인 DNA가 때로는 경합·갈등하며, 때로는 협력하면서 이 신질서를 고안하고 만들어갔다는 사실에 주목한다. 이것이 국무·육군·해군 삼부조정위원회(State-War-Navy Coordinating Committee, 이하 SWNCC)를 연구 대상으로 삼은 이유다.

SWNCC에서 이루어진 논의 중 상당수는 제2차 세계대전의 종전과 전후를 구상한 '전후 기획 집단'에서 준비하고 있던 기획들이었다. 1장 「원탁에 둘러앉은 외교관과 군인들」에서 자세히 설명하고 있듯이, 1940년대부터 미국 내 다양한 주체들, 국무부의 외교관들, 재무부의 관료들, 민간 자본가들, 군부 내 민간 관료들과 군인들은 각자 독자적인 기획을 준비해왔다. 그 중에서도 국무부가 단연 선두였다. 일찍부터 전후 기획을 체계적으로 준비하기 시작했다. 국무부는 1939년 12월 '전후 대외정책에 관한 자문위원회(The Advisory Committee on Postwar Foreign Policy, 이하 자문위)'를 설치하고, 새로운 하위 기구들을 구성하거나 기존 국무부 조직들을 활용해 전 세계에 걸친 다양한 주제들에 대해 연구하기 시작했다.

이러한 기획은 그 이전부터 외교협회Council on Foreign Relations에서 준비해온 기획들을 계승한 것이었다. 특히 국무부 자문위에 참여했던, 루즈벨트가 '나의 전후 고문들'이라고 애칭했던 인사들도 외교협회 인사들을 주축으로 한 것이었다. 이런 의미에서 국무부 자문위는 국무부 안에 있지만, 동시에 밖에 있기도 한 '옥상옥' 같은 존재였다.[1]

1944년 1월 국무부의 조직이 개편, 확대되었고, 같은 해 2월부터는 '전후계획위원회Post-War Programs Committee'가 설립되면서 정책요강에 대한 세부적인 실현 방안이 논의되고 준비되었다. 그러나 이렇게 준비된 기획들이 그대로 실행되었던 것은 아니다. 1장에서 자세히 설명하겠지만,

전후 기획의 내용과 실행을 둘러싸고 행정부 내 다양한 부처들이 경합·갈등했기 때문이다. 무엇보다 점령지역에 대한 실질적인 행정력을 점령군이 행사하고 있었고, 조직계통상 점령군에 명령을 내리는 합동참모부(Joint Chiefs of Staff, 이하 JCS)의 역량이 커진 상황에서 국무부는 단독으로 자신의 기획을 관철시킬 수 없었다. 군부 또한 제2차 세계대전 전후의 복잡한 외교적 맥락을 고려하고 연합국을 설득할만한 역량이 없었기 때문에 국무부의 협조가 불가피했다.

이러한 상황에서 국무부와 군부의 전후 기획이 구상으로 그치지 않도록 조정되며 실행될 수 있도록 한 장치가 SWNCC였다. 1944년 12월 설립된 SWNCC는 1947년 11월까지 활동하면서 전쟁 중에는 주로 군사 작전의 외교적 여파를 고려했다. 이 과정에서 전후 식민지 처리 문제가 예비되기 시작했다. 전쟁이 끝난 후에는 본격적으로 점령지역 군성에 기본 지침들을 내리고, 점령지역의 정치-군사적 문제를 논의하고 처리하는 역할을 했다.

이 책에 실린 글들은 미국 주도의 전후 신질서를 주로 국무부를 중심으로 접근했던 기존의 논의들과 달리 SWNCC를 통해서 접근한다는 점에서 차별성을 갖는다. 이러한 접근은 전후 기획을 둘러싼 미 행정부 내 다양한 주체들의 경합과 갈등을 검토하는 것이므로 미국의 전후 기획이 가진 복합성을 세밀하게 살펴볼 수 있을 것이다.

이러한 동학은 부서 간 경합과 갈등으로만 한정하면 그 전모가 파악되지 않는다. 전후 기획을 둘러싸고 민간 관료나 군인들은 반드시 자신이 소속한 부서와 동일한 입장을 가진 것은 아니었다. SWNCC 같은 정책 조정 기구 안에 참여하는 인사들이 부서의 이해를 넘어 합종연횡하는 사례들이 종종 발생했고, 이는 대개 자신들이 생각하는 미국의 이해에 복무하는 것이었다. 흥미로운 것은 미국의 이해라는 목적을 달성시키기 위한 구상과 실행에 대한 상도 균질적인 것이 아니어서 부서를 넘어섰지만 결국

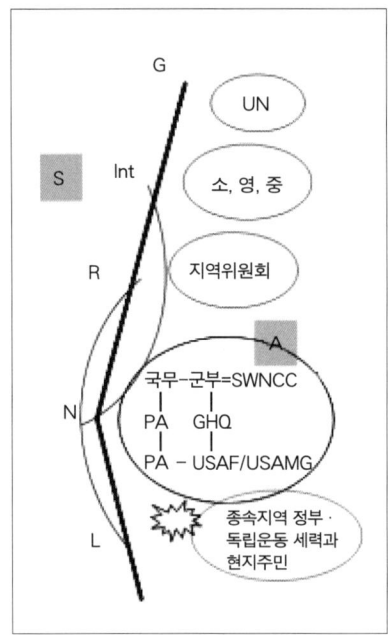

그림 1　다중스케일 방법

각자의 상을 공유하고 있는 네트워크 간 경합·갈등이 벌어지기도 했다.

이 책은 또한 SWNCC를 통한 미국의 전후 기획이 다양한 다중-스케일multi-scale에 걸쳐 있음을 보여준다. 이렇게 결정된 SWNCC의 전후 기획이 미국 외부의 다양한 주체들의 경합과 갈등 속에서 어떻게 변형되었는지 살펴본다. 미국이 실행한 적국en-emy state과 그 종속지역(식민지, 위임통치령)에 대한 점령과 이를 통한 국가/사회에 대한 '전면 개조'는 연합국의 일원이었던 영국, 소련 등의 자체 기획과 경합·갈등하면서 일정 정도 조정되어야 했다. 뿐만 아니라 미국이 단독/공동 점령한 종속지역에서는 군정이 SWNCC에 의해 조정된 정책 방침을 시행할 때 종속지역 정부 또는 독립운동 세력과 현지 주민들의 저항을 고려해야 했다.

이 책의 글들은 점령, 신탁통치, 전범처리, 노동개혁이라는 주제와 관련된 SWNCC의 전후 기획의 기안, 실행, 변형의 과정을 다중 스케일(Global - International - Regional - National - Local)에서 중층적으로 작동하는 힘의 상호교차, 경합, 갈등, 결합의 과정으로 다루고 있다.

2. 미국이 주도한 "평화, 안보, 정의가 보장되는 신질서"가 맞닥뜨린 현실

19세기 말로 접어들면서 '대영제국'의 세계 헤게모니에 도전하는 유럽 제국주의 열강들은 서로 식민지 쟁탈전을 벌이며 영토 확장을 꾀했다. 아시아에서는 일본도 메이지유신 이후 후발주자가 되어 조선, 대만, 남양 등 아시아·태평양 지역으로 영토 확장을 시도했다. 제1차 세계대전은 영국의 세계 헤게모니의 심각한 균열을 드러내는 상징이었고, 유럽 세계는 정치적·경제적·사회적으로 혼돈상태로 돌입했다. 1930년대 '대공황'도 영국이 주도했던 자본주의 '체계system'의 위기chaos의 징표였다.

자본주의 '체계'의 위기는 단적으로 계급투쟁의 격화로 나타났다. 이에 대해 세 가지 대응 방식—케인즈주의(뉴딜주의), 사회주의, 파시즘—이 있었다. 영국의 케인즈적 대처법과 미국의 뉴딜주의는 자본주의 체계를 수정 재편해 노동자계급이 지닌 적대성을 완화시키고 체계 내부로 포섭·통합하는 방향으로 나아갔다. 이에 반해 사회주의는 계급 적대를 더 의식화시켰고, 계급투쟁과 혁명을 통한 '프롤레타리아 독재' 국가의 성립과 국제 공산주의 운동을 추구했다. 그러나 자본주의 발전의 모순으로 인한 계급 적대와 투쟁이 사회주의를 실현시킬 것이라는 전망은 유럽의 중심부에서 지리멸렬했고, 오히려 변방인 러시아에서 이루어졌다.

유럽의 중심부에서는 국가사회주의, 즉 파시즘이 기승을 부렸다. 파시즘은 체계의 위기와 계급투쟁의 격화에 대해 적대성을 적극 활용하는 방식으로 대처했다. "히틀러는 독일 노동자들을 자기 민족으로 돌아오게 하고 국제주의적 망상에서 구해내기 위해서는 노동자들이 사용자에게 저항해서는 안 된다는 기업가 집단 내의 지배적 견해에 가장 날카롭게 맞서는 전선을 형성해야 한다고 주장하면서 노동자들을 '국민적 민족 공동체'로 편입시키려 했다." 더 나아가 이를 지도자 숭배로 연결하고 군사주의를 강조했으며, 확장적 민족주의와 제국의 '광역권' 강조로 나아갔다. 이 파시즘은 일본에서 '천황제 파시즘' 또는 군국주의로 나타났는데, 이에 저항하는 중국 국민당과 아시아의 민족주의'들'에도 국가사회주의적(또는 민족사회주의적) 경향이 강했다는 것은 시사적이며, 많은 논의들을 요한다.[2]

파시즘은 자본주의와 의회민주주의에 대해 비판적이었지만, 체계의 위기에 대한 강력한 대안으로 사회주의가 대두하는 것에 대해서도 매우 적대적이었다. 방공防共을 내건 독일, 이탈리아, 일본 추축국 진영이 결성되었다. 나치 독일의 침략전쟁으로 시작된 제2차 세계대전은 추축국의 파시즘 대 연합국의 이상주의 구도로 치러졌다. 적의 적은 친구이듯, 자유주의와 사회주의는 연합했고 승리했다.

제2차 세계대전의 종전 과정은 미국 등 연합국이 "평화, 안보, 정의가 보장되는 신질서"(포츠담선언 제6항)를 구축하는 과정이었고, 추축국(적국)의 식민지, 위임통치령, 점령지를 미국 주도로 새롭게 재편하는 과정이었다. 이 포츠담선언에서 가장 주목되는 것은 '무조건 항복'의 추구다. 이것은 1943년 1월 카사블랑카 회담에서 루즈벨트 대통령이 밝혀 공동 원칙으로 자리 잡았다. 이것의 본질은 '파시즘 철학의 파괴'에 있었다. 즉 파시즘에 의한 추축국의 정치, 경제, 사회 구조 전체를 파괴하고 재편성하는 '국가개조'를 추진하는 것이었다.[3] 이를 위해 그 이전에 찾아볼 수 없었던 '전후 점령관리occupational control'가 추축국에 시도되었다. 정치·사상(군국주의 타파와 전범 처벌, 민주적 경향의 부활·강화, 사상의 자유 보장, 기본 인권 존중), 경제(재벌 해체, 농지개혁), 사회(교육의 자유화·민주화, 종교·언론의 자유 보장, 노동조합 조성, 여성해방) 등 전 분야에 대한 '개혁'의 메스를 가했다.

여기서 주의할 것은 아무리 '국가개조'를 지향한다고 해도, 그것이 '병합'이 아니라 '점령'인 이상 일정 기간이 지난 후에는 강화조약을 체결하고 피점령국의 '독립'을 승인해야 했다. 다시 말해 점령국으로서는 '파시즘 철학'의 파괴를 달성한 후 독립하는 피점령국과 어떠한 국가관계를 만들 것인가가 점령 정책의 가장 중요한 과제였다. 그 과제란 피점령국의 내부에서 점령국의 '체제원리'나 구체적인 이해를 충분히 체현할 수 있는 '점령협력자'와 그 집단을 육성하고 이들 세력에 의해 새로운 권력관계를 구축하는 것이다. 다른 한편 새로운 질서 형성의 주도권을 확보하려는 피점령국 세력에게는 점령 측과 어떤 관계를 구축할 것인가가 결정적으로 중요했다. 점령측과의 관계에서 '특권적 대화자'의 지위를 획득하고 '창구의 독점'을 꾀하는 것이 권력 장악에 가장 중요한 정치적 무기였다. 누가 특권적 지위를 지닌 점령협력자가 될 것인가를 둘러싸고 치열한 권력 투쟁이 전개될 수밖에 없었다.[4]

　(나치) 독일과 그 식민지, 위임통치령에 대한 전후 처리는 미·소·영의 공동 분할 점령과 관리에 입각해 이루어졌다. 그러나 일본의 종속지역에 대해서는 거의 미국 단독으로 이루어졌다. 38도선을 경계로 분할 점령된 조선을 제외하고 일본을 포함해 일본 위임통치령들은 태평양전쟁의 주력을 구성했던 미국에 의해 처리되었다.

　앞서 적국 일본의 점령관리가 '병합'을 목적으로 한 것이 아니었다고 논의했듯이, 종속지역에 대한 미국 주도의 전후 처리 역시 병합과 식민지화는 아니었다. 미국의 루즈벨트 대통령은 일찍부터 영·프 등 유럽 제국주의의 식민지 확장이 세계전쟁의 원인과 국제 평화를 위협하는 핵심 요소라고 인식했다. 그래서 대통령의 전후 고문들과 기획 집단은 미국 주도의 세계 안전보장에 대한 추구 속에서 종속지역의 독립 열망과 탈식민주의적 민족주의에 어떻게 대응할 것인가에 대해서도 구상과 정책을 수립했다. 유엔으로 상징되는 초국적 사법주권의 질서 구축 구상은 그렇게 탄생했다. 구체적으로 말하면, 한편으로 전쟁 자체를 범죄화하고 처벌·응징 수단으로 유엔 안전보장이사회의 무력 개입을 통한 집단안보시스템 구축을 꾀했고, 다른 한편으로 추축국 뿐 아니라 연합국의 모든 식민지와 위임통치령도 국제신탁통치의 대상으로 삼고자 했다.

이에 대해 영국은 견제와 협력 사이를 오갔다. 신질서 구축에 대한 주도권을 미국에게 내주더라도 기득권만큼은 최대한 확보하려고 했다. 특히 국제신탁통치 제도에 대한 루즈벨트의 초기 구상에 대해 반발하고 갈등했다. 결국 신탁통치 대상이 적국(추축국)의 식민지 및 위임통치령 등으로 제한되는 등의 조정을 거쳤고, 루즈벨트의 이상주의적 구상은 그의 죽음과 함께 심하게 침식되었다.

저물어가는 대영제국보다 더 큰 장애물은 소련이었다. 소련은 미국 주도의 전후 질서를 자본주의적인 제국주의 질서로 규정하고, 공산주의 진영의 구축으로 맞섰다. 전후 미소 '협조'가 점차 미소 '적대'로 경색되어갔고, 세계는 급격하게 두 개의 진영으로 양분되었다. 양 진영의 적대 속에서 냉전이 전개되었다.

아시아·태평양 지역에서의 냉전은 어떤 양상으로 전개되었는가? 이 책은 이 물음에 본격적으로 답하고 있지는 않다. 다만 아시아·태평양 지역에서 일본과 그 종속지역에 대한 미국의 전후 처리와 신질서 구축이 냉전의 전개와 교차하면서 어떻게 변형했는지 신탁통치, 전범재판, 노동개혁이라는 키워드로 검토하고 있다.

3. '전후'라는 중층적 시간성에서 발생한 냉전적 변형: '점령형 신탁통치', 전범재판, '노동개혁'

이 책은 SWNCC를 통해서 미국의 '전후' 구상과 기획이 어떤 '신질서'를 구축하고자 했고, 냉전이 전개되면서 이 '신질서'가 어떻게 변형·굴절되었는지 분석하고 있다. 여기서는 미국이 상정한 '전후'라는 시간대의 의

미를 심화시켜 생각해보고자 한다.

　미국의 '전후postwar' 용법은 제2차 세계대전의 종전 이후를 의미한다. 구체적으로 한정하면, '종전'에서 '냉전'으로 전개되는 시간대이다. 이것을 일본의 '전후戰後' 용법과 연결해 생각할 필요가 있다. 일본에서 '전후'는 "자유와 평등과 탈빈곤을 달성한 시대"[5]이다. 아메미야 쇼이치는 전후 체제를 "국제적으로는 포츠담(전승국)체제와 샌프란시스코(냉전)체제, 정치적으로는 55년 체제, 경제적으로는 민간 수요 중심의 일본적 경영체제, 법적으로는 일본국 헌법체제 등으로 이루어진 체제"[6]라고 정의한 바 있다.[7] 그러나 구체적으로 한정하면, 이 체제의 기원이 되는 시간대, 즉 미국 등 연합국이 일본을 점령하고 개혁한 시대이다.

　미국과 일본의 '전후'라는 시간성을 아시아의 시침으로 돌려놓는다면, 어떤 용어로 표현할 수 있을까? 조선 등 아시아·태평양 지역에서의 식민지와 위임통치령, 점령지에서는 '전후'보다 일제로부터의 '해방이후'이다. '해방'은 한편으로 미국 등 연합국에 의해 주어진 것이었지만, 다른 한편으로 종속지역의 입장에서 보면 탈식민 민족해방운동 또는 사회주의적 운동이 분출해 일제의 파시즘적 아시아주의(동아신질서에서 대동아공영권으로)와 싸우는 과정에서 이루어진 것이었다. 일제하고만 싸운 것이 아니라 일제의 아시아주의에 동참한 '협력자'(부역자)들과 내전을 벌이며 쟁취한 것이었다. "해방후 ○년사"라는 (민족사적) 역사서술은 항일전쟁이 끝났지만 일제 협력자와의 내전은 계속되었음을 잘 보여준다. 일제의 파시즘적 아시아주의는 미국이 구축한 냉전 아시아의 질서로 대체되었고, '친일파'는 '친미파'로 변신했다. 그 과정에서 아시아의 탈식민적·민족적·사회주의적 해방이라는 과제는 유예되었고, 갈등 속에서 내전으로 분출되었다. 중국내전, 한국전쟁, 베트남전쟁 등 민족해방전쟁이라는 외양에 계급전쟁을 내재한 내전들이 계속되었다.

　미국·유럽의 '전후'가 유럽 냉전='긴 평화long peace'를, 일본의 '전후'

가 아시아의 냉전 속 열전들에서 소거된 채 누렸던 일본의 평화를 의미했다면, 아시아의 '전후'는 해방 이후 달성되지 않은 해방을 쟁취하기 위한 탈식민적·민족적·사회주의적 전쟁 상태를 뜻했다.

이 책은 바로 제2차 세계대전의 '종전'과 '냉전'의 시작이 겹치면서 전개되는 시간대, 다시 말해 미국·일본의 '전후'와 아시아의 '해방이후'가 경합·갈등하는 시간성에 주목한다. 아시아의 20세기 중후반을 강하게 규정한 '핵심 순간'이었다.

이를 확인하기 위해 이 책은 '점령형 신탁통치', 전범재판, '노동개혁'이라는 키워드로 접근한다.

2장 「전후 미국의 점령형 신탁통치와 냉전적 변형」은 미국의 전후 기획과 실행에서 점령과 신탁통치가 어떻게 결합했고, 이 '점령형 신탁통치'가 냉전과 맞물리면서 어떻게 변형되었는지 검토한다. 우선 (군사)점령과 이를 통한 종속지역의 지배와 통치의 역사, 그리고 국제법적 논의를 면밀히 고찰한다. 제국주의의 식민지 확장 전쟁과 점령이 국제정치 및 국제법의 틀 내에서 어떻게 견제를 받으면서 제도화되었고, 그 과정에서 만들어진 위임통치와 신탁통치 '장치'를 관계적으로 살펴본다.

미국 주도의 신질서 구축을 위한 적국(독일과 일본) 점령의 근거와 '국가개조' 방향은 포츠담선언에 의해 뒷받침되었지만, 적국으로부터 분리된 식민지와 위임통치령에 대한 처리 규정은 국제신탁통치 구상과 제도에서 마련되었다. 초기 구상의 청사진에서 핵심이었던 종속지역의 (조속한) '독립'은 시간이 지나면서 '자치'를 향한 점진적 발전으로 대체되었다. 심지어 초기 구상의 취지에 반하는 신탁통치령 내 군 기지 설치를 위해 '일반적 신탁통치'와 구별되는 '전략적 신탁통치'를 만들었다.

이 글은 여러 SWNCC 보고서 자료들을 통해 조선, 미크로네시아, 류큐제도를 대상으로 분석하고 있다. 조선은 '적국으로부터 분리된 식민지'였고, 미크로네시아는 일본의 위임통치령이었으며, 류큐제도는 일본 주권이 미치는 영토였다. 조선은 유엔에 의한 미·소·영·중 4개국의 '일반적 신탁통치'(또는 비전략적 신탁통치) 적용이 시도되었다가 끝내 좌절되었고, 미크로네시아는 미국으로의 '병합'과 신탁통치 적용 사이에서 결국 미국을 유일한 시정권자로 하는 '전략적 신탁통치'로 귀결되었으며, 류큐제도는 유엔이 아닌 샌프란시스코 대일평화조약을 통해 미국을 유일한 시정권자로 하는 신탁통치로 결정되었다. 미크로네시아와 류큐제도는 태평양의 '병참선communication line'이자 '요석keystone'으로서 미제국의 안전보장을 지탱하기 위한 군 기지를 설치할 수 있게 한 전략적 고려의 신탁통치 결정이었다.

미국은 아시아·태평양의 전략적 신탁통치령에 수많은 군 기지를 설치했고, '기지 네트워크'를 운용했다. 소련과 공산주의 진영을 향한 전초기지와 후방기지들이었다. 조선에는 군 기지 설치가 불가능한 일반적 신탁통치 적용이 시도되었지만, 끝내 실패했고, 38도선을 경계로 한 미·소의 분할지대는 두 개의 적대적 분단국가 수립으로 나아갔으며, 종국에는 한국전쟁으로 귀결되었다. 그 결과는 휴전 상태의 한국에서 한미동맹으로 지탱되는 미군 기지들이며, 지금까지도 냉전·분단체제를 증거하고 있다. 미크로네시아 등 태평양 섬들의 신탁통치령은 어떠한가? 1994년까지 미 제국 유지의 '필수불가결한 부분'이었고, 지금까지도 정치적 독립만 이루어진 채 경제적·군사적으로 미국의 원조와 지원이 계속되고 있으며, 미군 기지들이 유지되고 있다. 오키나와 등 류큐제도는 1972년에 일본으로 '반환'되었지만, 현재까지도 미군의 태평양의 요석이자 기지의 섬이라는 위상에는 전혀 변화가 없다.

3장 「해방된 전범, 붙잡힌 식민지」는 미국의 전후 신질서 구상에서 중요한 부분이었던 전범재판이 왜 아시아·태평양의 점령 지역 중 조선에서만 실시되지 못했는지를 당시 미국의 구상과 조선에서의 논의 과정을 살펴보면서 해명하고 있다. 비록 전후 조선에 전범재판소는 설치되지 못했지만 미국이 전범을 체포하고자 하는 일정한 구상을 가졌고, 그것이 미군정의 어떠한 정책으로 나타났는지, 누가 전범이 되었는지, 그것이 가지는 문제와 한계점은 무엇이었는지 살펴보고 또 조선인들이 이를 어떻게 논의했는지를 검토하고 있다.

미국이 구상한 신질서에서는 양차 세계대전으로 귀결된 제국주의 국가들 사이의 식민지 쟁탈 및 영토 확장을 반복하지 말아야 했다. 그래서 대전大戰을 되풀이하지 않도록 '평화' 장치를 고안했다. 그 하나가, 앞서 논의했듯이, 전쟁을 억제하고 응징하는 무력 수단으로서 유엔 안전보장이사회를 통한 집단안보시스템 구축이었다. 다른 하나는 제2차 세계대전 발발의 책임자에게 죄를 물을 수 있도록 심판할 수 있는 전범재판소의 설치였다. 전범재판소에서는 전시 민간인 학살이나 포로 학대와 같은 (통상의) 전쟁범죄뿐 아니라 전쟁 개전에 직접적인 책임이 있는 추축국의 최고위 군인, 관료, 정치가 등이 재판을 받았고, '정의'나 '문명'의 이름하에 처벌을 받았다.

이 전범재판을 처음부터 미국이 주도했다고 할 수 없지만, 전범재판의 목적이나 성격은 미국이 구상하는 신질서에 부합했다. 그러나 뉘른베르크 전범재판을 준비하면서 미국은 마·영·프·소 4개국에 의한 공동의 국제재판소 설치에 일찍부터 피로감을 느꼈다. 특히 소련과의 잦은 갈등과 대립은 미국으로 하여금 이 모든 것을 주도해야 한다는 확신을 갖게 했다. SWNCC는 유럽의 전범재판을 준비하는데 있어서는 별 다른 개입을 하지 못했지만 아시아·태평양 지역에서는 달랐다. 대일 전범재판 문제와 관련해 SWNCC는 첨예하게 논쟁되었던 천황의 기소 여부를 제외하고는 미국의 이해를 강력하게 주장해야 한다는 의견을 피력했다. 미국은 대일 전범재판 준비와 관련해서 독단적인 모습을 보였고, SWNCC가 이에 대한 보고서들을 작성했다.

그러나 전범재판 문제는 미국이 일본을 점령하고 전범재판을 준비하는 그 순간부터 변형되기 시작했다. SWNCC가 제시했던 것은 전범들을 체포하고 전범재판을 한다는 큰 틀이었을 뿐이지 구체적인 내용이 없었기 때문이다. 미국측 수석검사가 주도한 극동국제군사재판(도쿄 전범재판)은 금방 그 한계를 보였다. 미국이 아시아·태평양의 여러 지역에 설치한 전범재판소도 마찬가지였다. 단적으로 보여준 것이 바로 식민지 문제였다. 나치의 피해를 입은 유럽의 여러 국가들은 종전 직후 전범재판에 참여하고 전범재판이 종결된 이후에도 계속해서 재판을 이어나갈 수 있었지만, 일제의 침략을 받았던 조선 및 대만 같은 식민지와 피침략 국가들은 재판에 참여하거나 재판할 권리를 얻지 못했다. 식민지 조선에서 발생한 수많은 전쟁범죄들은 조사 대상조차 되지 못했다. 심지어 SWNCC 보고서의 지침은 전범들을 즉각 체포하도록 했음에도 불구하고 현지의 주한미군정은 그렇게 하지 않았다. 미군정은 안정적인 조선 통치를 위해 전범재판을 요구하는 조선인의 목소리를 외면했다. 남조선 과도입법의원은 미군정으로부터 전범 처벌 문제를 넘겨받았지만, 논쟁 끝에 이를 해결하지 못했다. 종전에서 냉전으로 이어지는 급격한 전환기에서 미국이 구상한 신질서는 이렇게 처음부터 어그러지고 있었다. 아시아·태평양의 전범재판은 좌절된 기획이 되어 냉전의 시작과 함께 빠르게 잊혀졌다.

4장 「노동정책 보고서를 통해 본 미군정의 '노동개혁'과 냉전적 변형」은 미국의 신질서 구상이 갖고 있던 '이상'이 현실 상황과 부딪히면서 점점 더 굴절되어가는 과정을 노동정책과 '개혁'이라는 소재로 다루고 있다. 미국은 파시스트 정치 세력의 재발흥을 막을 반파시즘 계급 동맹의 형성을 위해, 그리고 미국식 표준에 맞춰 국민경제를 재구축하여 세계 자본주의 체계로 편입시킨다는 맥락에서 전후 점령지인 일본과 한국에서 '노동개혁'을 추진했다. 미국은 와그너 법으로 대공황기 노사관계를 공적 관계로 치환시켰고, 이를 원형으로 노동개혁은 일본과 조선에서 경제적 조합주의를 확립하는 것을 목표로 삼았다.

SWNCC는 노동개혁의 원칙을 전후 개혁의 각론으로 추인했고, 군정은 노동개혁을 실제로 집행할 사실상의 국가기구 역할을 수행했다. 그러나 군정이 실제로 직면한 현지의 상황은 파시즘 총동원체제와 식민주의에 억눌려있던 요구의 폭발과 격렬한 운동이었다. 노동개혁을 추진하는 군정은 개혁의 달성과 안보의 유지라는 상충되는 목표를 동시에 달성해야만 했다. 이러한 가운데 "점령의 목적의 방해가 되는" 요구와 계급적 운동은 군정의 '개혁'에서 제외되기 시작하였다.

아슬아슬한 균형관계를 깬 것은 소련과의 대립, 그리고 그로 인한 냉전 상황의 도래였다. 개혁의 모범이라 불리는 일본의 사례만으로도 그러하다. GHQ 경제과학국 노동과를 중심으로 일본 정부의 방해를 막고 개혁을 추진하던 연합군 최고사령부는 1947년 2·1 총파업 중지를 전후하여 일본의 노동운동이 공산주의의 영향을 받아 새 체제를 위협하고 있다고 판단하였다. 그 이후로 경제과학국 노동과는 개혁의 추진력을 잃었고, 관공서를 시작으로 사회에서 공산주의자를 배제하는 '레드 퍼지red purge'라는 냉전적 상황을 주도했다. 그 결과 '55년체제'에서 사회당을 중심으로 한 노동정치세력은 부분적으로 잔존할 수밖에 없었다.

점령과 함께 분할된 조선에서는 한반도 전체를 아우르는 통일 임시정부를 구성하기 위해서 소련의 협조, 그리고 협상이 우선적으로 요구되었다. 그러나 전지구적 냉전이 도래하기 한참 전인 1945년 12월 신탁통치 파동으로 조선에서의 미·소 협조 관계는 출렁이기 시작했고, '개혁'의 의제는 본격적으로 거론되기도 전에 의제에서 사라졌다. 본국과 연계된 노동자문위원회, 그리고 고문단이 개혁과 그에 수반하는 입법을 촉구하였지만 좌우익의 대립이 격화된 시점에서 사후약방문에 불과했다. 이상과 개혁에 관한 요구는 사소한 반향만을 남겼고, '해방공간'에서 강력한 세력을 자랑했던 조선노동조합전국평의회는 완전히 붕괴되면서 노동정치가 와해되었다.

본국에서 파견된 관료, 고문, 자문위원들은 이러한 '개혁'의 상황을 노동정책 보고서로 남겼다. 이 보고서들은 최초 개혁의 기획이 힘을 잃어가는 과정을 그대로 보여준다. 보고서를 작성한 관료, 고문, 자문위원들은 공산주의에 대해 의구심을 버리지는 않았다. 그러나 민주적 노동조합의 구성이라는 당초 기획을 포기하지 않았기에 군정에 대해 점점 비판적으로, 그리고 멀어지는 양상을 보인다. 군정은 소련과의 대립이 가시화되면서 개혁 정책의 집행을 후순위로 밀었고, 이러한 현상은 결국 공산주의자에 대한 배제로 이어졌다.

군정이 처했던 딜레마, 그리고 기획의 굴절된 반동성은 조선이 일본보다 더 심했다. 일본과 조선은 제국과 식민지였으며, 미국의 기획은 그 위에 덧씌워져 일본이라는 필터를 거쳐 조선으로 내려왔기 때문이었다. 이는 미국의 기획이 현지에서 그대로 적용되지 못했다는 사실을 보여주며, 다중 스케일(G-I-R-N-L)에서 중층적으로 작동하는 힘의 상호교차, 경합, 갈등, 결합의 과정으로 이해해야 한다는 문제의식을 던져준다.

마지막으로 이 책의 주인공인 SWNCC가 생산한 자료에 대해 언급하지 않을 수 없다. 이 책의 글들은 각각 연구대상인 SWNCC 조직과 활동, 점령과 신탁통치, 전범재판, 노동개혁 주제와 관련한 다양한 SWNCC 보고서 및 기타 자료를 활용하고 있으며, 그 생산 맥락까지 충분히 드러내주고 있다.

이와 별도로 한국과 관련해 어떤 SWNCC 자료가 있는지 일목요연하게 정리할 필요를 느꼈다. 5장 「문서 자료로 읽는 미국 SWNCC와 한국」은 이런 문제의식에서 구성한 연구해제이다. 미국 국립문서기록관리청 NARA 2관이 소장한 SWNCC 자료들이 어떤 문서군Record Group에 위치해 있는지 개괄하고, 한국 관련 SWNCC 보고서들을 시간순으로 목록을 작성해 제시했다. 그리고 보고서들을 크게 한국 점령 준비 및 초기 신탁통치 관련 지침, 한국 점령과 민사행정에 관한 초기 지령, 미소공동위원회와 임시정부 구성에 대한 지침, 1차 미소공동위원회 결렬 이후 남한 점령 정책의 전개와 변화로 구분해 주요 내용을 해제했다. 한국 현대사 연구자들이 이 자료들을 접근하고 지도화mapping하는데 도움이 되리라 기대한다.

1장

원탁에 둘러앉은 외교관과 군인들:

극동을 중심으로 살펴보는 미국 삼부조정위원회의 통치 기제, 1944~1947

곽귀병

1. 미국의 전후 질서 구상과 정책 조정 장치 연구의 필요성

미국이 제2차 세계대전 이후 세계질서를 구상하는데 있어서 핵심적인 문제는 세 가지였다. 하나는 1930년대 초반에 무너진 세계 경제를 회복시키는 것이었고, 또 다른 하나로는 지구의 절반을 장악한 소련과 공산권에 대응하는 것이었고, 마지막으로는 식민지에서 독립국이 된 수십 개의 국가가 등장하였다는 새로운 상황을 통제할 수 있는 방안을 마련하는 것이었다.[1] 종전 이전에 루즈벨트Franklin Roosevelt 대통령을 위시로 한 미국의 다양한 정부 및 비정부 기구들은 이러한 문제들을 중심으로 종전 이후의 세계를 구상해왔고, 종전 이후에 이들은 본격적으로 위의 문제들이 중첩된 복잡하고 급박한 상황에서 기존의 구상을 구체화하고 실행에 옮겨야 했다.

미국이 고립주의에서 벗어나 새로운 헤게모니 국가로서 전후 새로운 질서를 구상하고 실행에 옮기는데 있어 루즈벨트의 백악관을 중심으로 한 의사결정 구조는 많은 한계를 드러내고 있었다. 루즈벨트는 중요한 외교적, 군사적 결정에 있어 기존 행정 부처들의 권한과 역할을 존중하지 않았고, 자신의 편의에 따라 해당 부처들을 선택적으로 이용했다. 특히 참전과 함께 신설한 합동참모부(Joint Chiefs of Staff; 이하 JCS)를 중용했고, 현역 장성들과의 직접적인 논의를 통해 주요한 군사적 작전을 결정했다.

그러나 전쟁 중의 군사적 행동은 영국, 프랑스, 중국, 소련 등 주요한 연합국과의 관계나 전후 식민지 처리 문제 등에 영향을 주어 전후 질서 형성에 심대한 영향을 끼칠 수 있었다. 이러한 상황에서 대통령의 결정과 판단에 일관성이 없다는 불만이 워싱턴의 고위 관료들 사이에 만연해 있었고, 주요 부처들은 전후 적국 및 적국 식민지 지역 처리 문제에 있어서도 자신들의 권한과 범위가 불분명했기 때문에 대통령이 자신들의 구상을 승인하고 실행하게 할지에 대해서도 확신을 가질 수 없었다.

이러한 상황에서 루즈벨트의 죽음은 중요한 전환점이 되었다. 새롭게 대통령이 된 트루먼Harry Truman은 이전에는 중요한 의사결정에서 배제되어 있었기 때문에 루즈벨트의 방식대로 행정부를 운영할 수 없었다. 특히 전후 신질서 수립과 관련해서 국무부, 육군부, 해군부, 재무부, 내무부를 비롯한 워싱턴 내의 다양한 행정 부처들은 각기 다른 지향과 자원을 보유하고 있었기 때문에, 이들의 권한과 이해관계를 체계적으로 정립할 필요가 있었다. 더불어 그동안 주요한 의사결정에 소외되어 있었던 국무부, 육군부, 해군부 관료들도 루즈벨트의 사망과 종전을 자신들의 영향력을 회복하려는 기회로 삼으려고 했다. 이러한 배경 아래 국무·육군·

해군 삼부조정위원회(State-War-Navy Coordinating Committee; 이하 SWNCC)가 본격적으로 부상하게 된다. 기존에 존재하던 장관급 수준의 협의기구에 더해, 차관보 및 그 이하 실무진급의 외교관과 군인들이 정책을 협의할 수 있는 기구가 마련된 것이다.

1944년 말부터 1947년 말까지 SWNCC는 400개에 달하는 정책 문서 시리즈를 통해 군사작전, 적국이었던 일본 및 독일 사회질서의 전면적인 개조, 전후 처리와 관계된 연합국과의 외교 관계 등에 대한 지침을 생산하는 등 미국의 전후 구상 및 실천에 있어서 핵심적인 기구였다[2]. 뒤에서 자세히 밝히겠지만, 이에 따라 SWNCC 정책 문서들은 많은 사회과학, 역사학 연구자들의 주목을 받고 분석되었다. 그러나 이 연구들은 개별 주제 연구의 영역에서 활용되었을 뿐, SWNCC가 가졌던 특성과 의의를 전체적으로 조망하는 연구가 충분히 이루어졌다고 말하기 어렵다.

특히 SWNCC가 성립됨에 따라 외교 관계 관료들과 군인들이 실무진 급에서도 체계적인 의견조율이 가능해짐에 따라 제국적 통치 장치가 형태를 갖추어가기 시작했다는 사실은 충분히 주목받지 못했다. SWNCC가 각기 다른 지향, 성격, 자원을 가지고 있는 정부부처들, 특히 군부와 국무부가 전쟁이 끝난 이후에도 국가의 대외정책을 협의한 독특한 부서 협력 모델이라는 점에서 정책 조정 장치로 접근하고 이해할 필요가 있다. 다양한 이해관계와 각기 다른 자원을 가진 조직들 간의 경쟁, 갈등, 협력 속에서도 정책은 정책 조정 장치를 통해 생산된다. 따라서 이러한 관점에서 SWNCC내 실제 정책 조정 절차 및 그 운용을 살펴봄으로써, 국무부, 육군부, 해군부를 포함한 여타 부처 간의 정책 주도권을 둘러싼 경쟁, 갈등, 협력이 SWNCC라는 장치 속에서 어떤 방식으로 전개되고, 이것이 어떤 효과를 낳았는지를 분석할 필요가 있다. 루즈벨트 시기의 백악관이라는 정책 조정 장치에 비해 SWNCC는 실무진 간의 직접적인 협의를 통해 훨씬 더 복합적인 조정 방식을 이루고 있었다.

그림 1   SWNCC 회의가 이루어졌던 국무·육군·해군부 건물

　SWNCC가 전지구적 범위에서 다양한 주제를 포괄하고 있었기 때문에 본고에서 SWNCC 활동의 모든 내용을 포괄하는 것은 불가능하다. 따라서 이 글에서는 극동 지역을 중심으로 SWNCC와 SWNCC 산하의 극동소위원회(Subcommittee for the Far East: 이하 SFE)에 초점을 맞추고자 한다. 이는 미국의 다양한 행정기구들 중에서 SWNCC 및 SFE의 극동에 대한 영향력이 큰 편이었으며 SWNCC 내에서도 극동이 매우 중요한 문제로 인식되었기 때문이다. 극동은 SWNCC라는 정책 조정 장치의 특성과 효과를 살펴보기에 적절한 초점이 될 수 있다.

　이 글은 다음과 같이 구성된다. 2절에서는 SWNCC 및 SFE에 대한 기존 연구들의 의의와 한계를 살펴보고, 본고가 SWNCC를 바라보는 관점을 이론적으로 제시한다. 3절에서는 미국이 전시 체제로 전환되고 종전을 준비하는 과정에서 SWNCC가 성립하게 된 배경을 살펴보고, 각 부처의 전후 구상이 SWNCC를 통해 어떻게 결합하게 되었는지를 살펴본다.

4절에서는 SWNCC의 조직 형태와 정책 작성 및 조정의 기제를 SFE를 중심으로 검토한다. 5절에서는 극동 지역과 관련된 몇 가지 사례들을 중심으로 SWNCC의 역할 및 위상이 어떻게 변해나갔는지를 요약적으로 파악한 뒤, 마지막 절에서는 해당 연구가 가지는 의의와 한계를 정리할 것이다.

2. 전쟁사회학적 접근으로 보는 SWNCC 조직

널리 알려진 바와 같이 SWNCC와 SWNCC 산하 SFE는 본국 정책 구상 및 결정 수준에서 '극동'이라는 지정학적 인식을 만들며 구 일본의 제국 질서를 해체하고 새로운 질서를 구상하는 핵심적인 기구였다. 당시 국무부의 대일 정책 입안의 핵심적인 인사였던 보튼Hugh Borton은 SWNCC가 유럽에서는 다른 기구에 밀려 상대적으로 영향력을 발휘하지 못했지만, 일본 및 한국 관련 정책에서는 주도적인 영향력을 발휘했다고 보고 있다[3]. 또한 SWNCC의 전후 주요 임무가 한반도, 일본에서의 군정에 제공할 지침을 작성하고, 미소공위에서의 소련과의 협상 지침을 고안하는 것이라는 점을 고려하면 SWNCC 내에서 동아시아 문제는 매우 중요한 부분을 차지하고 있었다는 것을 알 수 있다.

　이러한 지점은 일본 및 한국의 연구자들도 동의하는 바이다. 연합군 최고사령부(Supreme Commander of Allied Powers: 이하 SCAP)의 노동국장을 맡았던 코헨Theoder Cohen도 일본의 점령개혁을 분석하면서, SWNCC와 SWNCC SFE를 초기 일본 점령의 디자인을 맡았던 핵심적인 기구로 묘사하고 있다[4]. 다케마에Eiji Takemae 역시 일본의 점령 개혁에 있어서 SCAP의 중요성을 강조하면서도, 초기 정책 구상 과정에서 SWNCC와 SWNCC SFE가 중심에 있었음을 서술하고 있다[5]. 정용욱 역시 점령 정책 결정 단계에서 이를 주도한 조직이 SWNCC라는 점을 인식하고 있으며, 각 부에서 생산한 문서들을 자신의 논지 전개에 중요한 근거로 삼고 있다.[6] 박찬표 또한 SWNCC 176 시리즈의 변화과정을 추적하면서 SWNCC가 국무부와 군부의 전장이며 남한 점령 정책의 기안자라는 점을 분명히 드러내고 있다.[7] 이외에도 SWNCC와 SWNCC SFE 문서들을 중심으로 일본이나 한반도의 점령 정책, 전후 동아시아 구상을 밝히고 있는 연구들은 일일이 지적하기 어려울 정도로 많다[8]. 일본과 한국의 군정 연구자들, 당시의 주요 정책 결정자들 모두 SWNCC와 SWNCC SFE의 중요성을 결코 간과할 수 없었다.

그러나 이들은 대부분 생산된 정책 문서에만 관심을 가지고 있으며, 정책 문서들이 생성되는 구체적인 논의 과정, 이러한 논의과정의 틀이 되는 SWNCC 및 SWNCC SFE의 장치적 특성에는 충분한 관심을 기울이지 못했다. 즉 기존의 연구자들은 주로 대한정책이나 대일정책 등과 관련된 SWNCC와 SWNCC SFE 정책 문서의 내용에만 주목했고, 정책 형성 과정을 살펴본다고 하더라도 관심 있는 특정 정책의 결정 과정에만 주목해왔을 뿐이다. 이러한 SWNCC 및 SFE의 인사, 조직, 활동에 대한 연구의 미비는 정책 생산의 맥락을 온전히 이해하는데 장애가 될 소지가 충분하다. 또한, SWNCC와 SFE의 주요 정책 결정자들에 주목한 경우에도, 주로 국무부 인사들이 주목되었을 뿐[9], 정책 조정 과정의 중요한 축을 이루었던 군부 인사들의 역할이나 군부의 위상 등에 대한 논의도 충분히 이루어진 것이라고 보기는 어렵다.[10]

SWNCC의 정책 조정 기제를 온전히 이해하기 위해서는 전쟁사회학적 접근이 요구된다. 전쟁사회학은 전쟁의 사회적 파급력에도 불구하고 사회학 내에서 전쟁에 대한 관심은 극히 미비했던 점에 문제를 제기한다.[11] 특히 정근식이 지적한대로 제2차 세계대전은 "이전의 전쟁과는 비교할 수 없을 정도의 규모와 범위, 파괴력을 가진 것으로, 전쟁이 어떻게 사회를 조직하며, 세계의 질서를 창출하는가"를 잘 보여주었다.[12] 이러한 관점에서 제2차 세계대전이라는 전쟁이 SWNCC 설립의 주요한 독립변수라는 점에 주목해야 한다. 즉 미국이 2차 세계대전 이후 전지구적차원의 신질서를 고안하고 만들어나가는 상황에서 고립주의를 표방했던 시기에는 제기되지 않았을 문제들에 대한 해법을 만들어나가는 장치가 SWNCC라는 점에서 SWNCC는 전쟁사회학적 접근의 주요한 대상이 된다.

이러한 접근 하에 내용적인 측면과 형식적인 측면에서 SWNCC를 분석해야 한다. 미국은 1940년대부터 전지구적인 범위의 신질서에 대한 계획을 준비하였는데, 내용적인 측면에서 SWNCC는 점령군정이라는 수단이 마련된 상황에서 이 계획을 현실화시킨 정책안으로 조정하고 구성했던 기구라는 점에서 중요하다. 특히 SWNCC는 정책결정 및 실행에 있어 군과 민간부서가 결합했고, 점령군의 민사행정을 주요 논의 대상으로 했다. 해당 기구가 활동했던 주요한 시기인 1944년~1947년이 종전과 냉전이 교차했던 시점이라는 측면 또한 간과할 수 없다.

형식적인 측면에서 보자면, SWNCC라는 조직 자체는 1948년에 사부조정위원회SNACC로 확대된 이후 국가안전법의 등장과 맞물려 해체되었으나, 군부와 민간부처간의 조정체계를 통한 대외정책을 생산하고, 정치-군사적 문제를 해결하는 SWNCC의 방식은 국가안보문제로 확대 적용되어 안전보장회의(National Security Council: 이하 NSC)라는 조직 형태로 이어지게 된다.[13] 즉 제2차 세계대전 이후 세계의 경찰을 자처하며 헤게모니 국가로 부상하게 된 미국은 다양한 지역적 스케일에 걸친 군사-외교적 결정이 필요하였는데, SWNCC는 이를 위해 여러 정책 기획 및 실행 기구들 간의 기획과 실천들을 결집시키고 군사-외교적 방향을 결정했던 장치라는 점에서 전후 미 제국 통치 방식의 기원을 잘 드러내주고 있다.

3. 미국의 전시 체제로의 전환과 SWNCC의 성립

1) 제2차 세계대전 참전과 부처 간 조정체계의 미비로 인한 혼란

제2차 세계대전에 참전하면서 루즈벨트는 고립주의 노선에서 벗어나 전 지구적 자본주의 질서를 새롭게 구성하고 이를 수호하는 역할로 미국을 자리매김하려고 하였다. 그러나 정작 루즈벨트가 행정부를 운영하는 방식은 이에 부적합했다. 군사작전에 대한 내용뿐만 아니라 주요회담 등에서 중요한 의사결정을 내리는데 있어 루즈벨트는 국무부, 육군부, 해군부 등의 민간인 장관들을 일관성 있는 방식으로 활용하지 않았고, 군과 각종 부처 간 협력 및 조정 체계 역시 제대로 준비되어 있지 않았다.

미국 전시체제로의 전환은 JCS 설립으로 본격화된다. JCS는 1941년 12월 7일 진주만 습격 이후 제2차 세계대전에 참전한 미국이 영국과 군 사적으로 협력하고 조정하는 과정에서 설립되었다. 1941년 12월에서 1월 사이 아르카디아Arcardia 회의에서 루즈벨트와 처칠은 제2차 세계대전의 전략적 지령을 내릴 최고군사기구로 통합참모부(Combined Chiefs of Staff, 이하 CCS)를 창설하게 된다. 영국은 수상 및 전시내각에게 군사적 자문을 하고 영국군에 명령을 내릴 통합적 군사기구인 참모위원회the British Chiefs of Staff Committee를 운영하고 있었던데 반해, 미국은 이에 대응할 기구를 가지고 있지 못했다. 1942년 2월 미국은 육군 및 해군을 총괄하고, 영국과 협력하기 위한 기구로 JCS를 창설하게 된다.[14]

JCS는 영국군과의 합동 작전을 용이하게 만들기 위해 창설되었지만, 기존에 군을 관할하던 육군부와 해군부를 소외시키고 현역 장성 및 대통령의 권한을 강화하는 결과를 낳았다. JCS가 설립되기 전에는 육군과 해군이 각각 육군부와 해군부의 자율적인 지휘 아래 움직였고, 전시 최고사령관으로서 대통령이 육군 및 해군을 아우르는 전군에 대한 명령과 통제 권한을 가졌다. JCS가 설립된 이후 루즈벨트는 육군부와 해군부를 거치지 않고, JCS 참모장들과의 직접적인 논의를 통해 군사작전을 지휘할 수 있게 되었다.[15] 이와 같은 대통령의 의사결정 방식, JCS의 임무 범위가 명확히 규정되지 않은 채 포괄적인 전시 작전에 관계된 것이었다는 점, JCS가 육군부와 해군부에 보고할 의무가 없었고 오직 대통령에게만 보고 의무를 가지고 있었다는 점 등은 육군부와 해군부의 실질적 권한과 역량을 더욱 축소시키는 원인이 되었다.[16]

전시체제에서 국무부도 작전군과 이를 통솔하는 JCS에 밀려 전통적인 역할을 온전히 수행할 수 없었다. 특히 이는 적국이나 적국으로부터 접수한 지역의 점령 문제에서 두드러졌다. 연합군이 유럽전선에서 북아프리카를 탈환한 직후인 1942년 11월 18일 루즈벨트는 서신을 통해 해방된 영토에서의 모든 경제적, 정치적, 재정적 문제와 관련된 완전한 권한을 국무부에 부여했다. 국무부는 이에 따라 북아프리카의 경제 및 사회 프로그램을 관장하는 해외영토국The Office of Foreign Territories을 설립하고, 바로 뒤이어 해당 기구를 계승하는 부처간자문위원회The Interdepartmental Advisory Committee를 설립했다. 초기 해당 기구에는 국무부, 재무부, 농림부, 무기대여국the Office of Lend-Lease Administration, 전시경제위원회the Board of Economic Warfare가 참여했고, 영국 또한 참여했다. 육군부는 뒤이어 참여하게 된다. 그러나 이 기구는 조정 및 정책 제시에 있어 그다지 성공적이지 못했기 때문에, 국무부와 영국 대사관의 지도 아래 미군 및 영국군의 참모부가 요청한 북아프리카 민사문제를 다루는 기구인 합동위원회The Committee of Combined Boards가 창설된다. 합동위원회 초기에는 국무부, 전시경제원회, 영국의 전시경제부the Ministry of Economic Warfare 등이 참여했고, 나중에는 육군부도 참여하게 된다.[17]

국무부는 점령지역에 대한 민사행정을 자신의 전통적 권한이라고 생각하고, 초기 기구 형성과정에서 육군부를 배제하며 민간부서들로만 협조체계를 구성하려고 했다. 그러나 실질적인 행정력을 작전군이 보유한 상황에서 이러한 조정기구는 제대로 작동하지 않았고, 결국 작전군의 불만을 낳았다. JCS 참모장이었던 마샬George Marshall이 대통령에게 한 보고에 따르면, 독일인보다 아프리카를 배회하는 17개의 민간부서들이 아이젠하워Dwight Eisenhower의 골칫거리였다. 아이젠하워 또한 자신의 참모 중에 국무부 대표였던 머피Robert Murphy에게 모든 작전을 총괄하는 최종 책임이 전구 사령관에게 주어져야 한다고 주장하였다.[18]

전장의 작전군, 궁극적으로는 작전군에 직접적으로 지령을 내리는 JCS의 역량 강화는 국무부, 육군부, 해군부 등 전통적인 의사결정 부처들의 불만을 낳고 있었으나, JCS 역시 전시체제에서 발생하는 정치-군사적 문제들을 다룰 수 있는 역량을 갖춘 조직은 아니었다. 점령지역의 행정 문제에 국한해서 봐도, 해당 지역을 점령한 작전군 사령관이 민사행정의 최종 권한을 보유하게 되었지만 군이 보유하고 있던 점령 매뉴얼은 군사적 행동이 가지는 정치적 요소들을 반영하고 있는 것은 아니었다. 점령지역에 대한 물자보급을 수준을 벗어나는 문제들, 특히 동맹국들과의 외교적 조정이 필요하거나 구 식민지역에서 전후 국가형성에 영향을 줄 수 있는 다양한 세력들의 작전 참여를 허용할 것인지와 같은 군사적 고려 이외에도 외교적 고려가 필요할 문제들을 JCS가 단독으로 처리하고 판단할 수는 없었다. 결국 대통령을 제외한 워싱턴의 고위 관료들 및 장성들은 부서 간 협력 및 소통 체계의 미비에 따라 지속적인 혼란을 경험해야 했다.

2) 미 행정부 내 부서 간 경합과 국무부, 육군부, 해군부 협조 체계로서의 SWNCC 성립

행정적 혼란 속에서도 점차 전쟁의 종결이 눈앞에 다가오고, 전후 적국지역 처리 문제가 부각되자 워싱턴의 각 행정 부처들은 스스로의 권한과 역할을 강화하려고 했다. 국무부는 그들이 1940년대 이후 구상해왔던 전후 계획들을 실행하려고 했고, 육군부와 해군부 등은 전시 동안 JCS에 밀려 약화되었던 권한을 회복하려고 했다. 특히 육군부와 해군부는 대통령뿐만 아니라 국무부가 중요한 군사적 결정과 관련하여 그들을 거치지 않고 JCS에 직접 문의하는 방식에 큰 불만을 가지고 있었다. 육군부 장관인 스팀슨Henry Stimson과 해군부 장관인 포레스탈James Forrestal은 국무부 장관 헐Cordell Hull에게 이러한 행태에 대해 종종 항의했다. 스팀슨은 이러한 방식이 군에 대한 민간 통제의 원칙the principle of civilian control over the military을 위협하는 것이라고 비판했다.[19]

이 상황에서 모겐소 계획Morgenthau Plan의 갑작스러운 도입은 국무부, 육군부, 해군부에게 전후 자신의 역할과 권한 축소에 대한 우려와 함께 정책 조정 체계 구축 필요성을 각인시킨 결정적인 계기가 되었다. 전후 독일 점령에 대한 계획은 1944년 9월 퀘벡회담 전까지만 해도 대서양 헌장과 카사블랑카 회담의 결과에 기초하여 나치 세력을 축출하여 탈나치화하는 것에 초점이 맞추어져 있었으며, 국무부와 육군부의 정책기획자들도 이러한 기조에 맞춰 각자 자기 부처의 계획을 준비하고 있었다. 그런데 1944년 9월 퀘벡회담에서 재무부 장관 모겐소Henry Morgenthau Jr.는 자신의 강성평화hard peace 노선으로 루즈벨트[20]와 처칠Winston Churchill을 설복시켰다. 해당 회담은 군사적 문제를 중심으로 논의하기로 결정되어 국무부 장관인 헐은 참석하지 않은 자리였다. 결국 독일의 탈나치화와 비무장을 넘어서 독일의 산업화를 해체하는 것을 골자로 하는 모겐소 계획이 도입되었고, 이는 미국의 고위 관료들이 전혀 예상하지 못했던 결과였다.[21]

국무부, 육군부, 해군부 장관들은 이러한 결정에 당혹감을 느꼈다. 삼부 장관들은 그간의 주요한 결정에서 소외되었다는 불만에 더하여, 전후 독일 점령이라는 중요한 자기 부서 관할 사안이 자신들에게 전혀 알려지지 않은 채 예상치 못한 내용으로 결정된 것에 큰 충격을 받았다. 이에 대한 대응으로 삼부는 상호간 실무진 협의체를 구성하게 된다.[22] 1944년 11월 7일 육군부와 해군부 장관은 공동명의로 대통령에게 JCS의 군사적 문제와 정치적 문제를 포함한 사안들에 대한 검토 과정에 자신들의 대표를 참여할 수 있게 해달라고 요청했다. 특히 이들은 일본으로부터 해방된 지역과 관련된 정책 참여를 보장받기를 원했다. 11월 7일에 이미 육군부 및 해군부 장관들은 자신의 대표자들로 육군부 차관보인 맥클로이John McCloy, 해군부 차관보 게이츠Artemus Gates를 선임한 상태였다. 11월 9일 국무부 장관 대리였던 스테티니우스Edward Stettinius Jr.는 이들의 요구를 대통령에게 전달했다. 그는 태평양 전쟁과 관련된 문제들을 다루는 위원회를 즉각적으로 설치하는 것에 동의하면서, 해당 위원회에 JCS 인사를 참여시키는 것도 제안했다. 11월 13일 JCS는 자신들은 "오직 작전과 관계된 부분"만을 다루어야 한다며 이 제안을 거부했다.[23]

11월 14일 스테티니우스는 기존의 11월 9일의 제안을 철회하고, 위원회의 구성을 국무부, 육군부, 해군부 대표로 한정하고, 새로운 위원회의 역할은 일본 항복 조항과 태평양에서의 공통 이해에 관한 문제만을 다루는 것에 국한했다. 11월 14일까지도 국무부는 해당 위원회에 참여할 차관보를 지명하지 않은 상태였는데, JCS의 참모장이었던 마샬이 맥클로이를 통해 유럽국장이었던 딘James Dunn을 추천한다. 딘은 아시아 지역에 대해 익숙하지 않고, 전지구적 문제를 서유럽을 중심으로 사고하던 인물이었다. 육군부 차관보 맥클로이와 유럽국 차장 매튜스Freeman Matthews는 이를 계기로 위원회가 다루는 지리적 범위를 전세계로 확장하려고 시도하면서 국무부장관을 설득한다.[24]

그 결과 1944년 11월 29일 서신을 통해 국무부장관 스테티니우스는 일본 및 일본에서 해방될 극동 및 태평양 지역의 범위를 넘어서서 "각 부처의 대표들로 구성된 위원회를 설립하여 정치적, 군사적 측면 모두를 내

포한 문제에 관한 자문을 국무부에 제공하고 세 부처의 의견을 조정"할 것을 제안하게 된다. 서신에서 스테티니우스는 해당 위원회의 의장이자 국무부 대표로 던을 지명하면서, 육군부와 해군부에도 대표 지정을 요청하고, 위원회 내에 사무국 설립을 제안했다. 또한 사무국을 통해 삼부간의 소통 채널을 마련하고, 군사적 의견은 JCS에 직접적으로 의견을 구하기보다는 육군부 및 해군부를 통해 얻자고 제안했다. 이에 대해 육군부장관 스팀슨과 해군부장관 포레스탈은 12월 1일 서신을 통해 위원회 설립을 동의하고, 이미 예정했던 대로 맥클로이와 게이츠를 자신들의 대표로 육군부 차관보와 해군부 차관보를 지정하게 된다.[25]

SWNCC의 성립은 삼부 장관들뿐만 아니라 JCS의 업무상 요구에도 부합하는 측면이 있었다. JCS 참모장이었던 마샬이 11월 14일 육군부 차관보에게 보낸 비망록을 보면 부서간의 협력 체계 미비로 중요한 백악관의 결정을 입수하기 위해 1~2일을 허비하는 것에 대한 불만을 토로한다. 마샬은 "순수하게 군사적인 측면의 문제보다는 정치적 측면을 가진 모든 문제를" 다룰 "효율적인 조직"의 필요성을 제기하고 있었다.[26]

3) 삼부의 전후 구상과 SWNCC를 통한 조정과 결합

이상에서 살펴보았듯이 SWNCC는 국무부, 육군부, 해군부가 JCS, 재무부, 내무부 등의 다른 부처들과의 경쟁 속에서 전후 신질서 구축에 있어 주도권과 역량을 확보하기 위한 경합 과정에서 등장했다. SWNCC를 통해 정책 구상 과정에 체계적으로 결합하게 된 국무부, 육군부, 해군부는 각각 1940년대에 들어 적국으로부터 해방될 지역의 통치 및 안보 문제를 중심으로 전후 질서 구축 계획을 구상하고 있었다.

세 부처 중 국무부는 지역 전문가들을 중심으로 가장 먼저, 그리고 가장 구체적이고 포괄적인 방식으로 전후를 구상해왔다. 국무부의 전시 기획 작업은 대체로 1943년 중반을 기점으로, 일반적 원칙과 지역별 정책을 구상하고 검토한 1단계와 그에 입각하여 세부적인 정책과제를 설정하고 이와 연관된 사안들을 조사·분석하는 2단계로 구분될 수 있다. 1단계에서 국무부는 1939년 12월 '전후 대외정책에 관한 자문위원회The Advisory Committee on Postwar Foreign Policy'를 설치하여 연합국 전시회담 준비, 일반적 지침 마련 등의 역할을 수행하기 시작했다. 자문위원회 산하의 정치소위원회와 영토소위원회 등 다수의 전문위원회가 중심적인 역할을 수행했고, 그 하부조직으로 정치조사부와 경제조사부 등의 연구기관을 두어 다양한 주제를 연구하였다. 이후 1944년 1월 국무부의 조직이 개편, 확대되면서 정치조사부가 해체되고, 그 해 2월 '전후계획위원회(Post-War Programs Committee, 이하 PWC)'가 설립됨에 따라 정책 요강에 대한 세부적인 실현방안을 논의·준비하는 단계로 발전한다.[27]

PWC는 1944년 2월부터 1944년 12월까지 총 66차례 가량의 회의를 진행했고, 국무부 장관이었던 스테티니우스, 헐을 비롯하여 고위급 국무부 인사들이 참여했다. 국무부 장관을 의장으로 했던 기구였기 때문에 해당 기구의 승인은 곧바로 국무부 정책으로 이어질 수 있었다. 여기서 승인된 국무부 정책은 육군부 민사부(Civil Affairs Division, 이하 CAD)로 전달되었다. 특히 이 글에서 주목하고자 하는 일본 및 동아시아와 관련 정책 기획에 있어서 중요한 기구는 부처간 극동의 국가 및 지역위원회Interdivisional Country and Area Committee for the Far East였다. 두만Eugene Dooman, 발렌타인Joseph Ballentine, 보튼, 딕오버Erle Dickover, 피어리Robert Fearey 등 국무부 극동국Office of Far Eastern Affairs 관료들이 해당 기구에 참여했으며, 일본 천황제 유지 문제, 전후 일본 정치 및 산업 개편 방안 등 중요한 문제들에 대한 정책문서를 생산했다.[28]

육군부도 전후 점령 상황을 대비하여 헌병대 밑에 군정부Military Government Division를 두어 군정학교를 설치하여 군정을 대비하고 있었다. 해방된 북아프리카 지역 처리에 대한 민간 부서들의 분명하지 못한 분업관계 및 소통 구조가 지속적으로 문제시되었다. 이러한 문제에 대해 육군부가 적극적으로 개입하지 못했고, 이에 따라 육군부 내 민사행정 문제를 전문적으로 다룰 부서의 필요성이 제기되었다. 이에 스팀슨과 육군부 작전부(Operation Division, 이하 OPD)의 고위급 장교였던 헐John Hull은 JCS 참모총장 마샬과의 거듭된 논의 끝에, 1942년 3월 육군부 장관 스팀슨의 행정명령Executive Order 9062를 통해 육군부 특수참모부 아래에 CAD를 설치하게 된다. CAD의 헌장은 육군부의 OPD가 초안을 작성하고 스팀슨이 서명하였다. CAD의 역할은 "육군부 장관에게 군사 작전의 결과로 점령한 지역에서 엄밀하게 군사적 성격의 문제를 제외한 모든 문제에 관해 자문하고 정보를 제공하는 것"이었다. 해당 헌장은 CAD가 전구 사령관과의 연락과 관련해 가장 우선적으로 OPD와 조정할 것을 서술하고 있다. 해당 부서는 이후 타 부처와의 협력에서 육군부의 이해를 대표하는 부서가 되었다.[29] CAD는 JCS 참모총장인 마샬에게 1주일에 한 번 보고 의무를 지니고 있었으며, 육군부 차관보인 맥클로이와 함께 실제 업무를 진행하게 되면서 JCS와 육군부를 매개하는 역할을 맡게 되었다.[30]

1943년 2월 육군부 장관과 해군부 장관의 승인을 얻어 JCS는 CAD를 점령한 지역이나 육해군 작전의 결과로 점령할 영토, 적국 및 해방된 영토에서의 민사를 관리하는 민간 기구들의 활동을 조정하고, 해당 영토에 대한 민사행정 실행을 계획하는 기구로 지목하게 된다.[31] 1943년 3월 JCS는 다음의 세 가지 중요한 지점에 추가로 동의했다. 첫째, 민사는 군정관으로서 전구 사령관의 책임이다 (2) 전장에서 사령관처럼 워싱턴에서는 육군부가 사령관으로 군을 대표한다 (3) CAD는 "거의 모든 점령 지역에서 민사 문제를 다루는 것을 계획하고 조정하는" 기구이다. 해군도 민사 행정과 관련하여 이해관계를 가진 지역이 있었지만, CAD가 해군도 대표하는 것으로 정리되었다.[32]

초대 CAD 부장으로는 힐드링John Hilldring 소장이 취임했다. CAD는 하위부서로 군정과, 경제과economics, 구호과relief(이후 두 과는 통합됨), 인사 및 훈련과personnel and training를 두어 군정에 대한 장기적인 계획을 세우는 역할을 맡게 된다.[33] 1943년 11월 루즈벨트가 서신을 통해 스팀슨에게 육군부가 군정의 계획과 초기 단계를 이끌어 갈 것을 지시하고, 육군부가 군정과 관련된 최종적 권한을 가지되, 정치적 문제는 국무부와 협의하고, 재정적 문제는 재무부와 협의하라고 지시하게 되면서,[34] CAD는 육군부 및 해군부의 민사행정을 총괄하면서, 육군부와 JCS를 민사행정 문제에서 연결하는 핵심적 조직이 되었다.

해군부의 경우 1943년 해군작전국Office of Naval Operations의 점령지역부Occupied Areas Section(후일 군정부Military Government Section)를 설치한다.[35] 부장은 펜스Harry Pence 대령이 맡았다. 1943년 10월까지 OAS는 일본의 위임통치령, 보닌열도, 쿠릴 열도 등에 대한 군정 계획을 마련하고 있었으며, 일본 본토 또한 자신의 임무라고 판단하고 있었다. 1943년 말 펜스는 힐드링의 일본 점령 관련 지원 요청에 대해 일본, 한반도 및 다른 지역에 대한 해군 계획이 있음을 알리고, 이 지역에 대한 우선권을 주장하기도 했지만, 힐드링은 육군이 해당 지역에 대해 우선권을 가진다는 점을 분명히 했다.[36] 1944년 8월 부장이 사빈Lorenzo Sabin으로 교체되는 등의 인사 교체 속에서 조직이 안정적으로 운영되지 않았고, 1944년 10월 대만의 관할권도 CAD로 넘어가는 등 극동 지역과 관련해서는 육군에게 주도권을 넘겨주게 된다.[37]

1944년 말 SWNCC의 조직에서 위와 같은 각부의 전후 기획담당자들과 이들의 기획이 결합하게 되었으며, 이는 실무진 인사들의 요구에 부합하는 것이기도 했다. SWNCC 성립 이전에 동아시아 지역과 관계하여 신탁통치, 천황제 문제 등 주요한 국무부 계획에 참여했던 국무부 극동국의 보튼은 1944년 11월 17일, 일본 점령 방침에 대한 군부 의견을 확인하고 싶었지만 확립된 절차와 기구가 없었던 상황에 당황했었으며 이러한 절차적 문제는 추후 SWNCC 창설로 해결되었다고 서술한다.[38] CAD를 책임지던 힐드링도 종전이 현실화됨에 따라 점령과 관련하여 국무부의 방침을 확인하고자 했지만, 마땅한 채널을 찾기 어려운 상황이었다.[39] 즉 일본 개혁을 위한 도구적 수단이 군으로 결정된 상황에서 국무부 실무자들은 자신들이 세운 계획의 실행가능성을 확인하고 싶었고, 육군부와 해군부의 실무자들은 군정이나 작전의 구체적인 지침을 알고 싶었다.

이상의 과정을 살펴보면 SWNCC는 워싱턴 내 행정부처간의 경합 과정에서 국무부, 육군부 해군부가 JCS와 재무부 등 기타 이해관계 부처를 견제하면서 자신의 관할과 영향력을 강화하려는 시도로 이해될 수 있다. SWNCC의 성립과정을 언급했던 기존의 연구들은 국무부만의 입장을 강조하거나[40], 금융가의 이해관계를 공유했던 육군부 및 해군부의 민간관료들의 입장만을 강조하거나[41], 재무부와의 관계에서 가졌던 국무부, 육군부, 해군부의 위기의식만을 단편적으로 강조[42]한 경향이 있었다. 그러나 지금까지 살펴 본대로 SWNCC 성립 과정은 다양한 힘 작용들의 총체적인 결합이었다. 다음 절에서는 이렇게 집결된 삼부의 구상이 조정되고 JCS 및 여타 행정 부처들을 상대하는 기제로서 SWNCC를 살펴보고자 한다.

4. SWNCC의 조직 형태와 조정 기제

1) SWNCC 및 SFE의 위상 및 조직 형태의 확립과정

SWNCC 첫 회의는 1944년 12월 19일에 열렸다. 삼부를 대표하는 위원으로는 국무부 유럽국장이자 SWNCC 의장이 된 던, 육군부 차관보 맥클로이, 해군항공대 차관보 게이츠가 참여했다. 기타 위원으로는 CAD 부서장이었던 힐드링, JCS의 JSSCJoint Strategic Survey Committee에서 활동하고 있던 윌슨Russell Willson 제독, 유럽국 차장 히커슨John Hickerson, 육군부 차관보실에서 맥클로이를 보좌하면서 이후에는 독일 및 일본의 점령군정문제에도 관여했던 커터Richard Cutter 대령이 기타위원으로 참여했다.[43] 위원회 첫 회의의 구성에서 볼 수 있듯이 SWNCC에는 극동문제를 다루고자 했던 국무부의 초기 의도와는 다르게 극동지역에 대한 전문가가 참여하지 않았고, 국무부의 유럽통과 육군부의 민사행정의 기획자들, JCS 관계자가 참여하여 전체 조직의 구성과 밑그림을 준비하고 있었다.

1944년 12월 19일의 1차 회의부터 1945년 2월 16일의 10차 회의를 통해 SWNCC는 조직의 위상을 결정하고, 하위 소위원회의 설립 문제를 다루며, JCS와의 연락 절차를 마련하는 일에 몰두했다. 1차 회의에서 SWNCC는 헌장을 따로 제정하지 않고, SWNCC 성립의 근거가 되었던 삼부 장관들 간의 서신에 근거하여 운영하기로 했으며, 사무국의 상설공간과 위원회 회의 장소를 국무부가 제공하는 것에 대한 합의가 이루어졌다. 4차 회의와 10차 회의를 거쳐 JCS와의 서신 교환을 통해 JCS와의 소통은 ① SWNCC 의장이나 사무관이 서명한 비망록으로 하고 ② 국무부와의 소통은 SWNCC 의장이 서명하고 국무부에 보내는 비망록으로 한다는 절차가 확립되었다. 국무부장관이 육군부 및 해군부 장관에 보내는 서신에 대한 답신도 SWNCC 의장의 비망록으로 할 수 있었는데, 이는 SWNCC 내 육군부 및 해군부 위원들이 각 부를 대표한다고 해석되었기 때문이다[44].

SWNCC는 1944년 12월 16일에 사무국을 설치했다. 사무국의 조직과 기능에 대한 규정은 1944년 12월 29일 SWNCC 3차 회의에서 승인[45]되어, SWNCC 12/2[46]로 1945년 2월 20일 SWNCC 내에 회람되었다. SWNCC 12/2에 첨부된 「SWNCC 사무국의 조직과 기능」(1944년 12월 30일자)에 따르면 사무국은 국무부 출신의 국장 1인, 각각 육군부와 해군부 출신의 차장 1인씩을 두고, 필요에 따라 국장과 차장을 협조할 사무국원을 추가로 배정할 수 있었다. 사무국원은 국무부, 육군부, 해군부에서 선발하며, 육군부와 해군부의 선발인원은 육군과 해군의 능력 있는 장교 출신으로, 최소한 한 명은 육군항공대 출신을 선발하도록 규정되었다.

사무국은 ① SWNCC 회의를 준비하고 회의 진행상황을 회의록으로 작성하고 ② JCS 사무국 및 다른 적절한 기구들과의 밀접한 연락을 유지하고 위원회가 요구하는 기술적 조언과 협조를 얻을 수 있도록 준비하고 ③ SWNCC에 대한 소통과 정책 결정과 관련한 적절한 조치들을 준비하며 ④ SWNCC의 모든 공식문서의 재생산, 공람, 보안의 책임을 맡게 되었다.

1945년 2월을 기점으로 SWNCC 산하의 소위원회들도 조직되기 시작한다. SWNCC 4차 회의(1945.1.5.)와 5차 회의(1945.1.12.)를 통해 태평양 및 극동소위원회Subcommittee for Pacific and Far Eastern Affairs 설립이 논의되었다. 1945년 2월 13일 기준으로 SWNCC는 유럽소위원회, 태평양 및 극동소위원회, 라틴소위원회가 설치되었다. 1945년 6월 7일 기준으로는 노획한 적 아카이브 압수를 위한 지령 및 절차 검토 특별조사위원회Working Party to Review Directives and Procedure for Seizure of Captured Enemy Archives, 기술정보안보소위원회Subcommittee for Technical Information Security Control, 재무장소위원회Subcommittee for Rearmament가 추가되었다. 1945년 8월 27일 기준으로는 근중동소위원회Subcommittee for the Near and Middle East, 1945년 11월 5일 기준으로는 국무부 문서 배포 소위원회 Subcommittee for Release of State Papers가 추가된다. 이외에도 SWNCC는 수시로 특정정책 검토를 위한 임시소위원회를 설치했다.

본고에서 주목하는 극동 문제와 관련해서는 앞에서 언급한대로 태평양 및 극동소위원회가 맡았고, 해당 소위원회는 1945년 7월 30일 기준으로는 극동소위원회(이하 SFE)로 개명되었다. SFE에는 국무부 대표 1인이 의장으로 참여했고, 육군부 OPD와 CAD에서 각각 1인 이상, 해군부에서 1인 이상이 위원으로 참여했다. SFE는 1945년 2월 5일 첫 회의를 가졌고, 45년 까지는 매주 1~2회 회의를 진행했으며, 1947년 12월 22일까지 총 74차례 회의를 가졌다.

SFE 회의록[47]은 의장을 포함한 위원들과 기타위원, 사무국으로 구분하고 있다. 이러한 인원들의 참여 현황을 살펴보면, 특별회의를 포함한 74회 회의 동안 연인원 1,011명이 SFE 회의에 참석하여 회의 당 평균 13.6명이 참석했다. 회의에 참석한 인사들은 총 133명으로 국무부 44명, 육군부 58명, 해군부 19명, 기타 부서 11명이 참석했다. 전체 참여 인사로 보면 육군부나 국무부에 비해 해군부의 참여인사가 적다라는 점이 두드러진다.

SFE의 위원들은 극동문제가 본격적으로 논의되었던 1945년 8월 이후 SWNCC 본회의에도 꾸준히 참석하여 극동에 관련된 사안에 대한 논의에 참여했다. 다른 소위원회와의 관계를 살펴보면 국무부 극동국에 참여했던 국무부 인사들은 극동소위원회에만 참여했던 반면에, CAD를 대표했던 힐드링과 파헤이는 유럽소위원회의 위원으로도 참여했고, 해군부를 대표했던 사빈은 유럽소위원회, 데니슨은 국무부 문서 배포 소위원회의 위원으로도 참여했다는 특징이 있다. 여기서 국무부 위원들이 극동 전문가들로 구성되었던 반면, 육군 및 해군부의 대표들은 지역적 특수성을 고려하여 구성되기 보다는 일반적인 점령 방침 및 군 운용의 관점에서 관련 업무를 포괄적으로 담당했던 인물로 구성되었다는 것을 확인할 수 있다[48].

2) SWNCC의 정책 문서 작성 및 JCS와의 협의 과정

1945년 2월 16일의 10차 회의 이후 SWNCC의 정책문서 생산 및 JCS와의 협력 절차가 완비된 이후의 SWNCC의 정책 생산 절차는 다음과 같다. SWNCC의 검토가 필요한 안건에 대해서는 SWNCC 위원, JCS, SWNCC 의 소위원회 및 임시위원회 등에서 제기할 수 있었다. 해당 문서 검토 결과 추가적인 연구나 조사가 필요하다면 실무위원회working committee를 사무국에서 지정할 수 있다. SWNCC는 약식 승인informal clearance이나 회의를 통해 정책문서들을 승인한다. 문서 승인 이전에 제출에 앞서 수정 이 필요하다면 SWNCC 위원들은 자신의 소속 부서(국무부, 육군부, 해군부)에 확립된 채널을 통해 자문이나 권고를 받을 수 있었다.[49]

해당 SWNCC 비망록은 SWNCC 문서의 처리 절차의 예시로 두 가지를 제시하고 있다. 하나는 JCS가 전구 사령관의 질의를 SWNCC 사무국에 전달한 사례이다. SWNCC 사무국은 문서 번호를 생성해서 적당한 소위원회에 해당 질의 검토를 요청한다. SFE 사무국은 문서를 접수한 후, SFE 문서 번호로 생성하고, 실무단Working Group에 전달한다. 실무단은 가능한 모든 정보를 종합적으로 검토한 뒤 결론과 권고 사안을 작성하여 SFE 사무국을 통해 SFE로 해당 내용을 전달한다. SFE는 다음 주간 회의를 통해 해당 문서를 토의하고, 수정 및 합의가 이루어지면 이를 SWNCC 사무국을 통해 SWNCC에 전달한다. SWNCC에서는 위원들이 각자 자신들의 부처(국무부, 육군부, 해군부) 내의 관계 부서들에 해당 질의에 대한 의견을 구한 뒤, 동의하지 않는 부분이 있다면 이를 비망록으로 SWNCC 의장에 제출하게 된다. 사무국은 이 내용을 문서로 작성하여 SWNCC 위원들에게 공람하고, 만약 여기서 약식 승인이 이루어지지 않으면, 다음 SWNCC 주간 회의에 안건으로 제출한다. 정책문서가 최종적으로 승인되면 이는 다시 SWNCC 사무국을 통해 JCS 사무국으로 전달되고, 군사적 관점에서 이의가 없다면 이는 전구 사령관에게 전달된다. 해당 과정은 보통 14일 이내에 처리되었다. 다음의 그림 2는 해당 과정을 그림으로 정리한 것이다.

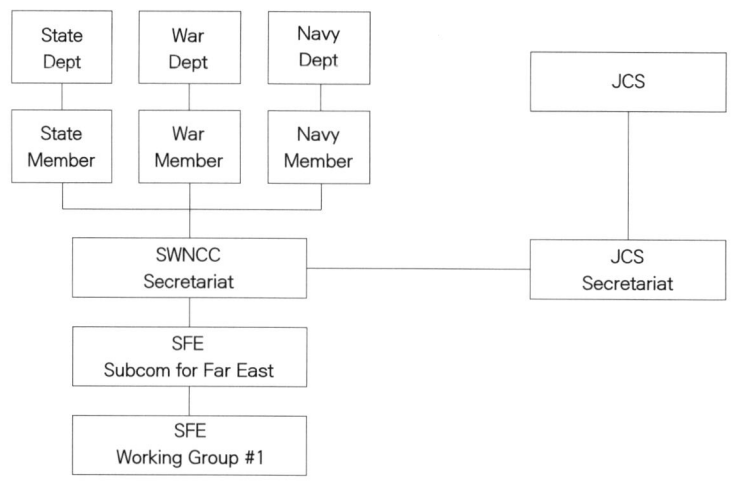

그림 2   전구사령관 질의가 SWNCC에서 처리되는 절차

　또 다른 한 가지 사례는 육군부 위원이 독일에서의 문제와 관련하여 다른 관계 부처의 도움을 받으려고 한 것으로 SWNCC 사무국을 통해 SWNCC 의장에게 제출된 경우이다[50]. 이 경우 SWNCC 사무국은 문서 번호 끝에 /D를 부여하여 해당 내용이 지령임을 밝히고, 유럽 소위원회에 해당 문제에 대한 검토를 지시한다. 유럽소위원회에서 해당 내용을 검토하여 SWNCC 사무국에 보내면 사무국은 관계된 SWNCC 위원들과 JCS에 의견을 구한다. JCS는 SWNCC 사무국을 통해 자신의 의견을 제출하고, SWNCC 사무국은 이를 다시 SWNCC 위원들에게 회람한다. 위의 사례와 마찬가지로 약식승인이 이루어지거나, 약식승인이 이루어지지 않은 경우, 공식회의를 통해 정책내용을 결정한다. 우선사항으로 보내진 안건의 경우 이 과정은 3일 이내에 처리되었다. 다음의 그림 3은 해당 과정을 그림으로 정리한 것이다.

　이렇듯 SWNCC가 직접적으로 제시하는 SWNCC 절차의 핵심은 JCS와의 협력 과정에 있었다. 이러한 협력절차가 필요했던 것은 전시에는 작전군 운영, 전후에는 점령군정 운영에 있어서 군 명령체계상 JCS가 지령

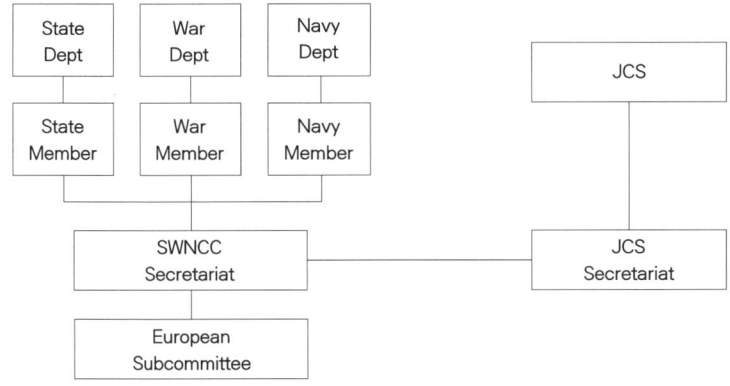

그림 3   육군부 위원의 요청을 SWNCC에서 처리한 사례

을 내리는 체계였기 때문이다. SWNCC 본조직, 소위원회, 소위원회의 실무단들도 모두 삼부의 인사가 모두 참여하는 형태로 조직되어 정책 조정 및 작성 과정에서 세 부처의 동등한 참여를 모든 수준에서 보장하는 형태를 띠고 있었다.

5. SWNCC를 통한 정치-군사적 문제의 처리 과정과 점령군정 문제로의 집중

1) 군사작전이 가지는 정치적 측면에 대한 고려: 베트남에서의 프랑스 저항군 인정 문제(설립부터 1945년 7월까지)

제2차 세계대전 중의 연합군의 군사 작전은 전황의 유불리에 영향을 주는 정도를 넘어서 전후 질서 형성과 관련하여 잠재적으로 중대한 영향력을 가지는 경우가 있었다. 특히 극동의 경우 일본군에게 빼앗긴 연합군의 구 식민지 지역을 범위로 하는 군사작전은 전후 해당 지역의 주권 문제에 심대한 영향을 줄 수 있었다. 특히 인도차이나 지역의 경우 프랑스는 기존의 식민지 종주권을 주장하고 싶어 했고, 루즈벨트는 전후 식민지들을 일괄적으로 신탁통치로 처리하고 싶어 했기 때문에 충돌이 불가피했던 지점이 있었다. 여기에 미군과 협조하고 있던 호치민을 위시로 한 민족주의 독립운동 세력까지 고려하면 문제의 양상은 더욱 복잡했다. 특히 해당 절에서 살펴볼 인도차이나 지역의 군사작전 문제에 대한 SWNCC의 개입은 미국의 전후 식민지 처리 방식에 중대한 영향을 끼치게 된다.

　해당 시기 SWNCC가 다루게 된 중요한 문제 중 하나가 영국의 마운튼배튼Louis Mountbatten 장군이 이끄는 연합군 동남아시아사령부에 프랑스 게릴라를 참여시킬지 여부였다. 1944년 11월 프랑스 망명정부의 요청을 받은 영국은 마운트배튼을 통해 버마, 태국, 말라야에서의 동남아시아사령부의 작전에 프랑스 게릴라의 참여가 필수적이라고 주장했다. 전후 인도차이나에 대한 신탁통치를 고려하고 있던 루즈벨트는 프랑스 게릴라의 태평양 전선에서의 연합군 참여가 구식민지 종주국인 프랑스의 지위의 인정으로 이어질 수 있었기 때문에, 미국의 입장을 표시하지 않는 것으로 정부 방침을 정하고 이에 응답하지 않았다. 그러나 드골 휘하의 프랑스 장교들의 지속적인 요청이 있었고, JCS 역시 상대적으로 부차적인 태평양 전선에서 미군의 자원을 가급적이면 절약하고 싶어 했다. 하지만 상황은 다시 급작스럽게 변화한다. 프랑스가 미국의 동의를 확보하지 않고 충칭의 연합군 본부에 참여하려고 하자 JCS 역시 프랑스의 군사 참여에 대한 동의를 철회한 상태였다.[51]

　SWNCC 첫 회의가 끝난 다음 날인 1944년 12월 20일 육군부 차관보이자 SWNCC 육군부 대표였던 맥클로이는 인도차이나 문제를 정치군사적 문제로 주장하면서 프랑스의 제안 내용을 SWNCC 안건으로 제기했다. 육군부 대표였던 맥클로이는 프랑스의 제안을 받아들이는 방향으로 JCS 참모장인 마샬 장군과 리히 제독을 설득하려고 했지만, 12월 27일 리히 제독이 반대의사를 밝혔다. 1945년 1월 1일 루즈벨트도 프랑스에게 식민지를 회복시켜줄 의사가 없다며 국무부장관에게 인도차이나에 대한 기존의 결정을 뒤엎지 말라고 경고했다. JCS와 대통령의 지속적인 반대 의사에도 불구하고 SWNCC 의장이었던 던과 육군부 대표 맥클로이는 프랑스의 제안을 수용하려는 의도를 가지고 제4차 SWNCC회의에서도 해당 문제를 재논의했다. 해당 회의에서 SWNCC SFE 창설도 논의되면서, SFE에서 인도차이나 문제를 논의하게 된다.[52]

1945년 3월 9일 일본군은 비시프랑스 몰락을 계기로 점령 이후 협력체계를 갖추고 있던 프랑스령 인도차이나 정부와 자신들에게 대항하던 중국의 연합군에 정보를 제공하던 프랑스 게릴라들을 공격한 뒤, 프랑스로부터 독립된 바오다이 황제를 명목상 황제로 하는 베트남제국을 수립시키고, 자신들의 영향력 아래에 두는 사건이 발생한다. 드골이 공식적으로 게릴라들에 대한 시원을 요청하자, 1945년 3월 14일 국무부 장관은 SWNCC에 SFE를 통해 프랑스 게릴라 지원 문제를 논의하라고 지시한다.[53]

3월 14일 지시를 받은 SFE는 제9차 회의에서 해당 문제를 논의한다. SFE에서는 SFE 육군부 대표인 스토롱 소장이 JCS가 인도차이나를 중요한 미군의 작전지역으로 보지 않고 있고, 저항군들이 전력상 큰 도움이 되지 않을 것이라는 이유로 반대의사를 밝혔다. SFE는 결국 스트롱의 의견에 따라 베트남에서 미국이 역할을 확대할 필요가 없고, 프랑스 저항군이 조직화되지 않고 비효율적인 것이라는 이유를 들어 탄약, 물자 보급, 군대 등 그 어떤 지원도 프랑스인들에게 보내지 않는 것을 권고하는 보고서를 만들었다.[54]

3월 18일 프랑스 장교들이 미군의 제14공군을 활용한 공중폭격으로 지원 내용을 바꿔서 요청했고, JCS 참모장인 리히도 이에 동의하면서, 해당 내용에 대한 논의가 3월 21일 SFE 11차 회의에서 이어졌다. 해당 회의에서도 스트롱을 비롯한 육군부 장교들의 신중론은 유지되었고, 중국으로부터의 미 공군을 활용한 공중폭격 지원은 적절하기 않다고 결정했다. 그러나 SWNCC 본회의의 육군부 대표 맥클로이와 국무부 유럽국 차장 매튜스는 전후 유럽 질서에서 프랑스의 역할이 필요하다고 보고, 3월 30일 약식승인을 통해 프랑스에 대한 공중폭격지원을 SWNCC 35/9로 결정한다.[55]

먼로-레이턴Munro-Leighton은 프랑스 저항군에 대한 지원 결정을 던, 맥클로이, 매튜스 등의 국무부와 육군부의 SWNCC 유럽파 관료들이 상대적으로 지역전문가로 구성되었던 SFE의 경고를 묵살하고, 대통령의 기존 결정까지 거슬러 내린 결정이라고 평가한다. 그는 유럽파 관료들이 소련의 확장을 막는데 프랑스의 역할이 필요하다고 보았기 때문에, 이들이 베트남 지역에서의 호치민을 중심으로 하는 민족주의적 운동의 열망을 무시하고 식민지 종주국으로서의 프랑스의 권리를 인정해준 것이라고 보고 있다.[56]

내가 강조하고 싶은 지점은 SWNCC가 내린 최종적 결론의 내용이 누구의 손을 들어주었는가라는 점보다는, SWNCC가 JCS와 백악관 사이에서 이들의 의견을 조율하고 군사작전의 실현가능성과 동시에 군사작전이 가지는 외교적 여파를 고려하는 기구로 자리매김했으며, 이 과정에서 소위원회라는 장치를 통해 정책을 작성하고 조정하고 있다는 점이다. SWNCC는 이러한 장치를 통해 대통령의 결정을 거스르고, 결과적으로는 전후 신탁통치의 불완전한 실행에 일조하게 된다.

한편 1945년 4월 12일 루즈벨트가 사망하고 주요한 외교적, 군사적 결정에서 완전히 소외되어 있던 트루먼이 취임하면서 SWNCC는 자신이 역량과 기능을 점차 더 확대하게 된다. 트루먼은 포츠담 선언을 계기로 SWNCC를 완전하게 신뢰하게 되었다. 회고록에 따르면 트루먼은 SWNCC가 자신이 던진 과제에 대해 삼부간의 협의 아래 신속하고 분명하게 제공한다는 사실에 큰 감명을 받았다. 그는 포츠담을 떠나기 전에 삼부 장관들에게 SWNCC라는 시스템이 마음에 든다고 밝히며, 모든 일반적 문제에 대한 협의를 SWNCC를 통해 지속적으로 진행하라고 요청했다.[57]

2) 지침 작성을 통한 점령군정에의 개입(1945년 8월에서 1946년 3월까지)

1945년 8월은 SWNCC 및 SFE의 역할과 위상변화에 중요한 전기가 되는 시점이었다. 위에서 살펴보았듯이, 전시 SWNCC가 주로 군사작전의 정치적 파급 효과를 고려하여 JCS와 협의하는 작업을 하였다면, 일본이 항복하고 태평양 전쟁이 종결된 시점에서 SWNCC는 포츠담 선언에서 공표했던 신질서 구축을 현실화하기 위해 군사, 정치, 경제 등 다양한 측면에서 점령군정을 위한 지침을 마련하는 작업에 몰두하게 된다.

극동은 유럽과 달리 유럽자문위원회European Advisory Commission와 같은 항복 처리 및 항복 이후의 적국 영토 처리를 위한 연합국간의 정책 협의 통로가 존재하지 않았다. 독일 및 오스트리아와 관련해서는 영국이 분할선을 제시했지만, 한반도의 경우 영국은 관심을 보이지 않았고, 일본은 미국의 단독 점령이 계획되어 있었다.[58] 결국 유럽과 비교하면 극동 지역의 이해당사국은 미국, 중국, 소련에 한정되어 있었는데, 중국의 장개석 정권이 임박한 내전 가능성으로 극동 지역 질서에 개입할 수 있는 역량이 제한된 상황에서 궁극적으로는 소련과의 협의를 통해 전후 처리를 진행해야 할 상황이었다.

이러한 상황에서 극동은 유럽 및 태평양 지역보다 SWNCC의 영향력이 크게 작동할 수 있는 지역이었다. 유럽은 1945년 8월까지도 재무부 중심의 IPCOGInformal Policy Committee On Germany가 독일의 점령 방침과 관련하여 SWNCC와 관할권 다툼을 벌이고 있었고, 태평양의 경우에는 내무부가 알래스카, 하와이, 푸에르토리코, 버지니아 섬들을 전쟁 이전에 관리했던 것을 내세워 자신의 관할권을 주장했다. 1945년 10월에는 국무부, 내무부, 육군부, 해군부 간의 4자 협의체에서 관할 문제를 다루게 된다.[59] 이와 달리 일본과 한반도는 재무부, 내무부의 관심지역이 아니었다.

한반도에서의 항복접수를 위한 도계 분할선을 규정하는 문제부터 이후의 한반도 및 일본에서의 점령군정의 주요한 방침들을 정하는 것 모두 SWNCC의 주요한 업무가 되었다. 이는 SFE 회의에서 논의되는 안건 내용 분석을 통해서도 드러난다. SFE 회의록을 근거로 SFE 회의에서 올라온 안건 대상 지역을 지역별로 분류하고, 이를 다시 포츠담선언 선언으로 전기와 후기를 나누어 안건을 살펴본 결과는 아래의 표 1과 같다.

표 1을 살펴보면, 전쟁이 진행 중인 와중에도 일본 항복 이후의 일본에 적용할 정책과 점령군 구성 문제를 지속적으로 논의하여 일본 관련 안건의 빈도가 높다. 그 다음으로 극동지역 전반에 대한 정치군사적 문제

표 1 지역별 SFE 안건수

지역	전기(~45.7)	후기(45.8~활동종료)	전체
일본	31(34.8%)	84(58.7%)	115(50.9%)
극동	29(32.6%)	21(14.7%)	50(22.1%)
한반도	0(0%)	20(14.0%)	20(8.8%)
인도차이나	9(10.1%)	1(0.7%)	10(4.4%)
대만	3(3.6%)	4(2.8%)	7(3.1%)
중국	3(3.6%)	3(2.1%)	6(2.7%)
만주 및 쿠릴열도	1(1.2%)	3(2.1%)	4(1.8%)
태국	2(2.4%)	2(1.4%)	4(1.8%)
홍콩	3(3.6%)	0(0%)	3(1.3%)
마카오	1(1.2%)	1(0.7%)	2(0.9%)
보닌 열도	0(0%)	1(0.7%)	1(0.4%)
태평양	1(1.2%)	0(0%)	1(0.4%)
기타	0(0%)	3(2.1%)	3(1.3%)
총계	83(100.0%)	143(100%)	226(100.0%)

와 극동위원회Far Eastern Commission 설치, 전범처리 문제 등 극동을 포괄하는 안건의 빈도가 높게 나타난다. 이 두 지역을 제외하면 앞에서 언급한 인도차이나에서 프랑스 게릴라 활용 문제 때문에 인도차이나 지역에 대한 논의가 많고 나머지 지역에 대한 논의가 일부 존재하는 것을 확인할 수 있다. 포츠담선언이 발표된 후인 45년 8월부터는 일본 항복 이후의 군정 지침에 대한 논의가 본격적으로 시작되고, 기존까지는 진행되지 않았던 한반도 관련 논의들, 소련과의 군사분계선 획정 문제와 한반도에 대한 군정 지침 문제 등이 본격적으로 논의되기 시작했다. 이와 함께 중요한 전후 처리 문제 중 하나로 일본인 및 조선인들의 귀환 문제가 본격적으로 논의된다. 인도차이나 문제는 이제 거의 논의되지 않았으며 나머지 지역에 대한 논의 역시 미비한 실정이다. 즉 전쟁이 종결됨과 함께 SFE는 부서 간에 점령군정의 구체적인 지침을 협의하거나 연구하여 SWNCC 본회의에 제공하는 기능의 더 높은 비중으로 맡게 되었고, 그 결과 정치군사적 문제가 발생하는 지역으로서의 극동에 대한 논의는 한반도 및 일본을 중심으로 축소된다.

이 시기에는 SFE의 국무부 인사들도 대폭 교체되었다. 그간 일본에 대한 온건평화노선soft peace을 주도했던 지일파 인사들이 대거 사퇴했다. 주일 일본대사를 경험한 대표적인 일본통이자 삼인위원회에 국무부 장관을 대리해 참석할 정도로 국무부에서 영향력이 컸던 차관 그루Joseph Grew가 사퇴하고, 그 자리에 중국통인 애치슨Dean Acheson이 취임하게 된다. 이와 더불어 SFE 의장이자 국무부 극동국장을 맡았던 두만 역시 일본의 무조건 항복에 대한 견해 차이로 사퇴하게 되었고, 대표적인 중국통Chinese Hand이었던 빈센트가 그의 후임이자 SWNCC 의장으로 취임하게 된다.[60] 그러나 국무부 내 중국통들의 부상에도 불구하고, SWNCC의 작동 방식이나 대한정책, 대일정책의 기조는 크게 바뀌지 않았다. 이는 SWNCC라는 조정 체계가 국무부의 인사 변동에 크게 영향을 받지 않을 만큼, 이 시기에 충분히 안정화되었음을 보여주는 반증이기도 하다.

　SWNCC 및 SFE가 점령군정에 개입하는 동학을 잘 보여주는 사건 중의 하나가 주한미군정에 관련된 지침들이다. 한국 군정 방침을 담은 SWNCC 176 시리즈는 1945년 8월 22일, "한국 점령에 대한 국제적 합의"라는 제목으로 최초로 작성되기 시작했다. 하지John Hodge에게 전달된 SWNCC 176/2/D는 4개국의 분할점령이 아닌 2개국의 분할점령이 수행될 것이라는 내용만을 포함하고 있었다. 하지는 9월 9일 한국에 진주한 이후 일본 총독과 일본인 관리들을 임시적으로 유지시킨다는 방침을 발표한다. 이는 점령 이전 일본군의 경고, 즉 소련 및 이에 동조하는 한국인 공산주의자들의 왕성한 활동에 대한 하지의 경계에서 비롯된 조치이기도 하지만[61], 동시에 육군의 점령 매뉴얼에 충실했던 반응이기도 하다. 1차 세계 대전 당시 독일의 라인란트 점령 경험에 기초한 육군의 점령 매뉴얼은 점령지의 기존 행정기구가 원활히 작동한다는 가정 아래 해당 기구를 활용한 간접통치를 원칙으로 하고 있었다. 물론 이는 조선과 같이 적국으로부터 해방되어 독립열망이 강했던 지역에서 그대로 적용할 수 있는 매뉴얼로는 매우 부적절했다.[62]

　그럼에도 불구하고 점령군정의 간접통치 원칙은 36차 SFE 회의(45.8. 24.)에서도 반복된 것이었다. 파헤이는 일본에 대한 간접통치 개념과 마찬가지로 기존의 행정기구를 가능한 완전히 활용해야 한다고 주장했고, SFE도 실무단을 별도로 구성해서 SWNCC 176/2/D를 수정하는 작업을 맡기며 일본인 인사를 포함한 기존의 행정기구 활용 문제에 대해 실무단에 완전한 재량권을 주는데 합의했다[63].

　그러나 해당 내용은 SWNCC 176/2/D로 전달되지 않았고, 1945년 9월 1일에 작성된 SWNCC 176/3[64]은 절실히 필요한 경우를 제외하고 일본인 관료들을 해임하는 것을 원칙으로 검토가 준비되고 있었다. JCS를 통해 일본인 관리 유임 결정이 SWNCC로 전달되자, SWNCC는 별도의 회의 없이 하지의 방침이 "한국에서의 우리의 입지에 불운한 영향을 주고 있고, 이전에 거론된 포괄적인 의도나 정책 개요와도 상반된다."고 평가하면서 "총독 아베, 총독부의 모든 국장들, 도지사와 도 경무국장, 여타의 일본인 관리들과 친일파 한국인 관리들을 가능한 빨리 해고해야 한다."는 권고를 SWNCC 176/4를 1945년 9월 10일자로 약식 승인하여, 그다음날 JCS 사무국에 전달한다. 하지는 결국 9월 12일 아베총독을 해임하고, 9월 14일과 16일에는 일본인 국장들과 총독부 고문이었던 한국인 5명도 추가로 해임했다.[65]

위의 사례에서 보듯이 점령 초기 점령군정의 자율성은 JCS의 지령에 의해 어느 정도 제약되어 있었고, 점령군정에 내리는 JCS 지령의 대다수는 SWNCC와의 협의를 통해 만들어지고 있었다. 또한 SWNCC라는 틀 안에서 육군부 및 국무부가 마련했던 일반적인 원칙들과 지침들은 현지 점령군정의 요구에 맞춰 수정을 거듭해야 했다. 국무부의 이상주의만큼이나 점령 매뉴얼로 대표되는 군부의 이상주의도 SWNCC라는 기제를 통해 조정되어야 했다. 이러한 조정 과정에서 현지 점령군정, 점령지역 주민들의 대응이 복합적으로 반영되었다는 점에서 SWNCC는 다양한 주체들의 요구들을 잇는 매개 장치였다.

3) 점령지역차관보 설치와 해군부의 퇴조(1946년 4월부터 활동종료까지)

점령군정이 체계화됨에 따라 일본의 점령군정은 JCS와 SWNCC 문서의 범위를 넘어서 독립성과 주도성을 발휘하게 된다. 특히 맥아더Douglas MacArthur의 경우 국무부의 독립적인 고문실 설치를 거부했고, 국무부와의 협의를 통해 설치한 개인적 자격의 정치고문들the Office of the Political Adviser과도 한동안 갈등적 관계를 유지하면서 제대로 협조해주지 않았다.[66] 특히 맥아더는 토지개혁 도입, 신헌법, 일본의 기독교화 등과 관련하여 SWNCC 및 JCS의 지령에 근거하지 않고, 자신의 정책들을 수행하기도 했다.[67] 그러나 이는 1945년 9월 4일 일본에 대한 점령 기본지침인 SWNCC 150/4을 통해 극동지역 점령정책에 대한 최고 권위를 부여받았기 때문에 가능한 일이었다.

점령군정의 비협조로 정치적 고문이 별다른 영향력을 발휘하지 못 하던 상황에서 국무부는 SWNCC를 통해 극동자문위원회Far Eastern Advisory Commission 및 극동위원회(Far Eastern Commission, 이하 FEC) 설치를 시도했다. 해당 위원회는 유럽의 유럽자문위원회를 모델로 점령군정을 관리할 국제기구로 고안되었지만, 육군부 및 해군부, 그리고 맥아더의 반대로 설치되지 못 하고, SFE와 SWNCC에서 수차례 반복적으로 논의되었다. 1945년 10월 2일 극동자문위원회 설립이 결정되었지만 소련의 보이콧으로 정상적으로 기능하지 못 하다가, 1945년 12월 27일 미, 영, 소의 합의를 통해 1946년 2월 26일부터 워싱턴에서 첫 회의를 열게 된다. FEC는 1947년 초까지는 비교적 건설적인 논의를 통해 맥아더의 점령행정에 대한 견제역할을 맡았으며, SWNCC는 맥아더와 FEC 사이의 법률적 문제들을 해결하고 자문하는 역할을 맡았다.[68]

점령군정에 개입하는 다른 기구들의 활용이 시도되긴 했지만, SWNCC는 신설기구들을 포함하여 여전히 점령군정과 워싱턴 행정부, 행정부 내의 다른 여러 부서들 사이에서 정책을 조정하는 장치로 기능했다. 항복 접수 및 무장 해제 문제들이 정리되어가고 점령군정의 정책을 조정하는 일이 SWNCC의 주요 업무로 더욱 부각되어감에 따라 국무부는 1946년 4월 8일 점령지역차관보를 신설하고, 해당 점령지역차관보로 CAD 부서장이었던 힐드링 소장을 임명하게 된다. 이때부터 점령지역차관보는 점령문제에 대해서는 SWNCC 의장을 맡게 된다.

힐드링은 국무부가 점령 지역과 관련된 미국 정책을 발전시키고 반포할 책임이 있고, 육군부와 해군부가 해당 정책을 실행할 책임이 있다고 전제하면서, 점령지역차관보가 SWNCC에서 논의되는 점령지역(독일, 오스트리아, 한국, 일본 등)에 대한 모든 정책을 조정할 책임을 가진다고 자신의 위치를 규정했다. 점령지역차관보는 국무부 내의 유럽국, 극동국과 협력하는 한편, 점령지역에 이해관심을 가지는 재무부, 농림부, 통상부, 국제적으로는 FEC와의 소통 채널이 되는 것을 자신의 임무로 제시했다.[69]

점령지역차관보로 육군부 CAD 출신의 힐드링이 취임하면서 점령군정 문제가 SWNCC 및 SFE의 핵심 문제로 자리 잡게 되는 과정은 SFE에서 해군부의 발언력이 감소하는 것으로도 확인할 수 있다. 점령지역차관보가 설치되었던 1946년 4월 이후 SFE 회의에서 마지막 회의를 제외하면, 해군은 상임위원이었던 쥬리카Stephen Jurika Jr. 중령만을 참석시켰을 뿐 기타위원으로 추가인력을 회의에 보내지 않았다. 같은 시기 국무부와 육군부는 회의 안건에 따라 상임위원 외에도 관련 부처의 인원을 수시로 회의에 참가시켰고, 상임위원 및 의장을 포함하여 3명 이상이 SFE 회의에 참석했다. 이는 SFE의 문제가 일본 및 한국의 점령군정의 방침 및 FEC와의 협의 등이 주요 안건으로 부각되고, 해군이 관할하던 태평양 지역 문제는 앞서 언급한 것처럼 1945년 10월 이후 4부 협의체로 논의가 옮겨갔다가 종국에는, 태평양의 관할권이 확실히 해군에게 넘어가고, 소련 및 영국과의 합의를 통해 전략적 신탁통치가 결정된 이후에는 기지 설치 및 유지 문제가 주요한 관건이었을 뿐 민사행정의 문제가 따로 부각된 것은 아니었기 때문이다.

SWNCC는 1947년 9월 18일 발효된 국가안보법National Security Act of 1947 제정 작업과 공군 창설의 과정 속에서 SWNCC는 국무·육군·해군·공군 사부조정위원회(State-Army-Navy-Air Force Coordinating Committee: 이하 SANACC)로 개편되었고, SANACC는 1949년까지 활동한 이후 국가안전보장회의NSC: National Security Council에 흡수 통합

표 2 SFE 회의차수별 각 부처별 참여 인원수

회의차수	회의일자	국무부	육군부	해군부
65	1946.04.03	5	3	1
66	1946.05.28.	6	3	1
67	1946.07.01.	5	5	1
68	1946.08.15	4	7	1
69	1946.10.18	7	8	1
70	1946.12.06	6	6	1
71	1947.03.21.	4	4	1
72	1947.05.09	4	3	0
73	1947.12.22	6	5	2

된다.[70] SWNCC와 SANACC를 의장으로 이끌었던 점령지역차관보도 SANACC와 같은 시기 해체되었으며, 군정관련 육군부의 핵심조직이었던 CAD도 1949년에 해체되었다. 그러나 여러 논의가 지적하듯이 각 부 간 조정을 통한 정책 결정 모델이라는 점에서 NSC가 SWNCC를 계승하면서, 부처 간 조정동학은 미국 대외정책 및 안보정책 결정의 중요한 장치가 된다.[71]

6. SWNCC 연구의 의의와 향후 과제

1956년 『파워엘리트Power Elite』에서 밀즈Charles Wright Mills는 미국의 국가, 기업, 군의 상층부 인사들이 새로운 파워엘리트를 형성하고 있으며, 현실에 대한 군사적 정의가 지배하고 있다고 경고한 바 있다.[72] 이러한 엘리트 동맹이 형성된 기원에는 제2차 세계대전의 종전이 있었다. SWNCC 성립을 계기로 국무부의 외교관들과 육군부, 해군부의 군인들이 대외정책과 군사정책에 상호 참여하는 제도적 기반이 확립된 것이다. 결국 SWNCC가 가지는 의의는 군사적 수단을 외교적인 측면까지 고려하며 활용할 수 있는 장치가 마련되었다는 점에 있다.

지금까지 살펴본 것처럼 SWNCC라는 장치는 제2차 세계대전이라는 맥락 속에서 여러 힘들의 각축 속에서 탄생했다. 즉 영국과의 원활한 군사 작전을 수행하기 위해 기능적 필요에 의해 만들었던 JCS, 이러한 JCS를 기존의 행정부처들의 역할과 범위를 무시하는 방식으로 활용했던 대통령 루즈벨트, 이러한 행정부 운영에 불만을 가졌던 주요 부처들 간의 힘겨루기 속에서 SWNCC는 탄생했다. 1945년 4월 이후 SWNCC가 힘을 얻게 된 것도 루즈벨트의 갑작스러운 사망이 없었다면 가능한 일이 아니었을지도 모른다. 그러나 결과적으로 전지구적 범위의 제국을 통치하는 입장에서 SWNCC라는 조정 기제는 효율성을 보여주었다. 전쟁 수행 와중에 다소 우연적인 계기들의 중첩으로 탄생한 장치가 전후에도 지속적인 영향력을 가졌다는 점에서 SWNCC는 전쟁사회학적 연구 가치가 큰 대상이라고 할 수 있다.

결론적으로 SWNCC는 전시에는 주로 군사작전이 가지는 외교적 파급력을 고려하는 기구로, 전후에는 주로 미국이 자유주의 시장질서 회복, 소련에 대한 대처, 구식민지 독립국가의 처리라는 제국으로서 미국이 가졌던 중요한 과제들을 해결하는 장치였다. SWNCC는 소위원회와 본 위원회라는 연계 기제를 통해 점령군정의 행정지침을 만들었다는 점에서 전지구적 범위에서 행위의 통솔conduct of conduct[73]을 창출하는 통치성을 만들어가는 주요한 장치였다. SWNCC는 각 부처를 연결했을 뿐만 아니라, 다양한 지역적 스케일들의 문제를 다루고 다양한 부처의 연구를 결합했다. 앞에서 본 것처럼 이러한 기제를 통해 국무부의 이상주의만큼이나 군부의 이상주의도 실행에 있어서 불가피하게 수정을 거쳐야 했다.

따라서 SWNCC 내에서 나타났던 군부와 국무부간의 조정 과정을 살펴보는 것도 물론 중요하지만, 다양한 부처들의 전후 구상 및 실행이 SWNCC라는 장치가 가지는 효과로 어떻게 결합되어 새로운 통치성을 창출해냈는지 파악하는 것이 매우 중요하다. 이러한 측면에서 SWNCC를 계승하여 미국의 중요한 안보장치가 된 NSC와의 관계가 추후 더 면밀히 연구될 필요가 있다. 한반도 및 극동 지역 정책에 대한 연구도 이러한 방식의 연구로 보강되어야 다른 지역 정책과의 연관성 속에서 미국의 극동 구상의 위상과 결정 기제를 면밀히 살펴볼 수 있다. 본 연구는 아직 걸음마 수준으로 몇 가지 예시만을 제시했을 뿐이고, 향후 추가적인 연구를 통해 SWNCC라는 장치의 전지구적 통치 효과를 살펴볼 필요가 있다.

한편, 본 글에서는 다루지 못 했지만 미국 자본의 이해관계가 SWNCC 운영에 어떻게 반영되었는지도 중요한 향후 연구주제이다. 특히 SWNCC 성립시에 육군부 대표를 맡았던 맥클로이와 육군부 인사로 SWNCC에 참석했던 러벳Robert Lovett 같은 인물의 행적이 흥미롭다. 맥클로이의 경우 월가의 변호사 출신으로 육군부에서 활동하다가 1947년-49년에는 세계은행의 총재가 되었다. 러벳의 경우 월가의 투자은행에서 근무하다가 육군부에 참여했고, 1949년 1월에는 자신의 투자은행으로 복귀했다가 1950년 9월에는 육군부 장관으로 한국전쟁을 지휘했다. 이들은 긴 전보로 유명한 케넌George Kennan, 국무부 장관을 역임했던 애치슨Dean Acheson 등과 미국의 대외정책을 주무르는 현자들Wise men이라고 불렸다.[74] 이들이 월가의 이해관계를 어떤 방식으로 대변했는지, 이러한 이해관계가 극동 정책 등에도 반영되었는지, 거꾸로 이들의 행정부 및 SWNCC 경험이 향후 이들의 경력에 어떤 영향을 주었는지 등도 향후 중요한 연구과제이다.

2장

미국의 '점령형 신탁통치'와 냉전적 변형:

조선, 미크로네시아, 류큐제도를 중심으로

강성현

1. 왜 지금 점령과 신탁통치를 말하는가?

그 동안 '점령Occupation'과 '신탁통치Trusteeship'는 어떻게 이해되고 논의
되어 왔는가? 한국에서 '점령'은 대개 '군정Military Government'의 문제 속
에서 다루어져왔다. 그러다보니 이론, 법, 역사, 사회학적 시각에서 '점령
이란 무엇인가'에 대한 다양하고 깊이 있는 논의가 축적되지 못했다. 군
정보다 점령이라는 단어가 넘쳐나는 바로 옆 일본 학계와 비교가 되는
상황이다. 일본 학계에서는 1970년대부터 점령 연구가 넘쳐났음에 반해,
한국에서는 1980년대부터 점령보다 군정 연구로 집중된 것은 별도의 설
명이 필요해 보인다.

'신탁통치'라고 사정이 다르지는 않다. 한국에서 신탁통치는 미국에 의해 시도되었다가 중도에 폐기된 구상과 기획 수준으로 이해되어왔다.[1] 구체적으로 말하면 1945년 12월~1946년 1월 조선의 '신탁통치 파동'에서나 존재했던, 다시 말해 한국의 역사박물관에만 전시될 법한 화석 같은 것으로 취급되어왔다. 그러나 일국 시야에서 벗어나면 신탁통치라는 단어는 전후 세계의 '신질서New Order' 구축과 관련한 핵심 용어 가운데 하나임을 확인할 수 있다. 유엔헌장 제12~13장의 17개조로 구성된 '국제신탁통치 제도와 신탁통치이사회라는 장치는 안전보장이사회 장치와 함께 미국이 주도하는 전후 세계의 안전보장과 국제평화를 보증할 중요한 축으로 디자인되었다. 이 장치는 최근까지도 냉전적으로 변형된 채 비교적 쓸모 있게 사용되어왔다.

그런데 왜 지금 점령과 신탁통치를 재조명하고 논의하는가? 미국과 유엔 주도의 21세기 평화유지 활동이 세계 곳곳에서 전개되는 상황에서 '개입'의 한 방법으로 새로운 국가-사회 질서의 형성을 위한 '임시 관리' 모델 또는 장치로서 신탁통치 제도가 재검토되고 이를 현재화하는 기획이 제출되고 있다. 국제적인 임시 영토관리에 대한 최근의 국제법과 국제정치학 연구들이 이를 뒷받침한다.[2]

제2차 세계대전 이후 전후 미국의 세계질서 기획의 한 장치로서 탄생한 국제신탁통치 제도는 1994년까지 미 제국 유지의 '불가결한 부분'으로 계속 작동해왔다. 이를 이해하기 위해서 신탁통치 장치 형성의 역사를 면밀히 살피지 않을 수 없다.

루즈벨트 대통령과 미국의 전후 기획 집단은 유럽 제국주의가 답습한 영토 팽창과 식민주의(와 위임통치)의 확장을 국가간 전쟁, 더 나아가 양차 세계대전의 원인으로 파악했다. 자본주의 질서의 재생산과 확장을 위해서 전쟁과 평화를 안정적으로 관리하는 새로운 질서와 체계를 구축하고자 했다. 무대에 올라온 주인공 대역은 미국의 자유주의적 전쟁/평화

관리 기획으로 탄생한, 안전보장이사회와 신탁통치이사회를 축으로 한 유엔이었다. 그러나 유엔의 산파 과정에서 반식민주의, 탈식민주의는 영국과 프랑스와의 갈등 속에서 당초의 기획보다 축소되어 형해화되었고, 결국 반파시즘, 반군국주의 수준에서 자유주의적 전쟁/평화 관리 기획이 축소되었다. 설상가상으로 연합국의 한 축이었던 소련과의 협조가 적대로 돌아서면서 미국의 이상주의적 자유주의 기획은 현실주의적이고 냉전적인 자유주의 기획으로 심각한 변형을 겪었다.

그래도 미국이 건진 것은 적지 않았다. 미국은 태평양을 '미국의 호수'로 삼은 제국을 건설했다. 미국은 제국의 비영토성 또는 탈영토성을 내세웠는데, 그 이면의 실상은 '기지의 제국'이었다. 미 제국은 소련의 확장주의를 제국주의로 몰아붙이고 공산주의 진영을 향해 수많은 전초기지를 세웠다. '전략적 신탁통치strategic trusteeship' 또는 '기지조차leased bases' 등의 방식으로 '동맹'과 '발전'을 내걸어 점재點在하면서 선을 구성하는 영토들을 거느렸다. 이와 관련해 이케가미 다이스케는 참으로 의미심장한 질문을 던진다. "기지를 획득하는 것이 식민지를 보유하지 않는다(반식민주의)는 논리와 어떻게 서로 접합되는가?"[3] 이를 폭로하기 위해 그는 미크로네시아의 신탁통치에 주목한 바 있다.

이 글은 이케가미의 문제의식보다 더 근본적으로 미국의 전후 기획과 실행에서 점령과 신탁통치가 어떻게 결합되고, 이 '점령형 신탁통치Occupational Trusteeship'가 어떻게 냉전적으로 변형되는지 분석한다.

이 시도의 여정에서 점령과 신탁통치와 관련한 다수 연구들을 만났다. 한국의 연구 가운데 가장 주목되었던 것은 (분할)점령, 군정, 신탁통치에 대한 연구들을 종합한 이완범(2001)과 정용욱(2003)의 연구였다. 점령형 신탁통치(또는 '신탁 점령')의 시각에서 한반도와 오키나와를 비교역사사회학적으로 분석한 Kang and Ha(2014), 하지은(2015)의 연구는 이 글의 출발점이 되었다.

일본의 점령과 신탁통치 연구 지형은 두텁다. 'GHQ' 연구로 대표되는 점령 연구는 말할 것도 없고, 일본 영토인 류큐제도, 오가사와라제도 등이 미국의 신탁통치 하에 있었고, 일본의 위임통치령이었던 '남양군도'(미크로네시아) 또한 미국 신탁통치 하에 있었기 때문에 일찍부터 이에 대한 연구가 진행되었다. 그 중에서도 이탈리아 점령 연구에서 일본 점령관리체제까지 연합국의 점령 비교 연구에서 탁월한 논의를 전개한 도요시타 나라히코(2009), 일본 점령사 및 GHQ 연구의 대부인 다케마에 에이지(2011)의 연구는 연합국의 전후 점령관리의 독특성을 주목하게 했다. 또한 이케가미 다이스케(2014)의 연구는 미크로네시아를 중심으로 한 태평양이 미국의 이익선 및 안보와 어떻게 고려되었고, 그 결과 국제신탁통치제도에서 전략적 신탁통치라는 변종이 어떻게 탄생했는지, 특히 이를 미 국무부의 전후 구상이 합참과 경합·갈등하면서 어떻게 전략적 신탁통치로 수렴되고 주조되었는지 살펴본다.

영미권에서도 미 제국, 기지, 오키나와 및 미크로네시아 문제 분야에 상당한 연구 성과를 축적하고 있는데, 이 글에서는 기지의 제국론을 전개한 존슨Chalmers Johnson, 태평양을 '미국의 호수'로 만들어가는 과정에서 전후 미 군부(육군부, 해군부, 합참)의 기지 획득 전략을 축으로 미 국무부의 신탁통치 협상과 내무부의 해외영토 통치 정책이 어떻게 관련했는지를 검토한 프리드먼Hal M. Freedman, 오키나와 문제 및 태평양 섬들과 관련해 전후 합참과 해군부의 논의를 중심으로 미 국무부의 전후 기획과 어떻게 경합·갈등했는지 분석한 엘드리지Robert D. Eldridge의 연구가 크게 도움이 되었다.

이러한 연구들을 바탕으로 이 글에서는 전후 미국이 '신질서'를 구축하기 위한 구상과 실천이 전개되는 시간대에 주목한다. 제2차 세계대전의 종전과 냉전의 시작이 겹치면서 전개된 시간대로, 동아시아의 70년을 규정짓는 핵심 '순간'이었다. 공간적으로는 동아시아를 상정했다. 미국의 전후 기획의 자료 속에서는 '극동Far East'으로 명명되는 공간이다. 대영제국을 세계의 중심으로 바라본 영국제국주의의 지정학에서 '극동'은 현재의 동북아시아 뿐 아니라 동남아시아와 태평양을 포괄한다. 미국의 국무·육군·해군 3부조정위원회SWNCC의 보고서에서 등장하는 극동의 정치-군사적 문제의 공간적 범위가 정확히 이와 일치한다.

이 글은 전후라는 시기에 미국의 점령형 신탁통치가 '조선', 미크로네시아, 류큐제도에서 어떻게 전개되었고, 그 과정에서 어떻게 냉전적으로 변형되었는지 살펴본다. 점령형 신탁통치는 점령과 신탁통치의 결합을 주목하기 위한 개념이다. 전시에서 전후에 걸쳐 미 국무부 내, 국무부와 군부 간, 미국과 연합국(소·영·중) 간에 논의되고 합의된 국제신탁통치는 적용 대상 지역에 자동적으로 시행되는 것이 아니었다. 특히 동아시아에서는 연합군이 적국의 영토에서 군사작전을 벌이고, 군사적으로 섬령한 후 군정 통치가 이루어지는 상황에서 신탁통치 장치가 적용되었다.[4]

이 글은 크게 두 부분으로 구성했다. 우선 군사점령 및 이를 통한 종속지역에 대한 지배와 통치의 역사, 그리고 이에 대한 국제법적 논의를 면밀히 고찰한다. 이른바 제국주의의 식민지 확장 전쟁과 점령이 국제정치 및 국제법의 틀 내에서 어떻게 견제를 받으면서 제도화되었고, 그 과정에서 만들어진 위임통치-신탁통치 '장치'를 관계적으로 살펴본다. 구체적으로는 '전시 점령'에서 '전후 점령관리'로의 역사와 국제신탁통치 제도의 구상 및 탄생의 역사를 서로 관련지으며 살펴본다.

다음으로 조선, 태평양의 섬들(특히 미크로네시아), 류큐제도(특히 오키나와)를 대상으로 분석했다. 조선은 '적국으로부터 분리된 지역'(적국 식민지)이었고, 미크로네시아는 일본의 위임통치령이었으며, 류큐제도는 일본 주권이 미치는 영토였다. 조선은 유엔에 의한 4개국(미·소·영·중)의 '비전략적 신탁통치' 적용이 시도되었다가 끝내 좌절되었고, 미크로네시아는 미국으로의 '병합'과 신탁통치 적용 사이에서 결국 미국

을 유일한 시정권자施政權者[5]로 하는 '전략적 신탁통치'로 귀결되었으며,
류큐제도는 유엔에 의해서가 아니라 뒤늦게 샌프란시스코 대일평화조약
에 의해 미국을 유일한 시정권자로 하는 신탁통치로 결정되었던 지역이
다. 이 글은 세 지역에서 기획, 적용, (냉전적) 변형을 겪은 신탁통치를
점령형 신탁통치의 시각에서 분석한다.

이 글은 단순 비교 연구에서 벗어나 관계 연구를 지향했고, 다중 스케
일Multi-Scale 방법을 취했다.

미국의 점령형 신탁통치가 조선, 미크로네시아, 류큐제도에서 성립,
전개되는 과정을 각각의 스케일(지구적G-국제적Int-국가적N-지방적
L)에서 중층적으로 작동하는 힘의 상호교차, 경합, 갈등, 결합의 과정으
로 분석했다.

2. 점령과 신탁통치의 결합

1) '전시 점령'에서 '전후 점령관리'로

18~19세기 전쟁에 대한 국제관습법은 무력 정복conquest을 통해 타국 영
토의 강제 취득, 병합과 식민 지배를 허용했다. 20세기 들어와서는 육전
법규 및 관례에 관한 헤이그조약(1907)을 계기로 무분별한 정복과 식민
지배의 한계를 설정하려는 시도가 전개되었다. 헤이그 조약은 정복과 다
른 '전시 점령belligerent occupation'을 규정하고, 점령당국의 임시적인 군
사적 조치로만 허용했다. 구체적으로 헤이그조약 제43조에 따르면, 점령
당국은 피점령지역의 치안 유지와 군사적 필요를 넘어선 정치 영역에 개
입할 수 없다.

그러나 이러한 국제법적 규정이 현실에서 부전조약不戰條約으로서 작

동하기에는 역부족이었다. 정복에서 점령으로의 전환은 예전에 비해 무력행사와 전쟁을 합법성의 틀에서 이루어질 수 있도록 그 범위와 동학을 규정한 시도의 산물에 불과했다는 평가도 있다.[6]

베르사유 평화조약(1919)을 계기로 국제연맹의 위임통치[7] 장치가 '전시 점령'의 쌍으로 등장했다. 애초 문제의식은 반식민주의적이었으나 현실에서는 위임통치가 식민통치를 대체하지 못했다. 제1차 세계대전 승전국들의 식민지들은 계속 보장되었고, 독일, 터키 등 패전국의 식민지에 대해서만 식민통치에서 위임통치로 전환되었다. 그 속 내용을 보면 국제연맹이 패전국 식민지를 점령한 승전국의 사실상de facto 지배를 인정하는 것이었다. 그래서 위임통치는 식민주의의 영토적, 물질적 기반을 거의 침식시키지 못했고, 오히려 새로 확보된 지역들을 준식민지로 포섭하려는 정치적 타협의 장치에 불과했다는 평가가 있다.

이와 달리 위임통치제도에 잔존하는 식민주의적 요소를 인정하면서도 그 둘 간의 단절에 더 주목하는 연구도 있다. 식민통치는 식민모국이 식민지역에 대한 영토 병합과 (국내외) 주권 박탈이 특징인 반면, 위임통치는 영토 병합을 인정하지 않고 주권에 대한 국제적 관리와 점진적 개선에 중점을 둔 것으로, 타국 지배의 시간적·공간적 한계를 설정했다는 것이다.[8]

지도 1은 일본제국주의의 영토 확대 과정을 보여준다. 류큐 '처분', 대만 '할양', 조선 '병합' 이후 일본은 계속해서 영토를 확대해갔다.[9] 일본은 제1차 세계대전의 승전국으로서 서태평양의 독일 식민지인 마리아나제도, 캐롤라인제도, 마셜제도(통틀어 미크로네시아제도, 또는 '남양군도')를 국제연맹으로부터 위임받았지만, '만주사변'과 만주국 수립부터는 국제적으로 인정되지 않은 전쟁(침공)과 괴뢰국 수립을 통한 영토 확대였다. 이후 일제는 국제연맹을 탈퇴했고, 영토 확대와 관련한 국제적 제한들을 의식하지 않았다. 중일전쟁을 통해 중국의 점령 확대를 시도했고,

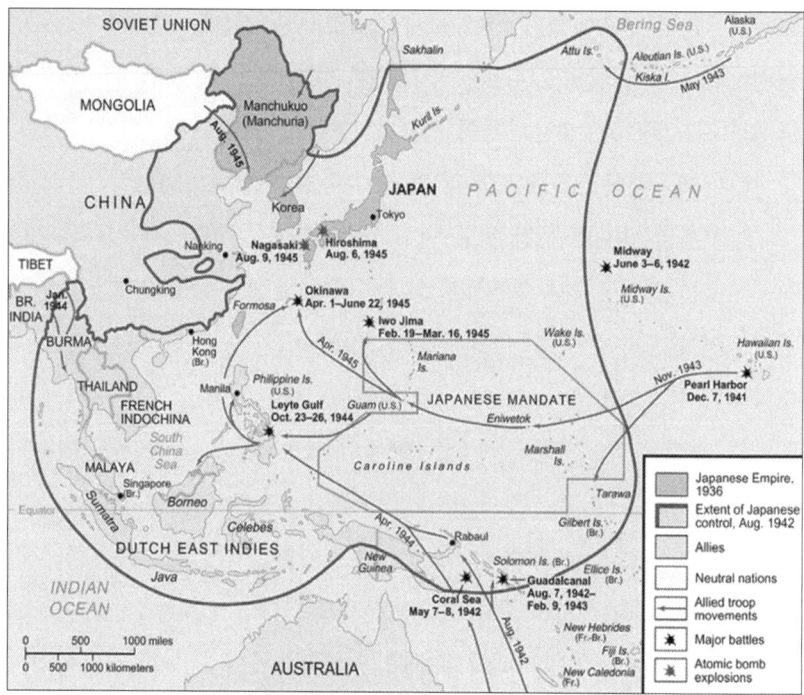

지도 1　일본제국주의의 영토 확대 과정

더 나아가 아시아·태평양전쟁을 통해 동남아 지역의 미국, 영국, 프랑스, 네덜란드의 식민지를 점령했다. 일본군 점령 지역에서는 군정이 수립되어 전시 점령통치가 이루어졌다. 지도를 보면, 1942년 초 일제의 판도는 북으로 알류산열도에서 남으로 뉴기니, 동으로 웨이크섬에서 서로 버마에 이르는 광활한 영역으로 확대되었다.

1944년 말부터 1945년에 이르면, 일제는 남서태평양(SWPA), 버마-인도(BI), 중국(C) 전구에서 패배가 확실해졌다. 동남아는 영국 주도로, 태평양에서는 미국 주도로, 동남아와 태평양에서 연합국의 구식민지들을 '수복'(재점령)해갔고, 더 나아가 일본 위임통치령과 일본 영토를 점령해갔다.

지도 2는 1945년 9월 2일 발효된 연합군최고사령관의 일반명령 제1호에 첨부되었던 지도다. 일반명령 1호는 극동과 태평양 지역의 일본군 세

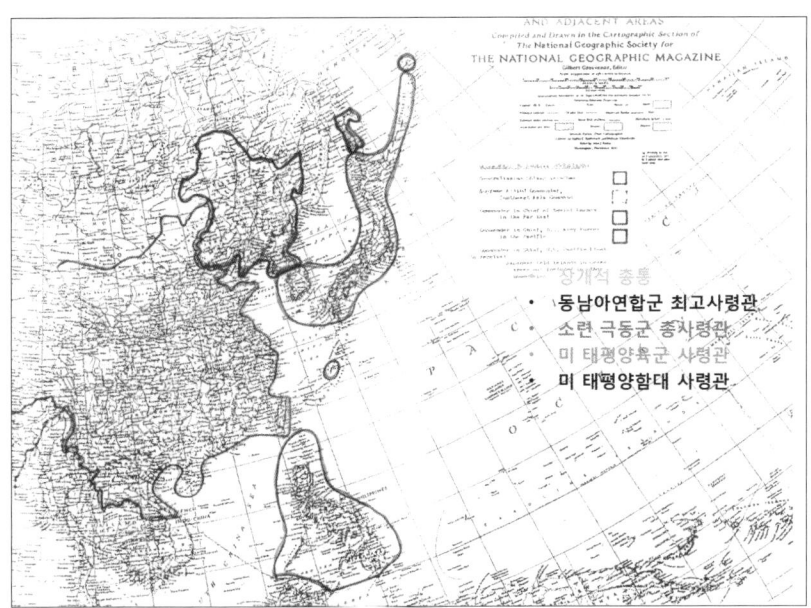

지도 2　종전 후 연합군의 일본군 항복접수 관할권

력권을 미·소·영·중 4개 연합군 구역으로 분할하여 항복을 접수할 것을 지시했다.[10] 이 지도는 1945년 8월 13일 경에 작성된 것으로 보인다. 지도를 보면, 구체적으로 중국, 대만, 북위 16도 이북 프랑스령인도차이나는 중국의 장개석 총통이 일본군 항복을 접수하도록 하고 있고, 만주, 38선 이북 조선, 사할린은 소련의 극동군사령관이, 일본의 위임통치령, 류큐제도, 보닌제도, 여타 태평양 섬들은 니미츠 미 태평양함대 사령관이, 일본 본토와 인근 소도, 38선 이남 조선, 필리핀은 맥아더 미 태평양 육군 사령관이 항복을 접수하도록 하고 있다.

　이 지도에서 특기할 것은 첫째, 최초로 한반도 북위 38선 분할을 공식화하고 있다. 포츠담회담 기간인 7월 25일 '헐선'으로 확정된 것이든(포츠담 밀약설), 8월 11일 새벽 SWNCC 지시에 따라 육군부 작전국 전략정책단 정책과 소속 본스틸과 러스크 두 대령이 30분 만에 그었든 간에 (군사적 편의설), 세상에 처음으로 38선 분할을 보여준 것이다. 그리고 이 분할이 내셔널 스케일이 아닌 극동과 태평양이라는 리저널 스케일에서 이루어졌고, 그래서 각각의 내셔널 스케일의 문제들이 서로 연동되어 있음을 짐작케 한다. 둘째, 오키나와 본섬만 파란색으로 표시된 미 태평양육군 사령관(맥아더) 관할권에 포함되어 있는 것도 흥미롭다. 8월 중순에 류큐제도가 맥아더(육군)의 관할인지 니미츠(해군)의 관할인지를 둘러싸고 군부 내에서도 경합이 있었다. 지도에 색깔로 표기되어 있지 않은 미크로네시아 등 일본 위임통치령이었던 태평양 섬들은 니미츠 관할이었다. 셋째, 38선 이북 조선과 만주(종전 직전 일본 관동군 관할), 사할린, 쿠릴열도 북위 50도 이북의 섬들을 소련의 관할로 분류한 점이다. 그러나 소련은 50도 이남의 쿠릴열도 섬들까지 점령해버렸다. 넷째, 중국이 대만은 물론 북위 16도 이북의 프랑스령 인도차이나를 관할해 항복 접수를 했던 것도 중국-베트남 현대사에서 여러 생각할 거리를 던져준다. 무엇보다 중국 국민당군은 일본군과의 오랜 전쟁에서 수세에 있었기 때문에 중국 전체를 빠른 시일 내에 장악할 시간이 없었다. 장개석은 중국 방면 일본군 총사령관인 오카무라 야스지로부터 항복을 접수 받아 북중국까지 장악할 수 있었지만, 만주는 소련의 지원을 받은 중국공산당이 접수하는 것을 막을 수 없었다. 제2차 국공내전을 예고하고 있었다.

아시아 · 태평양전쟁의 종전 과정은 "평화, 안보, 정의가 보장되는 신질서"(포츠담선언 제6항)를 구축하는 과정이었으며, 일제의 식민지, 위임통치령, 점령지 공간을 미국 주도로 새롭게 재편하는 과정이었다. 이 포츠담선언에서 가장 주목되는 것은 '무조건 항복'의 추구다. 연합군은 1945년 8월 미국의 히로시마와 나가사키의 원자탄 투하와 소련의 참전으로 일제의 '무조건 항복'을 예상보다 빨리 끌어낼 수 있었다.

무조건 항복의 본질은 '파시즘 철학'의 파괴[11]에 있었다. 다시 말해 점령을 통한 적국 사회와 인간에 대한 전면 개조를 예고하는 것이었다. 정치 · 사상(군국주의 타파와 전범 처벌, 민주적 경향의 부활 · 강화, 사상의 자유 보장, 기본 인권 존중), 경제(재벌 해체, 농지개혁), 사회(교육의 자유화·민주화, 종교·언론의 자유 보장, 노동조합 조성, 여성해방) 등 전 분야에 대한 '개혁'의 메스를 가했다. '점령 관리Occupation Control'라고 하는 국제정치사에서 유례를 찾을 수 없는 독특한 실험이었다.[12]

신질서 구축을 위한 이 실험적 조치들을 실시하기 위해 미국은 적국 일본을 (단독) 점령했고 군정 통치(간접통치)를 실시했다(SWNCC 150/4).[13] '전시 점령'과 완전히 질적으로 구별되는 '전후 점령관리'라는 새로운 점령의 탄생이었다.

전쟁 과정에서 점령한 태평양의 일본 위임통치령(마셜제도, 캐롤라인 제도, 마리아나제도)과 류큐제도 등에 대해서도 군정 실시를 통해 '전시 점령'에서 '전후 점령관리'로 전환되었다. 그리고 식민지 조선(한반도)에 대해서는 소련과 분할 점령해 38선 이남의 지대Zone에서 미군의 군정 실시가 이루어졌다. 조선의 '해방 인민liberated people'에 대한 직접 통치 방식으로 진행된 점령관리였다.

이러한 점령은 단지 군사적 차원이 아니라 정치-군사적 문제의 차원에서 전개된 것이다. 단기적으로는 군정과 민사 관련 야전교범FM의 지침에 따라 전술군의 작전으로서 점령과 군정 설치가 진행되었다. 예컨대 한국 점령의 매뉴얼이 되었던 「FM 27-5」는 1940년 6월 30일 초판 간행된 「군정과 민사」를 아프리카, 시실리, 남부 이탈리아에서의 경험을 반영하여 개정된 것이다.

문제는 이것이 헤이그조약 상의 군사점령 관계 규정에 저촉되지 않으면서 전후 점령관리가 전개될 수 있도록 해야 했다. 일본 본토는 포츠담 선언에 근거해 전후 점령관리가 가능했지만, 일본 위임통치령이었던 미크로네시아, 류큐제도는 전시 점령을 일본의 무조건 항복 이후에도 계속하는 방식으로 실질적인 점령관리를 전개했다. 미국에 병합될지, 신탁통치 아래에 놓이게 될지를 둘러싸고 미국 안에서는 국무부와 군부가 이견을 표출하며 경합·갈등하면서 결론이 열려 있었다. 이와 달리 적국으로 병합되었다가 분리된 식민지 조선의 '해방-점령'은 유엔 헌장(제12장) 상의 국제신탁통치에 의해 뒷받침되었다.

2) 국제신탁통치 제도의 구상과 탄생

포츠담선언이 '신질서' 구축을 위한 일본 점령을 뒷받침했다면, 일본으로부터 분리된 식민지와 위임통치령에 대한 처리 규정은 국제신탁통치 제도에서 마련되었다. 국제신탁통치제도는 1945년 6월에 성립한 유엔헌장 제12장(75~85조)에 담겨 있으며, 이른바 '종속지역'에 대한 국제적인 관리 방법을 규정하고 있다.

신탁통치는 특정한 종속지역이 '자치' 능력을 갖춰 '독립'할 때까지 유엔(국제공동체)의 '신탁trust'을 받은 관리기구(특정 지역에 이해관계를 갖는 국가연합)가 유엔총회와 신탁통치이사회의 감독하에 그 지역을 임시적으로 관리, 통치하는 것이다.

국제기구가 종속지역을 관리 또는 지배하는 시스템은 이미 제1차 세계대전 이후에 성립된 국제연맹의 위임통치제도에 반영되어 있으며, '신성한 신탁Sacred Trust'에 의해 패전국 독일의 식민지를 전승국가가 통치하게 했다. 그러나 특히 자립에 대한 성취도가 낮았던 서남아프리카와 태평양 섬들에 대해서는 수임국의 위임통치가 '국제적 보호'라기보다는 '식민지 재분배'라는 성격이 강했다. 이 선례를 막으려고 루즈벨트 대통령은 더 강력한 권한을 가질 수 있는 전후 국제기구의 창설 계획에 착수했는데, 그 과정에서 국제신탁통치 이념이 창도된 것이다.[14]

국제신탁통치 구상의 시작과 관련해 언제나 함께 언급되는 것이 루즈벨트 대통령이다. 그의 개인적 동기와 문제의식에 주목하는 신탁통치 연구도 상당하다. 또한 이 연구들은 그의 주변에 있던 국무부 내 공식/비공식 부문(국무부의 조직과 자문위원회, 또는 비공식 그룹 등)에서 활동했던 리버럴 성향의 전후 기획 집단에 주목하기도 한다. 대개 포착하는 첫 장면은 1941년 8월 처칠 수상과 발표한 대서양헌장(총 8조)[15] 중 제3조 "…강제로 빼앗긴 주권과 자치를 회복할 것을 희망한다"에 대한 해석을 둘러싸고 루즈벨트와 처칠이 차이를 보이는 장면이다. 처칠은 식민지 지역이 원래 주권이 없기 때문에 이 원칙을 보편적으로 적용할 수 없다고 생각했지만, 루즈벨트는 그렇지 않았다. 대서양헌장의 해석 차이가 부각되는 가운데 그 보편적 원칙을 제시하기 위해 루즈벨트가 1942년 5~6월부터 사용하기 시작한 개념이 '국제신탁통치' 또는 '국제화'였다.[16]

이에 대해 위기감을 가장 크게 느꼈던 것은 자국의 식민지에도 영향이 미칠 것을 우려한 영국이었다. 영국은 루즈벨트에게 종속지역에 대한 '국제적 책임성'과 국제신탁통치 구상을 단념하도록 했지만, 그럴수록 루즈벨트는 영국과 프랑스 등 유럽 제국주의의 식민통치의 가혹함과 식민지 등 종속 인민들의 참혹한 상태[17]를 문제 삼아 국제적 책임성과 국제신탁통치 구상을 반복적으로 주장했다. 미국의 반식민주의 전통의 영향도 있었지만, 루즈벨트 스스로도 유럽 제국주의의 식민지 확장이 세계전쟁의 원인과 국제 평화를 위협하는 핵심 요소라고 생각했기 때문이다.

1943년 11월 23일 루즈벨트가 카이로에서 장개석과 회담할 때 신탁통치를 거쳐 ("적절한 절차를 거쳐") 적국(일본)의 식민지인 조선 뿐 아니라 프랑스의 식민지인 인도차이나를 독립시키겠다고 한 말은 이런 맥락에서도 평가될 수 있다.

문제는 즉각 독립이 아니라 긴 '수습기간apprenticeship'을 거쳐 준비를 한 후 때가 되었을 때 독립한다는 데 있다. 다시 말해 사실상 '독립'보다는 '자치'에 대한 강조가 있는 것이다. 이것은 국제신탁통치 초안이 기초되는 과정에서 '자치'와 '독립'을 둘러싼 논의에서도 확인할 수 있다.

이케가미의 연구에 따르면, 1943년 3월 9일의 '연합국에 의한 국가독립 선언' 초안(이하 '3·9초안')에서는 '자치'와 '독립'을 분리해 '독립'을 강조했다. 그러나 1943년 가을부터는 '독립'보다 '자치'를 강조해야 한다는 논의로 이행했고, '자치'가 국제신탁통치 제도의 기본 목표로 정착되었다. 이러한 전개와 연동해 '종속 인민의 미래'와 '안전보장에 대한 이익'의 관계도 변화했다. 1943년 '3·9초안'에서는 일반적 안전보장 시스템의 범위 안에서 종속 인민의 자결과 독립이 강조되었는데 반해, 이후 기초된 국제신탁통치 제도 초안의 모든 문서에서는 일반적 안전보장의 확보가 종속 인민의 권리보다 항상 우선되어 종속지역에 군사기지의 설치를 가능하게 하는 조항이 만들어졌다. 일반적 안전보장에 지장을 초래할 수 있는 '독립'을 막을 수 있도록 '자치'가 강조되었다.[18]

이렇게 볼 때 루즈벨트와 국무부 내 '전후 고문들'의 국제신탁통치 구상은 전후 탈식민지화를 촉진하기 위한 제도라기보다 자치의 강조와 군사기지의 설치 등의 여러 요소가 연동되는 가운데 짜여진 미국의 전후 군사전략을 보완하는 것으로 자리매김할 수 있는 제도였다. 따라서 루즈벨트와 '전후 고문들'을 반식민주의자 또는 자유주의적 이상주의자로만 파악하는 것은 신중해야 한다. 국무부를 영토불확대 원칙에 입각한 반식민주의와 국제주의 담지자로만 인식하게 되면, 반대 급부로 군부를 군사전략에만 입각한 영토주의자로 대립시키게 된다. 결국 국무부의 제안이 합참에 의한 압력으로 수정되었다는 식의 뻔한 설명프레임에 빠지게 된다. 오히려 국제신탁통치 구상에 깔린 안전보장에 대한 군사전략적 이해를 주목한 현실주의 관점으로 국제신탁통치를 평가하는 것도 필요해 보인다.

분명한 것은 미국이 구상한 국제신탁통치 제도는 유엔 또는 국제사회가 식민지 등 종속 지역을 공동으로 관리하도록 해 전후의 세계질서에 미국 헤게모니가 작동하도록 하기 위한 장치였다. 다시 말해 전후 세계에서 신탁통치가 갖는 전략적 의미는 상당히 포괄적인 것이며, 따라서 이

상주의적 전통과 현실주의적 고려 가운데 어느 한 축만을 선택해 해석할 수는 없는 것이다.[19]

이런 맥락에서 '연합국의 식민지'에 대한 신탁통치 적용이 포기되는 과정을 이해할 수 있다. 국제신탁통치를 연합국 식민지를 포함한 모든 종속지역에 적용시켜야 한다고 생각했던 루즈벨트와 그의 '전후 고문들' 사이에서 이해의 균열이 발생하기 시작했다. 타국의 식민지를 논의하는 것은 괌과 하와이 등 미국이 보유한 식민지를 어떻게 할 것인가라는 문제로 되돌아올 수 있었다. 연합국 식민지 적용 여부가 본격적으로 논의된 것은 1943년 '3·9초안' 제안 이후였다. 4월 10일 국무부 전후대외정책 자문위원회 정치소위원회 제51차 회의에서는 연합국 식민지도 국제신탁통치의 적용 대상으로 삼았던 것은 위임통치제도 실패만이 아니라 식민지체제의 실패라는 전제가 논의되었다. 그런데 이에 대해 웰즈 국무차관은 식민지제도의 실패는 "부분적으로 맞다"는 논리를 폈다. 프랑스 등의 좋지 않은 시정권자도 있지만, 네덜란드 같은 '최고의 시정권자'도 존재한다는 것이었다.[20] 제2차 대전이 식민지체제의 실패에 있다기보다는 파시즘과 군국주의 온상인 위임통치제도의 실패에서 발생했다는 인식으로 변경된 것이다. 생각이 바뀌고 이런 논리를 재구성하게 된 외부 및 내부 환경과 조건의 변화가 있기 때문일 것이다. 영국과 프랑스 등 연합국과의 관계 유지에 대한 고려와 함께 미국의 안전보장과 군사전략에 대한 현실주의적 이해가 국무부 전시 기획 집단 내에서도 증대되었음을 의미한다. 이렇게 1943년 봄에 연합국 식민지를 적용 예외로 하는 노선이 정해졌다. 이 시점부터 국제신탁통치를 적용하는 것은 '적국에서 분리되는 지역'과 '현재의 위임통치령'으로 제한되었다.

1944년의 전후 구상은 국제기구의 창설, 종속지역의 미래, 안전보장의 확보라는 문제들이 더욱 긴밀하게 연결되어 논의되었다. 그리고 1944년 12월 30일 스테티니우스 신임 국무부장관은 포레스털 해군부장관과 스팀슨 육군부장관에게 편지를 보내 국제신탁통치제도 수립의 최종 정리에 합참도 함께 참가하도록 요청했다. 이 요청이 수락되어 1945년 2월 국제기구 측면에서의 종속 지역에 대한 부간위원회(Interdepartmental Committee, 이하 부간위원회)가 설치[21]되었다.[22] 이는 그간 국무부가 주도했던 국제신탁통치 기획 입안에 그 동안 개별적으로 준비해왔던 군부의 입장을 반영시킬 수 있는 통로가 마련되었음을 의미한다.

이 부간위원회의 주요 작업은 유엔헌장에 포함되는 국제신탁통치 구상을 한데 묶는 것이었는데, 특히 일본 위임통치령의 처리에 관한 것이었다. 병합할 것인가 신탁통치로 할 것인가, 또는 대안으로 기지조차 방안은 어떤지, '전략적 특성'에 대한 고려와 이를 선언할 권한은 누가 갖는지 등에 대한 논의가 폭넓게 이루어졌으며, 이를 바탕으로 초안들이 작성되었다. 다만 1945년 2월 얄타회담에서 국제신탁통치의 적용 영역이 '위임통치령', '적국에서의 분리 지역', '시정에 책임을 갖는 국가가 자발적으로 그 제도하에 두는 지역'이라는 세 범주로 정식 결정되었기 때문에 '병합' 주장은 사실상 불가능하게 되었다. 결국 이를 제외하고 남은 가장 중요한 논의의 대상은 국제신탁통치령의 '전략지역'과 '비전략지역'의 구별이었다. 이른바 신탁통치령에 군 기지를 설치하고 이에 대한 유엔 신탁통치이사회의 조사 감독을 제한, 배제할 수 있는 '전략적 신탁통치'라는 용어가 등장했다. 3월 15일자 「국제신탁통치 계획」 초안은 이상의 논의들을 종합했고, 3월 19일 국무부장관 스탭위원회 Staff Committee에서 승인되었다. 이 초안은 4월 9일 스테티니우스 국무부장관을 거쳐 루즈벨트에게 전달되었고, 그 다음날 원칙적으로 찬성한다는 루즈벨트의 답변을 받았다.[23] 그리고 며칠 후 루즈벨트는 사망했지만, 1945년 4월 26일 「국제신탁통치에 관한 계획」 초안은 샌프란시스코 유엔 창설 회의에 제출되었다.

이처럼 국제신탁통치 구상이 군사적 안전보장과 연결된 것을 두고 기존 주요 연구에서는 합참(군부)의 '압력'에 국무부가 밀렸다는 설명 도식에 입각해 주장한다. 이에 대해 이케가미는 일면적인 이해라고 비판하면서 미국의 안전보장의 확보는 외교·군사 할 것 없이 공통의 관심 사항이었으며, 국무부 내에서도 신탁통치와 안전보장을 함께 고려하는 논리가 1944년 봄부터 등장했고, 그렇기 때문에 1945년 부간위원회에서 약 한 달간의 논의를 거쳐 합의된 국제신탁통치 계획이 제출될 수 있었다고 논의한다.[24] 이렇게 볼 때 국무부에 의한 국제신탁통치 구상의 반식민주의적, 탈식민주의적 성격은 초기와 비교할 때 꽤 퇴색되었다고 평가할 수 있다.

샌프란시스코 유엔 창설 회의에서도 국제신탁통치 안을 기초할 때 발생했던 해묵은 갈등적 논쟁들이 다시 재연되었다. 이번에는 미국 대 영국 대 프랑스, 그리고 미·영·프 대 중국, 또는 소련 간으로 바뀌었을 뿐이었다. 갈등의 내용도 마찬가지로 영국과 프랑스 등 유럽 제국주의 국가(식민모국)의 권한과 요구, 종속 지역의 '자치'를 향한 점진적 발전이 '독립'과 어떤 관계를 갖는지에 대한 것이었다.

이런 과정을 거쳐 1945년 6월 유엔헌장에서 확립된 국제신탁통치 장치는 제12장 국제신탁통치제도(75~85조)와 제13장 신탁통치이사회(86~91조) 관계 조항에서 확인할 수 있다. 내용을 보면, 제12장은 대체로 국제신탁통치에 대한 개괄적 규정이라 할 수 있다. 즉 신탁통치의 목적(76조), 적용 대상(77조), 시정권자(또는 시정기구)의 규정과 의무(81조, 84조), 신탁통치 지역의 일반적/예외적[전략지역](82, 83조) 성격, 신탁통치의 직접관계국 규정(79조)을 개괄적으로 정하고 있을 뿐이다.

다음으로 신탁통치를 전담할 국제기구 관계 조항인 제13장의 내용을 보면, 대체로 신탁통치이사회의 구성과 임무 및 권한을 규정하고 있다. 그 중에서 단연 관심 대상은 임무 및 권한이다. 위임통치제도의 상설위임통치위원회 보다 더 구속력을 갖는 기구가 될 것인가가 핵심적 사안이었다. 그러나 시정권자의 제출 보고서를 심의하고 종속 지역의 청원을 수리 및 시정권자와 함께 심사하며, 시정권자의 합의하에 신탁통치 지역에 대한 정기 시찰로 규정된 권한은 여전히 제한적이었다. 무엇보다 "어떤 지역을 어떤 조건으로 신탁통치제도하에 둘 것인가에 관해서는 금후의 개별적 협정에서"(75, 77조 2항) "직접관계국의 합의에 의하여"(79조) 정하도록 함으로써 신탁통치이사회 권한의 제한이 더욱 두드러졌다.

그림 1은 '일반적(비전략적) 신탁통치'의 메커니즘과 '전략적 신탁통치'(82~83조)의 메커니즘을 비교해서 나타낸 것이다. 신탁통치 메커니즘은 덤바턴옥스 회의 직전인 1944년 7월에 작성된 '영토적 신탁통치 Territorial Trusteeship' 안에서 확립된 이래 그 이후 초안에서 약간의 변화가 있었지만 대체로 연속되었던 메커니즘으로, 세 수준의 관리 주체를 상정하고 있다. 내셔널 스케일에서 신탁 대상 지역의 행정, 입법, 사법을 담당하는 시정권자(기구), 리저널 스케일에서 신탁 지역의 이해에 직접적으로 관계된 강대국과 주변국으로 이루어져 시정권을 감시·감독할 '지역위원회'(지역감독이사회 또는 지역협의회), 국제적 스케일에서 이를 감시하는 유엔(총회 및 신탁통치이사회)로 이루어진다.

일반적 신탁통치와 전략적 신탁통치 사이의 가장 큰 차이는 종속지역을 통치하는 시정권 기구의 권한이다. 그림 2를 보면, 전략적 신탁통치는 종속지역의 자치와 독립을 향해 직접 관계 국가들이 내셔널, 리저널, 국제적 스케일에서 상호견제하는 원리로 만들어진 일반적 신탁통치와 차이가 있어 보인다. 즉 시정권자가 종속지역의 통치 및 지원에서 지역위원회 뿐 아니라 심지어 신탁통치이사회에 대해서도 배타적이고 독점적인 권한을 갖고 행사한다. 게다가 한 국가가 단독 시정권자로 나선다. 다만 전략적 신탁통치 결정은 유엔 총회(에서의 투표를 통한 국제적 합의)가 아닌 안전보장이사회에서 승인을 받아야 하는데, 안보리 국가 중 한 국가라도 비토권을 행사할 경우 승인되기 어려웠다.

일반적 신탁통치가 적용될 첫 사례는 적국 일제로부터의 분리 지역인 식민지 조선이었다. 전략적 신탁통치는 일제 위임통치령하 태평양의 섬

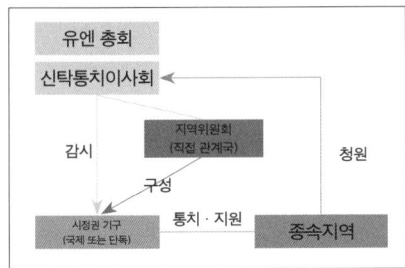
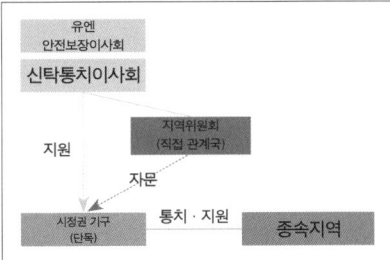

그림 1　일반적(비전략적) 신탁통치와 전략적 신탁통치의 메커니즘 비교

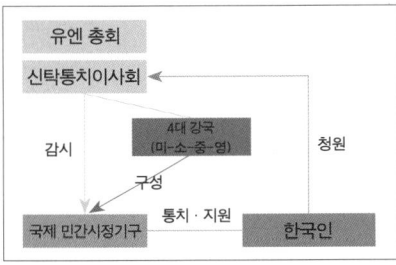
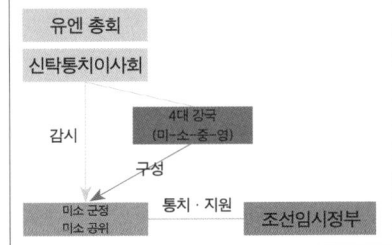

그림 2　모스크바 3상회의 전과 후의 신탁통치 메커니즘의 변형 비교

들에 적용되었다. 오키나와는 미크로네시아의 전략적 신탁통치 결정 논의가 전개될 때 함께 고려되었지만, 결정을 보지 못한 채 점령상태가 지속되었다가, 유엔 안보리가 아닌 대일평화조약을 통해 "미국을 유일한 시정권자로 하는 신탁통치제도 하에 두기로" 결정했다. '태평양의 요석'으로서 미 제국의 안전보장을 지탱하기 위한 군기지를 설치할 수 있게 한 전략적 고려의 신탁통치 결정이었다.

3. 점령형 신탁통치 기획과 적용, 그리고 냉전적 변형

1) 조선: 적국으로부터의 분리 지역

미 국무부의 전후 기획 집단과 군부는 만주, 조선, 대만, 태평양의 섬들을 일본으로부터 분리될 영토로 설정했다. 이 지역들을 누가 '점령관리'하고, 궁극적으로 어떻게 처리할지에 대한 기획들이 1943년부터 본격적으로 검토되기 시작했는데, 그 중에서 조선은 국제신탁통치의 적용 지역으로 합의되고 있었다.

1942년 12월 24일 루즈벨트가 장개석에게 보내는 서한에서 조선의 독립을 신탁통치와 결부시켰고, 1943년 3월 27일에는 영국 외상 이든에게 한반도에 대한 국제신탁통치를 미국과 중국을 포함해 3~4개국에 맡기는 의견을 제시했다.[25] 이를 바탕으로 1943년 11월 23일 카이로회담 중의 저녁 만찬에서 루즈벨트와 장개석 간에 조선의 독립에 대한 논의가 오갔다. 24일 루즈벨트는 홉킨스가 작성한 "조선인의 노예상태에 유의하여 '가능한 가장 이른 시기에at the earliest possible moment' 조선을 자유롭게 독립시킨 것을 결의한다"에서 홉킨스의 문구를 '적절한 순간에at the proper moment'로 수정했다. 신탁통치 구상을 고려해서 이루어진 수정이었다. 26일 미·중 초안과 영국 초안을 놓고 최종 조율 회의가 열렸는데, 영국은 조선 독립 문제 조항을 선언에서 삭제하자고 주장했고, 이러한 영국의 반발을 최소한으로만 반영한 것이 루즈벨트의 '적절한 절차를 거쳐 in due course'로의 수정이었다.[26] 27일 최종 작성된 카이로선언은 테헤란에 가서 스탈린의 동의를 얻어 12월 1일 공식 발표했다.

조선의 신탁통치가 공식적으로 선언되자 미 국무부는 1944년 들어 이 '적절한 절차를 거쳐'에 대한 실무적 프로세스를 만들기 시작했다. 이 완범에 따르면, 국무부의 극동문제 담당자들은 신탁통치 실현을 위한 계획을 입안해야 했는데, 그것은 점령 → 신탁통치 → 독립의 3단계 구상으로 귀결되었다. 특히 히스Alger Hiss와 클럽O. Edmund Clubb 등이 3월에 조선 점령과 군정의 문제를 별도로 집중 검토했는데, 그것이 바로 3월 22일자 「조선: 점령과 군정: 점령군 구성」이다. 이 보고서에서는 군사작전, 점령, 군정 → 신탁통치 혹은 감독기구 구성 → 완전 독립으로 3단계 이행을 제시하고 있다. 이에 대해 이완범은 "조선에 대한 과도적 신탁통치 실시를 1943년 12월에 이미 정치적으로 결정한 상황에서 군사작전과 점령을 구상한 것은 당연한 수순이었"고, "국무부의 점령안은 '신탁통치에 대한 대안'이 아니라 '신탁통치를 보완하기 위한 구상'이었다고 논의한다.[27] 특히 이 계획의 입안자들은 조선에 대해서 한 국가가 단독으로 점령하여 군정을 실시할 수 없다는 것을 간파하고 있었다. 분할을 전제로 한 '지대적 군정체계a zonal system of military government'를 피하고 가능한 빨리 '일원화된 연합민사행정a combined civil affairs administration'으로 전환되어야 한다고 논의했다. 1944년 봄 시점에서 1945년 9월에 전개된 한반도의 분할 점령과 두 지대에서의 군정 실시를 예견하고 있던 셈이다.[28]

이 3단계 구상은 국무부 정책 구상의 기본 골격이 되었다. 얄타회담에 내비해 1945년 1월에 작성했을 것으로 추정되는 「조선의 선후 지위: 조선 관련 연합국간 협의」[29]와 포츠담회담[30]에 대비해 국무부 전후계획위원회pwc가 작성한 「조선의 전후 정부」에서도 점령과 신탁통치가 결합된 계획을 제시하고 있다는 사실이 이를 뒷받침한다.

이와 관련해 루즈벨트 사망 이후 대통령이 된 트루먼의 신탁통치 관련 행보를 잠깐 살펴볼 필요가 있다. 트루먼은 1945년 말 루즈벨트의 측근이었던 홉킨스를 특사로 모스크바에 파견해 스탈린과 회담을 갖도록 했다. 국제신탁통치를 통한 조선문제 해결에 대한 루즈벨트와 스탈린 간의 구두 합의를 다시 확인해 소련의 조선 독점을 미연에 방지하고자 한 것이었다. 실제 스탈린은 홉킨스를 통해 조선에 대한 4개국 신탁통치안에 대해 전적으로 동의한다고 트루먼에게 전했고, 6월 초 트루먼은 스탈린에게 "한반도 신탁통치안에 대한 공식 합의가 이루어졌다"는 전보를 발신했다.[31] 그러나 말 그대로 '구두 합의'였고, 성문화된 합의가 아니었다. 트루먼은 포츠담회담에 임하면서도 소련의 문제제기에 의해 이탈리아 식민지에 대한 신탁통치 문제만을 논의했을 뿐 조선의 신탁통치 논의는 고의로 회피하는 태도를 보였다. 트루먼은 군부 내 대소 강경파의 조언에 따라 신탁통치에 대한 논의를 회피하는 방식으로 현상 유지 하되, 조선 내 정치적·군사적으로 중요한 전략 지역은 조기 점령으로 확보한다는 입장을 가졌던 것으로 보인다.

실제 군부는 국무부의 신탁통치를 위한 점령 구상과 궤를 달리해 조선 점령을 단기적으로는 일본 점령의 연장선에서 기획하고 진행시키면서 전략 지역에 대한 조기 점령 계획을 수립했다. 여기서 분명히 할 것은 군부가 신탁통치의 대안으로 점령 계획을 세운 것은 아니었다는 점이다.

1945년 6월 14일 합참 지시에 의거해 맥아더와 니미츠는 일본 점령안으로 각각 '블랙리스트'와 '캠퍼스'를 기안했는데, 마셜 육군참모총장이 7월 16~21일에 한반도를 포함하라고 지시하면서 블랙리스트안에 포함되기 시작했다.[32] 7월 16일 블랙리스트Ⅱ, 7월 25일 블랙리스트 Ⅲ, 8월 8일 블랙리스트Ⅳ가 제출되었고, 8월 11일 하지의 24군단이 차출되었다. 하지는 블랙리스트에서 파생된 '베이커 포티'에 입각해 서울과 인천 점령 후 조선총독부와 '조선군'으로부터 항복 서명을 받고, 부산, 전주와 군산을 차례로 점령했다.[33] 점령이 진행되면서 수행된 임무는 일본군의 무장해제와 경성, 인천, 흥남 포로수용소에 있던 연합군 전쟁포로 및 억류된 민간인 구출이었다. 그 밖의 임무로 일본 전범의 체포, 교통·통신의 통제권 확보, 군정 설치를 통한 법과 질서의 유지, 점령군의 작전에 장애가 될 수 있는 개인·단체의 활동을 제압 등이 진행되었다.[34]

특기할 것은 8월 11일 38선 분할 점령이 결정되고, 그 직후 소련의 동의를 얻었음에도, 미국은, 특히 미 군부(합참과 맥아더 사령부 둘 다)는 소련이 38선 이남으로 내려올 수 있다는 의구심을 매우 강하게 갖고 있었다는 것이다. 하지는 상부의 강한 대소견제 의식을 심각하게 받아들였다. 조선에 대한 정보가 턱없이 부족한 상황에서 조선의 일본군과 연락관계가 수립되어 하지에게 한줄기 빛이 되었던 일본군 전문 내용[35]도 대소

견제 의식과 남한 내 민족적 혁명과 탈식민주의의 열망을 마치 '화약통'인 것처럼 묘사했다. 안 그래도 정통 야전군 사령관인 하지는 점령 수행 방법과 절차, 군정 수립 계획, 민사행정 업무에 심한 압박감을 느꼈고, 조선의 장래에 관한 미국의 구상과 계획에 익숙하지 못했다. 무엇보다 국내의 폭발적인 정치적 열기에 좀처럼 대처하지 못해 '불만 댕기면 즉각 폭발할 화약통'으로 인식하고 있었다.[36]

미국이 조선의 정치세력과 인민들에 대해 허용한 것은 '자치'였지만, 조선인들은 이른 시기부터 정부 수립과 국가 건설에 착수했다. 해외에서는 대한민국임시정부가 중국, 미국 등 연합국 사이에서 인지도가 없는 편이 아니었고, 국내에서는 건국준비위원회(이후 인공)가 중앙과 지방에서 실체를 입증하고 있었다. 점령과 군정 수립에 책임 있는 주한미군 사령관으로서, 그리고 조선에 국제신탁통치를 안착시켜야 하는 책임을 갖고 있던 하지는 임정과 인공 둘 다 부인하고, 화약통의 급한 불을 꺼야 하며, 당시 조직도 인기도 없는 우파들을 육성해야 했다. 이를 위한 것이 한편으로 1945년 10월에 결정된 SWNCC 176/8과 SWNCC 101/4 지침이었고, 다른 한편으로 1945년 11월의 이른바 '랭던 (정무위원회) 구상'이었다.

미소에 의한 분할 점령이 전개된 상황에서 38선 이남의 한반도 내 민사행정에 관한 가장 중요한 지침은 1945년 10월 13일 SWNCC 제27차 회의에서 결정된 「조선에서의 민사행정에 대한 초기 기본 지령」(이하 초기 기본 지령)이다.[37] 이것은 곧바로 합참의 승인을 받아 맥아더 사령부에게 조선에서의 민사행정 초기 지령으로서 전달되었다. 여기에서 주목되는 1부 '일반 및 정치' 부분은 맥아더에게 부여된 군사적 권한의 기반과 범위, 남한 군사점령의 기본 목표들, 미군 지대에서의 민사행정의 확립을 내용으로 하고 있다. 특히 맥아더에게 조선에 대한 국제신탁통치 정책의 적용을 유념하라고 명시적으로 밝힌 것은 매우 중요하다.

2. 군사적 권한의 기반과 범위

    b. 카이로선언의 조항들에 따라 귀관의 민사행정은 귀관 지휘하의 군
       대의 안전에 지장이 없는 한에서 최대한 조선을 독립국으로 대우
       하는 것을 기본 원칙으로 할 것이다. … 귀관의 모든 활동에서 귀
       관은 조선에 대한 미국의 정책, 즉 <u>미국과 소련에 의한 초기 과도</u>
       <u>적 민사행정에서 미국, 영국, 중국, 소련에 의한 일원화된 민사행정</u>
       <u>기간을 거쳐 동일 4강대국 하의 신탁통치</u> 기간까지, 그리고 종국에
       는 국제연합 회원국으로서 <u>조선의 완전한 독립</u>까지 점진적인 발전
       을 고려하는 정책을 유념할 것이다.[38]

「초기 기본 지령」이 점령과 군정, 민사행정 수립 등에 관한 지침이었
다면, 1945년 10월 24일 SWNCC 제28차 회의에서 결정된 「조선의 임시
국제기구」[39]는 한반도에 대한 신탁통치를 둘러싸고 마련된 공식적 세부
지침이다. 이 지침은 10월 27일 육군부 작전국을 통해 맥아더에게 전달
되었다. 내용을 보면, 전전에 이루어진 한반도 신탁통치 기획을 전후 상
황에 맞게 신탁통치 형태와 기능, 이에 수반될 정책들에 대해 결정하고,
군정과 유엔의 기관들과의 관계에 대해 결정하는 것이었다. 이를 위해 유
엔헌장 제12장과 제13장의 주요 관계 조항들을 대입해 논의 사항을 10
개로 나누어 검토하고 있다. 이를 통해 다음의 내용이 조선의 신탁통치에
대한 미국의 정책으로 승인되어야 한다고 결론내렸다.

    1. 조선 시정기구의 우선 목표는 조선인들의 독립 책임을 수행할 수 있도
       록 만드는 것이고, 조속한 시점에 조선이 유엔 가입국이 되게 하는 것
       이다. 신탁통치 협정에서 조선의 독립은 신탁통치 기간 동안 독립정부
       로서의 권한 행사가 연기된다는 조건에서 인정된다. …
    2. 일본의 주권 행사와 군정이 종결된 이후, 조선은 국제신탁통치 체제와
       관련된 유엔헌장의 조항에 따라 신탁통치지역으로 설정되어야 한다.

이 지역의 어떠한 곳도 전략지역으로 지정되어서는 안 된다.

4. 조선의 군정은 신탁통치국들과의 공동 협정에 따라 가능한 빨리 종료되고 조선의 시정기구에 의해 대체되어야 한다. …

5. 조선의 시정기구는 필요한 행정상, 입법상, 사법상의 권한을 행사하여야 한다. 시정기구는 조선에서 법, 질서 및 안전의 유지를 위해 적절한 병력을 유지하기 위한 협정을 맺어야 한다.[40]

위 두 개의 지침과 대치되는 구상이 현지의 주한미군정으로부터 제기되었다. 대표적인 것이 1945년 11월 20일 하지 정치고문 랭던William R. Langdon의 '정무위원회 구상'이었다. 이 구상은 조선의 내부 정세에 맞추어 정부 수립의 경로와 방법을 포괄적이고 구체적으로 제시했다고 평가받는다. 문제는 이 기획이 국무부의 신탁통치안을 정면으로 기각하는 것이었고, 우익 중심 정계통합 구상의 연장으로 나온 것이었으며, 이 구상을 이북으로 공세적으로 확장하는 것을 시도했다는 것이다. 정용욱은 이것을 두고 결국 미소의 두 지대적 분할 점령을 해소시키고 점령통치를 통합시키는 것을 의미한다고 논의한다.[41]

랭던 구상 등 미군정으로부터 역제안된 일련의 정부 수립 구상은 본국의 전후 기획 집단에 의해 받아들여지지 않았다. 특히 국무부가 적극적인 제동을 걸고 나섰다. 그 이유에 대해서는 국무부 관리(빈센트, 보튼 등), 하지의 국무부 정치고문(랭던, 베닝호프 등), 육군부 차관 맥클로이 등 사이에서 오간 비망록 등에서 확인할 수 있다. 여러 이유들을 나열할 수 있겠지만, 미국이 오랫동안 추진해왔고, 소련과 여러 차례 구두 합의했던 전후 기획으로서의 국제신탁통치 장치가 그 적용의 시작부터 뿌리째 흔들리는 것을 그냥 두고 볼 수 없었을 것이다.

조선인들의 반발도 매우 컸다. 10월 말 국무부 극동국장 빈센트의 신탁통치 발언 보도를 기화로 좌익, 우익 할 것 없이 반대 성명이 터져 나왔다. 신탁통치가 '노예 관계'를 포함하는 것으로 빗대거나 일본의 식민주의로 비유되었다. 랭던은 정무위원회 구상을 낸 이후 "신탁통치가 확정되면 그것은 폭동을 야기할 수도 있고, 그 자체가 안고 있는 이점을 상쇄시킬 정도로 문제를 어렵게 만들 수도 있다"고 보았다.[42]

미국의 국제신탁통치 기획과 조선의 신탁통치안은 현지 주한미군정당국과 조선인들의 반발로 위기를 맞았다. 하지와 군정은 이후에도 상부에 신탁통치안에 대한 반대 입장을 전달하며 재고하도록 타진했고, 1945년 12월 모스크바 3상회의까지 이어졌다.

12월 16일 미·영·소 외상회의가 모스크바에서 개최되었다. 얄타회담으로부터 이월된 유럽문제와 함께 일본 전후 '점령관리'체제와 원자력의 국제적 관리 문제가 주요 의제였고, 조선의 신탁통치 문제는 부차적으로 다루어졌다.

신탁통치와 관련해 미 국무부장관 번스는 12월 17일 「조선에 대한 통합시정」[43]이라는 비망록을 소련에게 전달했다. 주요 내용은 미·소·영·중 4대국이 시정기구administrative authority를 구성하고, 고등판무관 1명과 4대국을 대표하는 4명의 위원으로 이루어진 집행위원회를 구성해 통치 권한과 기능을 수행한다. 그리고 신탁통치 기한은 5+5년으로 한다고 제안했다.[44] 소련은 이 제안을 검토한 후 12월 20일 역제안을 제시했다. '임시정부' 수립을 골자로 하는 대안을 제시했다. 이에 번스는 21일 소련 제안을 원안으로 삼아 사소한 수정을 거쳐 최종안을 냈고, 12월 27일 공동성명으로 발표되었다. 그 내용은 다음과 같다.

첫째, 조선을 독립국가로 건설하고 일본통치의 잔재 청산을 위해 '조선민주주의임시정부'를 세운다. 둘째, 미군과 소련군 대표로 공동위원회를 조직하고, 조선의 정당 및 사회단체들과 반드시 협의해 임시정부 수립 방안을 작성한다. 이것은 미·소·영·중 4대국의 심의를 받은 후 미·소 정부가 최종 결정한다. 셋째, 미소공위는 조선임시정부와 협의를 통해 조선 인민의 정치적, 경제적, 사회적 발전 및 조선 독립의 수립을 원조하는 정책과 5년 이내의 4대국 신탁통치협정 안을 작성한다. 넷째, 남쪽 미군 지대와 북쪽 소련 지대 간의 행정·경제 부문에서 일상적 조정을 확립하기 위해 2주일 내 미소 점령군 대표 간 회의를 소집한다.[45]

이 결의안에 대한 많은 연구 질문과 해석들이 존재한다. 예컨대 소련의 역제안에 대한 미국의 수용의 배경과 의도에 대해 질문하고 이에 대한 해석들이 분분한 것이 일례다. 이와 달리 정용욱은 소련의 역제안이 갖는 의미에 대해 분석한다. 최종 결정이 4대국 신탁통치를 상정하고는 있지만, "사실상 국제민간행정기구안은 철회된 셈"이고 "한국인들의 의지와 요구를 부분적으로 반영하는 '선 임시정부' 수립안으로 변경되었"다는 것이다.

나는 정용욱의 해석에 약간의 착오가 있다고 판단한다. 정용욱이 논의했듯이, 「조선에 대한 통합시정」에서 나타난 미국의 제안은 시정기구(시정권자)의 구성에 초점을 맞춘 것이다. 그러나 소련은 마찬가지로 그의 말대로 "선 정부수립, 후 신탁통치"의 시각에서 조선임시정부 수립을 역제안한 것이다. 다시 말해 시정기구가 통치하는 대상인 '조선인'을 '조선임시정부'로 격상시킨 것이다. 소련의 제안은 신탁통치를 일본의 식민주의와 비슷한 것으로 보는 조선인들에게 정부 수립을 제안함으로써 조선인들의 의지와 요구를 일정 정도 반영한 것이다.[46]

따라서 정용욱이 논의한 것처럼 이것은 국제민간행정기구안(국제민간시정기구안)의 철회를 의미하는 것이 결코 아니다. 미소공위를 통해 조선임시정부가 수립되면 다음 차례는 국제시정기구의 구성이다. 물론 국제시정기구의 구성이 4대국 민정이 아닌 미·소 중심의 군정으로 갈 가능성이 크고, 영·중은 미·소와 함께 지역위원회 수준에서 심의, 자문하는 역할에 국한될 것이다.

이를 미국의 신탁통치 구상에서 설명하면, 미·소 분할 점령 → 미소 일원화된 민사행정과 연합군정 → 임시정부 수립 → 신탁통치(시정기구 구성) → 독립 경로로 설명할 수 있다. 독립에 이르는 기한은 5년 이내이다. 미국이 소련의 역제안을 받은 배경과 의도도 이러한 맥락에서 이해되어야 하지 않을까?

역사의 현실은 5년간의 신탁통치 실시라는 3상회의 결의안이 국내에 알려지기 시작하자 조선 인민의 독립 열망은 '반탁운동'의 거대한 파도로 이어졌다. 결과적으로 한국 내 정치 지형을 근본적으로 변화시켰다. '찬탁-공산당-매국-민족반역'의 계열로 의미화되면서 반대급부로 '반탁운동'은 친일파도 애국 세력으로 둔갑시키는 힘을 발휘했다.

예상을 뛰어넘는 반탁 열기에 직면한 미 국무부가 당면한 곤란함은 이루 말할 수 없었다. 모스크바 3상회의 결정에 따라 변형된 점령형 신탁통치를 점진적으로 실행에 옮겨야 했는데, 문제는 소련의 협조 의지였다. 그러나 1946년부터 소련의 점령지대에서는 공산당과 비공산계(조선민주당 등) 사이에 연립형태의 권력 구조가 균열되기 시작했다. 이른바 '민주기지' 노선이 본격적으로 추진되었고, 반탁운동을 전개한 조만식은 연금조치를 당했다. 미 국무부 내, 국무부와 군부 간, 국무부와 현지 미군정 간 갈등이 점차 증폭되는 것도 문제였다.

그렇다면 조선에 대한 신탁통치 기획의 적용은 언제 완전히 포기되었을까? 일각에서 말하는 모스크바 3상회의 직후는 아니다. 나는 1946년 5월 6일 제1차 미소공위가 무기한 휴회에 들어간 이후 세워진 군부의 남한 점령 정책의 변화와 국무부의 '신정책'을 주목한다.[47] 이와 관련해 1946년 8월 6일 68차 극동소위원회SFE 회의에서 결정된 「주한군정을 위한 잠정적 지령」(이하 잠정적 지령)이 중요하다. 이 「잠정적 지령」은 SWNCC 176/8인 「초기 기본 지령」을 대체하는 새로운 중간 지령인데, 이 지령에서 여전히 "미소 양국의 지대적 행정 → 조선임시정부의 수립 → 4개국 신탁통치 → 독립이라는 경로를 유지"하고 있음을 분명히 하고 있다. 신탁통치를 통한 독립이라는 경로는 1947년 6월 제2차 미소공위까지 계속적으로 유효했음을 알 수 있다. 이 기간에 성립된 점령형 신탁통

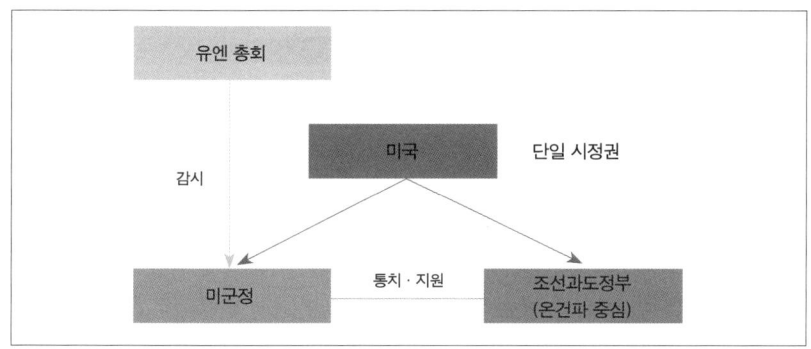

그림 3 조선의 점령형 신탁통치 메커니즘

치 메커니즘을 표현하면 다음 그림 3과 같다.

1947년 7~8월 제2차 미소공위 결렬로 조선문제의 유엔 이관과 남한만의 단독 정부 수립 방침을 지시했던 「미국의 대한정책」에 들어와서 신탁통치를 통한 독립 프로세스는 완전히 포기되었다.[48] 그러나 이 점령형 신탁통치 메커니즘은 1947년 6월 미크로네시아에서 조선에서의 변형된 것과 상동한 방식으로 부활했다.

2) 미크로네시아: 일본 위임통치령하 태평양 섬들

미크로네시아는 주요하게 마리아나제도, 캐롤라인제도, 마셜제도로 구성되어 있으며, 일본이 지배하던 시절에는 '남양군도'로 불리었다. 일본은 제1차 세계대전 참전으로 독일 위임통치령이었던 미크로네시아의 수임국이 되었고, 남양청을 설립해 지배했다. 태평양전쟁 시기 일본은 미크로네시아의 수많은 섬들을 군사 요새화했다. 캐롤라인 제도의 트럭환초(축섬)에는 일본 연합함대 사령부가 설치되었고, '태평양의 지브롤터'라 불리었을 정도로 일본의 태평양 방위의 중심이었다. 남양군도 내 '불침항모' 같은 여러 섬들에 대한 미 해군의 공격이 시작된 것은 1943년 중순이었다. 니미츠 제독의 미 태평양함대는 마셜제도를 완전히 제압한 후

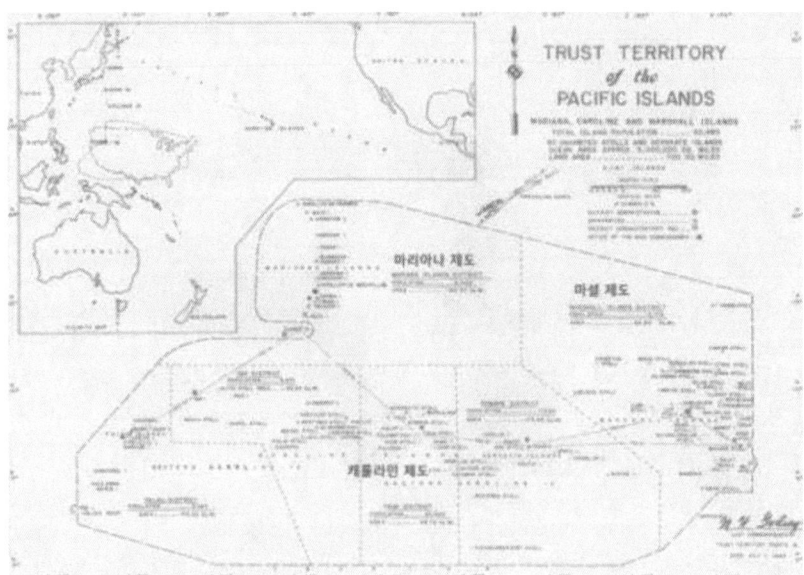

지도 3　미크로네시아제도 신탁통치 지역

1944년 2월부터 미크로네시아의 트럭 섬과 마리아나의 괌, 사이판, 티니
안을 공습하기 시작했다. 6~8월에는 마리아나제도(사이판, 티니안, 괌)
를 점령했고, 전시 점령에 이어 미 해군은 니미츠 포고로 미군정을 설치
했다[49].

　　1944년은 미 국무부의 지역별 자문위원회 중 하나인 '식민지문제위
원회'가 국제신탁통치 구상을 발전시키던 시기였다. 1944년 3월 니미츠
제독이 마셜제도 점령을 선포하자, 식민지문제위원회는 미 해군이 점령
하고 있더라도 "국제적인 동의에 의해 새로 배치될 때까지 법적으로는
국제연맹의 관리하에 있다는 것"을 인식해야 하며, 미군의 "단독 탈취는
… 적국의 프로파간다 재료로 활용되어 태평양과 아프리카에 대한 미국
의 정책을 해칠 수 있고 … 장래 국제신탁통치 계획의 신뢰를 손상시킬
위험이 있다"는 의견을 제출했다.[50] 미 해군의 미크로네시아 '병합' 요구
를 예상하고 경계한 조치였던 것으로 평가된다. 5월 22일자 「일본 위임
통치령의 처우와 이에 해당하는 종속지역 일반 정책」[51]은 이를 확인했다.

미국이 일본의 위임통치령을 '병합'하는 것은 반식민주의적 리더쉽을 해치는 것이며, 위임통치령을 갖고 있는 다른 국가들도 병합을 시도할 것이라는 것이다.

국무부가 '병합'이 아닌 국제기구의 틀을 통한 관리를 강조했지만, 국제적 안전보장을 유지하기 위한 기지를 이 섬들에 설치할 것을 상정하고 있었던 것은 분명하다. 앞에서 논의했듯이, 이 시기 전후 구상과 관련해 국제기구의 창설과 종속지역의 미래, 안전보장의 확보 문제들은 서로 긴밀히 관계를 맺은 채 전개되고 있었다.

문제는 미크로네시아를 국제신탁통치 제도 안으로 위치시킬 때 군사기지를 설치할 수 없다는 점이었다. 미 해군은 이 태평양 섬들에 대해 일찍부터 배타적인 전략 지배를 요구해왔다. 미국 본토에 대한 장래의 공격을 방지하기 위해 최선책으로 하와이에서 필리핀, 일본, 서아시아를 잇는 병참선communication line 상의 태평양 섬들에 (방어)기지들이 필요하다고 주장했다. 최소한 미국인이 피를 흘린 섬들에 대해서는 직접적인 주권을 확보해야 한다는 주장까지 나왔다.[52]

첫 유엔총회가 개최되고 있던 기간인 1946년 1월 15일 트루먼은 기자회견을 통해 "우리 군에 의해 정복된 이 나라의 장래 안전보장에 있어서 사활적인 것으로 간주되는 적국의 태평양을 단독의 신탁통치에 둘" 것이라는 성명을 발표했다.[53] 미크로네시아에 대해 국무부와 군부(특히 해군부) 사이에 '주권 획득'(병합)과 전략적 신탁통치의 적용을 두고 경합과 갈등이 계속되고 있던 상황이었다. 무엇보다 구체적으로 태평양 어디가 사활적인 지역인지 분명하지 않았다. 1월 16일 번스 국무부장관은 합참과 국무부에게 태평양 지역의 신탁통치에 관한 검토를 개시하도록 요청했다.

이에 국무부는 6월 24일「구일본 지배하의 위임통치령과 작은 낙도의 신탁통치와 기타 처리 방법에 관한 정책」[54]을 SWNCC에 제출했다. 미크로네시아와 관련해서 국무부는 유엔헌장 81조(단독 시정권자), 82~83조 (전략지역 설정)를 활용해 미국을 유일한 시정권자로 하는 전략적 신탁통치 설정을 제안했다. 그리고 류큐제도에 대해서는 일본의 주권으로 반환되어야 한다고 주장했다.

이와 달리 6월 28일 SWNCC에 제출된 합참안 「태평양에서의 전략지역과 신탁통치」[55]는 미크로네시아를 병합해 미국 주권으로 두도록 제안했다. "미국의 안전보장에 관한 사활적 이해는 일본 위임통치령에 대한 미국의 배타적이고 무제한적인 전략적 지배의 보유를 요구"하며, 이 목적을 실현시키기 위한 가장 적극적인 수단이 바로 '주권 획득'이라는 것이다.[56]

국무부 안과 합참 안을 조정하기 위해 1946년 7월 11일 SWNCC 제42차 회의가 열렸고, 미크로네시아와 전전(戰前) 일본의 영역에 관한 조사 목적을 위한 '임시위원회'가 설치를 결정했다. 7월 15일에는 국무부 체이스Eugene P.Chase와 보튼Hugh Borton, 육군부 기븐Sidney L. Giffen과 린컨George A. Lincoln, 해군부 대니슨R. L. Dennioson이 임시위원회 각부 대표로 참여해 국무부와 합참 안을 종합 검토했다. 그 결과 8월 7일 보튼이

표 1 태평양 섬들의 처리에 대한 미 국무부와 합참의 제안

	SWNCC/59/1(DS)	SWNCC/59/2(JCS)
일본위임통치령	신탁통치(미국)	주권획득
미나미토리시마	신탁통치(미국)	주권획득
보닌섬(오가사와라) 볼케이노섬(이오지마)	신탁통치(미국)	신탁통치(미국)
류큐 제도	일본의 주권 하	신탁통치(미국)
이즈 제도	일본의 주권 하	일본의 주권 하
아마미 제도	일본의 주권 하	신탁통치(미국)
치시마(쿠릴) 열도	소련에 인도	신탁통치(소련)
대만	중국에 반환	언급 없음
사할린	소련에 반환(남사할린)	언급 없음

국무부 신탁통치협정 안을 제출했고, 8월 24일 해군부도 신탁통치협정안을 제출했으며, 최종적으로 9월 20일 미크로네시아에 관한 「신탁통치협정안」[57] 초안(총 16조)이 완성되었다.

주요 내용을 보면, 제1조는 미크로네시아를 전략지역으로 지정하고 신탁 영역으로 언급한 후 제2조와 3조에서는 "미국의 불가분한 부분으로서" 신탁 영토에 대해 행정, 입법, 사법에 대한 시정권을 갖는다고 규정되었다. 제5조는 신탁 영역에 해군, 육군, 공군 기지 건설과 군 병력의 배치 및 주둔을, 제6조는 "자치를 향한 신탁 영역의 주민의 발전을 촉진"시킬 것을 규정하고 있다. 유엔헌장 제76조 b항과 비교하면, '독립'이라는 단어가 삭제된 것이 주목된다. 그리고 제13조에서는 안전보장을 이유로 한 폐쇄지구 설치가 인정되었다.

이케가미는 미크로네시아 영유권 문제에 대한 국무부의 신탁통치안과 합참의 주권획득안이 반드시 대립 관계에 있었던 것이 아니라, 양쪽 모두 미국의 미크로네시아에 대한 군사전략적·배타적 성격이라는 측면에서 상당한 공통점을 가지고 있었고, 이는 이 「신탁통치협정안」 초안에 잘 드러나 있다고 평가한다.[58]

1946년 11월 6일 이 초안으로 트루먼은 미크로네시아에 대한 '전략적 신탁통치'를 선언해 미국 방침을 최종적으로 대외적으로 공표했다. 남은 것은 영국 및 소련과의 교섭과 조정, 승인이었다. 문제는 미소 협조 노선이 급격하게 적대 노선으로 돌아서고 있는 시점이었다.

1947년 1~2월 말 미국은 영국과 협정안을 협의 조정했다. 쟁점은 폐쇄지구의 설치를 규정한 제13조였다. 영국의 우려는 만약 안전보장상의 이유로 어느 지역이 폐쇄되어 버리면, 신탁 영역의 섬들 뿐 아니라 그 해역도 폐쇄되는 것은 아닌지에 대한 것이었다. 이에 미국은 신탁통치령의 범위에 있는 해역은 국제법상 관습에 의해 규정된다고 답함으로써 전략지역 내 폐쇄지구의 설치에 대한 비판을 피해나가려 했다.

더 큰 장애물은 소련이었다. 전략적 신탁통치의 경우 유엔 총회가 아닌 안보리의 승인을 받아야 했는데, 소련이 거부권을 행사하면 미국을 단독 시정권자로 하는 미크로네시아의 전략적 신탁통치 결정이 좌절될 수도 있었다. 소련 대표는 미국의 신탁통치협정 초안에 대해 세 가지 수정을 요구했다. 첫째, 제3조 "미국의 불가분한 부분으로서"에 대한 삭제, 둘째로 제6조 "자치를 향한" 문구 뒤에 "또는 독립"을 삽입, 셋째로 제15조의 "아래 협정 조항은 시정권자의 허가 없이 변경, 해제되지 않는다"를 "아래 협정 조항은 안보리의 결정에 따라 변경, 수정 또는 해당 조항의 효력이 정지된다"는 문장으로 바꾸라는 것이었다. 이에 대해 미국은 강하게 반발하며 반론했지만, 1947년 4월 2일 3조와 6조에 대한 수정 요구 사항은 받아들이는 대신 15조 수정 요구는 거부해 미국 안을 관철시켰다.[59] 장시간의 논쟁 끝에 안보리에서 만장일치로 승인되었다. 거부권을 심사숙고했던 소련 대표 안드레이 그레미코는 "미국이 대일전쟁에서 다른 연합국과 비교할 수 없을 정도로 엄청난 희생을 지불했다는 것을 고려"했다고 미사어구를 늘어놓았지만, 실상은 이면에서 쿠릴열도와 맞바꾼 것이었다. 이런 이면 거래에 힘입어 조선의 신탁통치가 파산을 선언할 즈음 미크로네시아 신탁통치는 미소 협조의 막차를 타고 성사되었다. 그림 4는 1947년 6월 미크로네시아 신탁통치협정 의 발효 이후 전개된 점령형 신

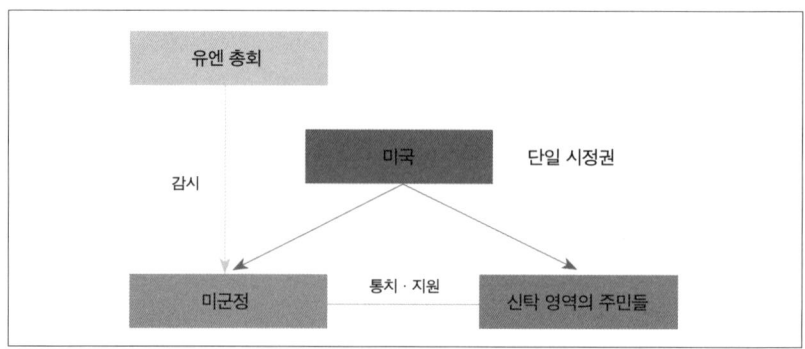

그림 4   미크로네시아 점령형 신탁통치 메커니즘

탁통치의 메커니즘을 표현한 것이다.

　마지막으로 신탁통치 결정과 시행에 대한 미크로네시아 섬 주민들의 대응에 대해 잠깐 언급하고자 한다. 조선의 신탁통치 시행에 대해 즉시 독립을 바라는 조선 인민들의 반탁 저항과 대조적으로 미크로네시아 섬 주민들의 큰 저항은 없었다.[60] 조성윤에 따르면, 그저 미국이 하는 대로 따라가야 했고, 미국의 요구에 따라 움직여야 했다. 신탁통치라고 이름은 붙였지만, 초기에는 사실상 군정이었고, 미군의 필요에 따라 일부 지역을 지정해서 군사적으로 이용할 뿐 다른 지역은 방치 상태였다.[61] 섬 주민들의 저항은 1950년대 내내 계속된 핵폭탄 실험과 그로 인한 강제이주, 기지로 인한 사회문제들이 누적되면서 가시화되었다.

3) 류큐제도: 일본 주권 지역

류큐제도는 일본 규슈 이남과 타이완 사이의 남서제도의 일부로, 크게 아마미제도, 오키나와제도, 미야코제도, 아에야마제도로 구성되어 있다. 팔라우를 끝으로 미크로네시아를 완전히 제압한 미 해군은 류큐제도, 그 중에서도 오키나와에 대한 아이스버그작전을 전개했다. 미군은 마리아나제도의 괌과 티니안 점령으로 일본 본토 폭격을 위한 비행장을 확보했지만, 일본 본토 침공의 교두보를 확보하기 위해서는 오키나와 점령이 필수적이었다. 1879년 '류큐처분' 이래 일본 영토로 편입된 오키나와는 태평양의 요석이라 평가될 만큼 지정학적 요충지에 위치했고, 일본의 가장 큰 해군기지인 사세보로부터 460마일 떨어져 있었다. 1945년 3월부터 미 육해군의 오키나와 공격이 시작되었고, 6월 22일 일본군수비대의 조직적 저항이 완전히 붕괴되었고, 9월 7일 항복 서명이 이루어졌다.[62]

　오키나와 점령과 군정 실시는 조선 및 미크로네시아와 달리 일본 주권 지역에 대한 것이었다. 게다가 연합군의 공동점령이 아니라 미군의 전시 단독점령이었고, 군정도 미 해군 태평양함대 사령관 니미츠의 포고에 의해 설치되었다. 전시(1945년 3~9월)에는 미 육해군의 공동군정이 점령 즉시 설치되었고, 1945년 9월~1946년 7월 1일에는 미 해군 군정이 설치되어 실시되었으며, 그 이후 1950년 12월까지는 미 육군의 류큐군정 USMGR 시기였다.[63]

오키나와 점령의 목적은 군사전략의 필요에 의해 행해진 것이었으며 '일본의 침략력 파괴'와 '군벌의 파멸', 치안유지, 미군과 거주민의 안녕 복지 등이었다.[64] 문제는 일본이 무조건 항복했음에도 미군에 의한 점령은 계속되었고, SCAPIN677에 의해 미군 단독의 분리점령과 군정이 실시되었다. 전쟁은 끝났지만, 태평양 병참선communication line을 확보하는 '요석keystone'으로 오키나와에 건설된 미군 기지는 유지되어야 한다는 군부의 주장이 크게 힘을 발휘했다.

군부(특히 합참)와 국무부가 오키나와를 포함해 류큐제도를 구제적으로 어떻게 처리할지 SWNCC에서 본격적으로 논의한 것은 1946년 미크로네시아 등 태평양의 전략지역 섬들에 대한 처리에 대한 논의와 함께 이루어졌다. 그러나 미크로네시아를 둘러싸고 합참과 국무부가 전략적 신탁통치를 합의한 것과 달리 류큐제도에 대해서는 팽팽한 의견 대립이 계속되었다. 미국이 단독 점령해서 군정을 실시하고 있는 지역에 대해 미국의 단일한 방침과 정책 결정이 이루어지지 않은 상태에서 류큐문제가 유엔에서 논의될 여지는 없었다. 미크로네시아 처리가 결정된 1947년 4~6월까지도 북위 29도 이남 류큐제도에 대한 신탁통치는 결정되지 못했다. 그 내용을 정리하면 표 2와 같다.

1946년부터 합참의 류큐제도 처리의 기조는 '전략적 신탁통치'였다. 미국의 '이익선'과 안전을 보장하는 '태평양의 요석'인 오키나와에 미크로네시아와 마찬가지로 미군 기지를 건설하고, 이 지역을 폐쇄구역으로 설정해 유엔에 의한 시찰로부터 자유로워야 했다. 류큐제도 중 아마미제

표 2   류큐제도 처리에 대한 합참과 국무부 안

합참	국무부
소련과 공산화된 중국에 대응하기 위해 '전략적 신탁통치' 미 본토-하와이-태평양 섬들의 '이익선'의 최전선(JCS 1619 시리즈)	비군사화를 조건으로 한 일본 보유안 천황메시지의 '기지조차안'(주권과 시정권은 일본 보유)

지도 4   JCS 1619/1(SWNCC 59/2)의 류큐제도 처분과 전략적 신탁통치

도는 일반적 신탁통치로 하더라도 오키나와제도만큼은 반드시 전략적 신탁통치로 두어야 한다고 강조했다.[65]

이와 달리 국무부는 1946년 6월 말 비군사화를 조건으로 한 류큐제도 전체의 일본 보유를 주장했다. 류큐인은 역사적, 문화적, 인종적으로 일본인에 가깝고 종속적이었으며, 미국이 류큐를 통제하는 것은 재정상에 부담이 클 뿐 아니라 혼란을 가져올 것이며, 오키나와에 영구적인 미군 기지를 설치하는 것은 심각한 국제적 반향을 일으킬 것이므로 부적절하다는 의견을 제출했다.[66]

합참과 국무부 간 입장 차이가 너무 컸기 때문에 이를 검토, 조정할 신탁통치협정 임시위원회가 1946년 7월 11일 제42차 SWNCC 회의에서

결정되어 구성되었다. 결과만 놓고 보면 서로 의견 접근을 이루지 못했다. 앞서 보았듯이, 합참과 국무부는 일본 구위임통치령 미크로네시아에 대한 전략적 신탁통치만을 합의했고, 류큐제도 등 나머지 섬들의 처리는 미루어졌다. 이는 미크로네시아 신탁통치협정안이 발효되는 1947년 6월 시점에도 답보상태로 결정되지 못했다.

류큐제도 처리를 둘러싼 팽팽한 대립과 미결정 상태의 배경과 관련해 미국의 안전보장 및 이익선을 추구하는 합참(군부)과 미국의 반식민주의적 헤게모니 및 국제주의를 표방하는 국무부의 대립 결과로만 이해해서는 안 된다. 미 국무부 안에서도 전쟁을 치르면서 미국 안전보장과 이익선, 군사전략에 대한 현실주의적 이해가 증대해왔고, 그 결과가 국제신탁통치 장치 안에 전략적 신탁통치 관계 조항의 삽입이었다. 이런 상황에서 보면 유독 류큐제도에 대해서만 비군사화되어 일본 보유의 부속도서로 간주되어야 한다는 1943년 이래 한결 같은, 1947년 초까지 계속되는 국무부의 입장은 분석과 설명이 필요하다. 기존 연구들은 국무부 내 일본통(지일파)의 '순수하게 정치적 입장'에 취해진 것임을 시사한다.[67] 피어리[68]가 작성했던 두 개의 '류큐 처분'에 대한 비망록이 이를 잘 보여준다. 두 비망록에서 주목되는 내용은 국무부의 입장을 유지하면서도 합참의 입장을 고려해 제시된 일종의 타협안이다. 첫 번째 비망록에서는 아마미제도의 일본 보유와 오키나와제도의 일반적 신탁통치를 제시했고, 두 번째 것에서는 기지 임차안을 제기했다. 합참의 입장에서 보면 전자는 검토할 일고의 가치도 없는 것이었지만, 후자는 당시 육군 내 일각에서 흘러나왔던 아이디어 중 하나여서 타협에 여지가 없는 것은 아니었다.[69]

이와 관련해 류큐제도 처리를 둘러싼 또 다른 행위자인 일본 정부와 천황에 주목할 필요가 있다. 일본은 무조건 항복했지만, 미국의 단독 점령, 간접 군정통치로 진행되었기 때문에 일본 정부가 유지되었다. 일본 정부는 1946년부터 외무성을 중심으로 중앙연락사무국, 재무성 등의 부처간 조정위원회를 조직하고, 연합군의 영토 획정에 대한 대응을 준비하기 시작했다. 식민지와 위임통치령의 분할은 결코 피할 수 없는 현실이었지만, 일본 영토의 분할은 막고자 했다. 대응 준비 과정에서 일본 정부는 한편으로 류큐제도 등에 대한 미국의 전략적 필요성에 대한 평가를 현실로 직시했고, 다른 한편으로 그럼에도 일본 영토의 분할을 최대한 피하고자 노력했다. 그 노력은 1947년에 접어들면서 미국과 연합군총사령부 GHQ에 대한 본격적인 교섭으로 나타났다. 1947년 9월에는 천황이 움직였다. 천황을 대리해 테라사키가 시볼드와 만나 천황메시지를 전했는데, 그 내용은 미국에게 오키나와를 25~50년, 또는 그 이상의 장기 임차를 주고 그 대신 주권은 일본이 보유하는 것이었다. 기지임차권은 대일평화조약이 아닌 미일 양자간 조약으로 체결하기를 희망했다.[70]

류큐 처리를 둘러싼 국부부와 합참의 갈등은 대일평화조약 영토 조항 작성과 검토 과정에서 그대로 재연되었다. 국무부 극동국 대일조약작업단이 작성한 최초의 영토조항 초안은 1947년 1월에 피어리에 의해 만들어졌다. 내용은 일본 영토를 1894년 1월 1일 이전의 영토로 한정한다고 규정했고, 류큐제도를 일본령에 포함시켰다. 이 규정은 1949년까지 지속되었다.[71] 이에 대해 합참은 유럽 경제 및 사회의 악화와 소련 위협론을 더욱 부각시키며 류큐제도에 대한 전략적 신탁통치를 반드시 확보해야 한다고 답변했다. 1947년 9월 천황메시지가 국무부 국동국을 통해 합참에 전달되었지만, 최종적으로는 기지 임차로 충분하지 않고, 궁극적으로 류큐제도 전체를 전략적 신탁통치 지역으로 획득해야 한다고 답했다.[72]

국무부 내에 합참의 군인들과 유사한 세계 인식과 소련 인식이 등장한 것도 주목된다. 케난George F. Kennan의 정책기획단PPS이다. 정책기획단은 「궁극적 류큐처분에 대한 특별 권고」(PPS 10/1)를 통해 종래의 국무부 입장과 달리 일본 영토에 북위 29도 이남의 류큐제도를 분리시켰다. 지도 5가 이를 잘 보여준다. 분리된 류큐제도 처분과 관련해서는 미국의

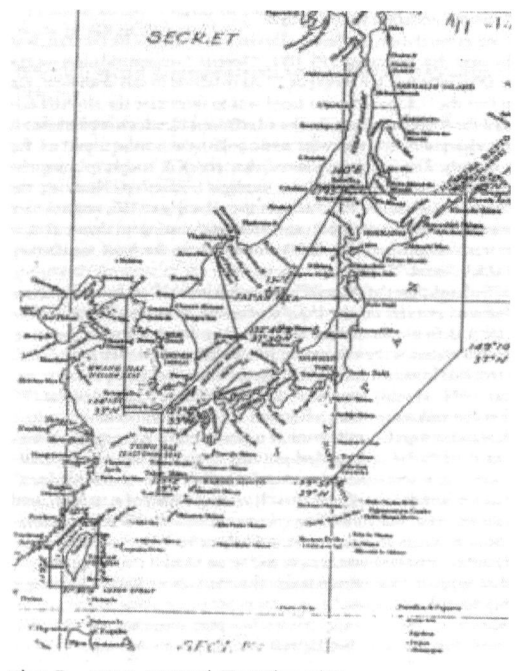

전략적 신탁통치로 하든 일본 보유를 전제로 한 기지 임차로 하든 SWNCC가 최종 권고를 할 때까지 논의를 중단할 것을 제안했다.[73]

이후에도 논의들이 계속되었고, 미국이 류큐제도를 장기 전략적 통제 하에 두는 것은 합의되었지만,[74] 어떤 형식으로 할지 대일평화조약

지도 5   PPS 10/1의 류큐제도 처분

이전에 최종 결정을 할 수 없다는 것은 명확해졌다. 어차피 합참이 강하게 주장하는 전략적 신탁통치는 소련이 비토권을 갖고 있는 유엔 안보리를 통과할 수 없었다.

한국전쟁 발발이 이 교착 상황의 돌파구가 되었다. 1950년 8월 7일 작성된 대일평화조약 덜레스 초안에서 "류큐제도와 보닌제도의 일부에 신탁통치체제를 적용"한다는 문구가 삽입되었다. 1950년 9월 국무와 국방 장관은 미일 양자간 안보조약 체결과 류큐제도 신탁통치 등을 조건으로 하는 대일평화조약의 협상 개시에 동의했다. 동아시아 내 미국 안보이익의 위기가 발생하자 류큐제도에 대한 처리를 둘러싸고 군부와 국무부 간 갈등이 일거에 해소되었다. 대일평화조약 9월 11일자 초안에 이어 11월 24일 국무부가 공식 발표한 대일평화7원칙에도 명시되었다. "류큐와 보닌에 대해 미국을 시정권자로 하는 유엔의 신탁통치에 동의하고, …조

약 발표 후 1년 이내에 어떤 결정도 없으면 유엔총회가 결정한다"는 것이었다.[75]

이러한 류큐제도 처리는 최종적으로 1951년 9월 8일 52개 참가국 중 49개 국가가 서명한 대일평화조약 영토 조항 제3조에 반영되었다.

> 제3조 일본국은 오키나와나 오가사와라를 미국을 유일한 시정권자로 하는 신탁통치제도 하에 두기로 한, 유엔에 대한 미국의 어떠한 제안에도 동의한다. 이러한 제안이 행해지고 또한 가결될 때까지, 미국은 영해를 포함한 이들 제도의 영역 및 주민에 대해 행정, 입법, 사법상 권력의 전부 및 일부를 행사할 권리를 갖는다.

북위 29도 이남 류큐제도에 대해 미국이 행정, 입법, 사법 권력을 행사하는 시정권자로 지정되었다. 많은 미군 기지가 기지 조차가 아닌 신탁통치의 방법을 활용해 온존되거나 추가로 건설되는 것이었으므로 이 신탁통치는 사실상 '전략적 신탁통치'였다. '전략적'이라는 단어를 떼버리고 유엔 안보리가 아닌 대일평화조약을 통해 일거에 해치운 것이었다. 사실상 이 조약을 주조했던 덜레스는 샌프란시스코 대일평화회의에서 오키나와에 대한 일본의 잠재주권residual sovereignty을 립서비스하는 것도 잊지 않았다.

미국이 병합한 영토도 아니고, 일본이 미국에 공여한 일본 본토의 기지구역과도 구별되는 점령형 신탁통치가 류큐제도에서 전개되었다. 점령기구와 관련해서 류큐미군정USMGR을 1950년 12월 15일 폐지함과 동시에 류큐미민정USCAR을 설치했다.[76] 그림 5는 오키나와의 점령형 신탁통치 메커니즘을 표현한 것이다.

엘드리지 등 기존 연구들은 오키나와 문제를 미국 내 군부와 국무부, 그리고 미국과 일본 정부, 미국과 영국 사이의 양자bilateral 관계로 파악

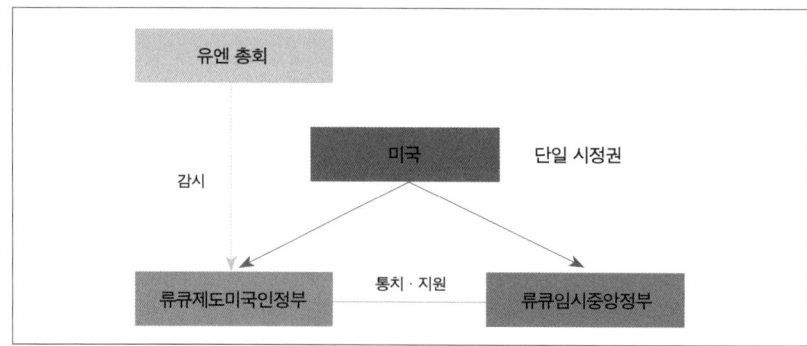

그림 5　오키나와 점령형 신탁통치 메커니즘

하는데, 그렇다면 오키나와 섬 주민들의 대응은 없었는가? 초기에는 전쟁통 속에서 생존 자체가 중요한 문제였고, 전시 점령이라는 특수한 상황 하에서 무엇보다 섬 주민들이 포로수용소 및 민간인수용소에서 강제 수용된 상황에서 기지 건설을 위해 토지가 수용되었던 상황을 고려할 때 미군 기지 건설 및 미국을 시정권자로 하는 신탁통치에 대해 대중적으로 강력하게 저항하기 어려웠다. 무엇보다 오키나와를 일본 본토 결전을 위한 사석捨石으로 삼은 데 대해, 우군이라 생각했던 일본군이 주민들을 집단학살하거나 '강제적 집단자결'로 몰아놓고 자신들만 살아남은데 대해 심한 배신감을 느끼고 분노했다. 미군정이 일본과 오키나와를 분리시키기 위해 '류큐' 정체성을 창출했던 것도 초기의 대중적 저항을 와해시키는 요소로 작용했을 것이다.

　그러나 점차 섬 주민들의 저항은 점차 고양되었다. 전시 점령 아래 섬 주민들의 모든 권리가 박탈당한 상태에서 미군에 의한 '섬 전체의 기지화'가 진행되었는데, 섬 주민들이 점차 예전 거주지로 돌아오는 상황에서도, 그리고 대일평화조약 발효 이후에도 상황이 나아지지 않았기 때문이다. 류큐미민정은 조약 발효 이후 전시 점령 때 강제 수용했던 토지들을 계속 수용하기 위해 관계 규정과 제도들을 구축했지만, 곧 섬 주민들의 심각한 저항에 직면했다. 1950년대 중후반에 시작되어 베트남전 반대

운동까지 이어졌던 '섬 전체 투쟁島ぐるみ鬪爭'은 이처럼 섬 주민들의 토지 강제수용 저항과 반기지운동에서 비롯된 것이었다.[77]

미군 기지 건설과 미국을 시정권자로 하는 신탁통치 결정은 직결되는 문제였다. 그러나 당시 섬 주민들의 저항이 50년대 반기지운동을 넘어 신탁통치 반대로 표출되기는 어려웠다. 다만 주목되는 사례는 있지만, 이 또한 복잡한 이해를 요한다. 1951년 4월 결성된 일본 복귀기성회는 대일평화회의 개최 직전인 8월 28일에 "우리들의 비원, 모국 일본으로의 즉시 복귀, 신탁통치 절대 반대"를 주장하면서 탄원서와 서명 등을 샌프란시스코 대일평화회담 참가국 전권대사에게 송부했다. 당시 유권자의 72.1%가 이 서명에 참여했고, 서명자의 86%가 일본 복귀에 희망했다.[78] 소위 '본토 복귀론'이 출현한 것이다. 이 안에는 전승국에게 빼앗긴 북쪽의 치시마, 남쪽의 오키나와와 오가사와라를 탈환해 일본의 완전한 독립을 이루자는 보수파의 주장과 미제의 식민지 상태에서 벗어나기 위한 해방투쟁을 전개하여 완전한 민족독립을 이루자는 좌파들의 주장이 공존했다.[79]

오키나와 섬 주민들의 투쟁은 섬 전체의 기지화로 인한 피해자 됨의 인식과 함께 미국 신탁통치 하의 미군 기지의 섬에 사는 한 구조적으로 가해자에 서게 된다는 인식이 얽혀 들어가면서 더 강렬해졌다. 오키나와 섬의 미군 기지들이 한국전쟁과 베트남전쟁의 후방 출격 기지가 되는 것을 목도했기 때문이다. 1972년 미국이 오키나와 신탁통치를 종식시키고 일본에 반환한 것은 미일 양자관계가 아니라 오키나와 주민들의 섬 투쟁을 포함하는 다중 스케일 관계에서 이해되어야 할 것이다.[80]

4. 21세기 '평화유지' 활동으로서 부활하는 점령형 신탁통치 기획

이 글은 신탁통치로 이행하기 위한 잠정적 조치로서의 점령의 문제, 다시 말해 점령과 신탁통치의 관계, 이 둘의 결합으로서 '점령형 신탁통치'의 시각에서 조선, 태평양의 섬들(특히 미크로네시아), 류큐제도(특히 오키나와) 지역을 사례로 분석했다. 구체적으로 이 지역을 대상으로 기획, 적용된 점령형 신탁통치가 어떻게 냉전적 변형을 겪는지 여러 SWNCC 보고서 자료들을 통해 분석했다.

전지구적 차원에서 미국 주도의 '신질서' 구축을 위한 적국(독일, 일본) 점령은 포츠담선언에 의해 뒷받침되었지만, 적국으로부터 분리된 식민지와 위임통치령에 대한 처리 규정은 국제신탁통치 구상과 제도에서 마련되었다.

초기 반식민주의·탈식민주의 기조가 강하게 투영되었던 미국의 국제신탁통치 구상은 미국의 이익선과 안보를 중시하는 내부의 압력에 의해 변형되었다. 이것은 국무부가 군부의 압력에 의해 굴복했음을 의미하지 않는다. 실상은 군부뿐 아니라 국무부도 미국의 안전보장에 대한 군사전략적 이해를 중시했다. 전후 세계의 '신질서' 구축을 주도한 미국의 자유주의 헤게모니는 이상주의뿐 아니라 현실주의적으로도 접근해야 그 진정한 실체를 확인할 수 있다.

식민지, 위임통치령 등 '종속지역' 미래의 청사진에 차츰 '독립' 대신 '자치'를 향한 점진적 발전이 강조되었다. 그리고 애초 국제신탁통치 구상의 취지에 벗어나 신탁통치령에 군 기지를 설치할 수 있도록 한 '전략적 신탁통치' 용어가 등장했다. 무엇보다 단독 시정권자가 종속지역의 통치에서 배타적인 권한을 갖는다. 미국이 주도하는 국제신탁통치 구상과 제도를 반식민주의와 탈식민주의라기보다 신식민주의로 봐야 하는 이유가 여기에 있다.

미국을 식민지 없는 제국으로 바라보며 새로운 제국의 비영토성, 탈영토성이 이전의 제국주의와 차별적이라고 보는 시각들이 있다. 그러나 미국은 아시아·태평양의 전략적 신탁통치령에 수많은 군사 기지를 설치했고 기지 네트워크를 운용했다. 소련과 공산주의 진영을 향한 전초기지와 후방기지들이었다.

애초 한반도에는 군 기지 설치가 불가능한 일반적 신탁통치의 적용이 시도되었지만, 끝내 실패했고, 두 개의 분할'지대'는 두 개의 적대적 분단국가 형성으로 나아갔으며, 종국에 한국전쟁으로 귀결되었다. 그 결과는 아이러니하게 한미동맹으로 지탱되는 군 기지들이며, 지금까지도 냉전·분단체제를 증거하고 있다. 또한 1994년까지 태평양의 신탁통치령은 미 제국 유지의 '필수불가결한 부분'이었고, 지금까지도 정치적 독립만 이루어진 채 경제·군사적으로 미국의 원조와 지원이 계속되고 있으며, 미군 기지들이 유지되고 있다. 류큐제도는 1972년에 일본으로 '반환'되었지만, 현재까지도 미군의 태평양의 요석이자 기지의 섬이라는 위상에는 전혀 변화가 없다.

현재 동아시아 냉전·분단체제가 완전히 종언되지 않았듯이, 미국의 점령형 신탁통치 장치도 폐기되지 않았다. 오히려 새로운 방식으로 손질되어 부활하고 '역사의 종언'과 탈냉전이 선언된 후 잠깐의 해빙 국면을 지나 전지구적 테러와 내전 양상이 물밑에서 떠오르더니 '신냉전'을 말하는 상황이 계속되고 있다. 테러와 내전이 벌어지고 있는 세계 곳곳에서 여전히 미·소, 미·중의 대결 그림자가 짙게 드리워져 있다. 이데올로기적 적대와 대결이 아닐 뿐이다.

이런 상황에서 세계 안보의 위협을 제어하기 위해 미국와 유엔주도의 21세기 '평화유지' 활동으로 '개입'하는 장치로서, 이른바 '취약국가' 또는 '실패국가'에 대해 새로운 국가·사회질서를 형성시키기 위한 임시관리 장치로서 점령형 신탁통치를 현재화하고 있다. 아프가니스탄, 이라크

등 단독 국가 주도에 의한 점령행정이나 코소보, 동티모르 등 국가연합이나 유엔에 의한 관리기획이 바로 그러하다. 점령형 신탁통치의 역사에 대한 성찰이 그 어느 때보다 필요한 시점이다.

해방된 전범, 붙잡힌 식민지:

전후 미국의 전범재판과 조선에서의 전범문제 논의

공준환

1. 전후 전범재판과 조선

1945년 전쟁에서 승리한 연합국은 패전국인 독일과 일본에 대한 전범재판을 실시했다. 독일의 뉘른베르크와 일본의 도쿄에서 실시된 전범재판에서는 다수의 소위 'A급 전범'에게 전쟁 개전과 전쟁 중 잔학행위에 대한 책임을 물었다. 또 잘 알려지지는 않았지만 독일과 일본의 점령지였던 많은 지역에서 전쟁 중 벌어진 여러 범죄행위에 대한 책임을 묻는 전범재판이 실시되었다. 일본이 침략했던 아시아·태평양 전역에서만 50여 곳에 전범재판소가 설치되었고 약 5,700여 명의 전범이 유죄 판결을 받았다. 1949년에 거의 마무리된 이 전범재판을 통해서 연합국은 일본의 수많은 전쟁범죄들을 증거를 통해 밝혀내고 전범을 재판에 넘겨 역사로 남겼다.

일본은 연합국의 전범재판에 처음부터 반발했다. 하지만 재판의 진행을 거부할 권리는 없었다. 또 재판 이후 1951년 체결된 샌프란시스코 평화조약의 제11조에는 일본이 연합국에 의해 실시된 모든 전범재판의 판결을 수락한다는 내용이 포함되었다. 이 조약의 체결 이후 미국을 포함한 연합국들은 일본의 전쟁범죄 문제를 전범재판을 통해 해결한 것으로 여겨 왔다. 일본이 사실상 전범국임을 명시한 이 조약은 이후 샌프란시스코 체제가 유지되는데 중요한 축의 하나가 되어왔다.

그런데 최근에는 미국과 일본이 제2차 세계대전에서 비롯된 미·일 사이의 감정적인 문제들을 해결하려는 움직임을 보이고 있다. 2016년 미국의 오바마 대통령이 히로시마를 방문하고, 뒤이어 일본의 아베 총리가 진주만을 방문하면서 서로 화해의 메시지를 던진 것이다. 양국이 아직까지는 조심스러운 자세로 용서와 화해를 이야기하고 있기는 하지만, 전쟁으로 비롯된 정치적인 문제들을 해결하겠다는 의지를 볼 수 있다.

일본의 아베 총리는 진주만에서 일본의 폭격으로 희생된 미군을 애도한다는 메시지를 던졌지만, 일본으로 돌아오자 바로 전범이 합사되어 있는 야스쿠니 신사를 방문했다. 일본이 보내는 화해의 메시지는 미국을 향하고 있을 뿐이고, 전쟁과 식민지배의 실질적인 피해자였던 한국이나 중국에 대해서는 과거사 문제를 사과나 배상을 통해서 해결하지 않겠다는 강경한 자세를 보이고 있는 것이다. 이런 문제들은 2015년 '12·28 위안부 합의'와 같이 미국의 압력을 배경으로 한 졸속처리 방식으로 덮어버리겠다는 것이 일본의 마음인 듯하다.

전후 일본과 미국의 관계에서 일본을 패전국이자 전범국으로 규정한 것은 당시 미국의 전후 신질서 구상에서 비롯되었다. 패전국을 법정에 세워 침략전쟁을 불법화하고 전쟁범죄를 강력하게 처벌하여, 이를 통해 평화체제를 만들겠다는 것이었다. 미국은 일본에게 평화헌법을 요구하여 다시는 강력한 군국주의 국가가 되지 못하도록 군사력을 억제하고, 대신에 일본을 미국의 강력한 동맹으로 만들어 동아시아에 영향력을 행사할 수 있었다. 그리고 미국이 일본에게 이러한 요구를 관철하는데 있어 전범재판은 이를 강제할 수 있는 좋은 수단이 되었다.

그런데 패전국 일본에 대한 처리와는 반대로 일본 제국의 식민지였던 조선의 문제는 미국의 전범재판을 통한 전후체제 구상에서 배제되어 있었다. 미국을 비롯한 연합국은 전범재판에서 식민지배 문제를 전쟁범죄로 다루지 않았고, 조선은 일제의 주요 피해국이었음에도 불구하고 다른 승전국처럼 전범재판에 검사나 판사를 파견할 수도 없었다. 더군다나 아시아·태평양 전쟁에 한정해서 보더라도 조선인을 전쟁에 동원한 책임이 있는 일본인들조차 그러한 죄목으로 전범이 되는 경우는 없었다. 또 전후 아시아·태평양 전역에서 연합국에 의해 여러 전범재판소가 설치되었음에도 불구하고 미국의 점령지였던 한반도 남부에서는 전범재판소가 설치되지 않았는데, 아시아·태평양의 지도를 놓고 보면(그림 1) 일본의 수많은 점령지 중 조선만이 전범재판소가 설치되지 않은 거의 유일한 지역이었음을 알 수 있다. 마지막으로 한국은 샌프란시스코 평화조약에서도 서명국이 될 수 없었는데, 이는 전후 연합국의 지위를 인정받지 못했기 때문이었다.[1]

오히려 연합국에 의한 전범재판에서 어떤 조선인들은 전쟁범죄자가 되었다. 남방에 포로감시원으로 동원되었던 다수의 조선인들이 연합국 포로들을 학대했다는 이유로 전범으로 지목되어 재판에 넘겨졌기 때문이다. 이 조선인 'B·C급 전범'들의 이야기는 조선인이 전장에서 일본인을 대신하여 전범이 될 가능성이 높은 일들을 떠맡게 되었다는 사실을 보여주며, 이를 통해 조선인들이 식민지인의 전쟁동원과 연합국에 의한 전범재판이라는 이중의 피해자가 되었는지 알려준다.[2]

전범재판에 있어 이와 같은 미국과 연합국에 의한 조선 배제는 한국이 전후 일본과의 과거사 문제 해결을 더 어렵게 만드는 결과를 낳았다. 일본의 조선지배는 물론 전시 조선인의 전쟁동원, 특히 '위안부' 강제동원과 같은 전쟁범죄 행위에 대해서 처벌하지 않았다는 선례를 남겼기 때문이다. 지금도 한국은 일본의 야스쿠니 참배를 '전범'에 대한 참배라면서 강력하게 비난하고 있지만, 그 전범은 미국과 연합국이 규정한 전범일 뿐이지 식민지배와 전쟁동원의 책임자들은 상당수가 그 전범에서 빠져있다는 아이러니가 있다. 더군다나 연합국의 판결에 따르면, 어떤 조선인들은 전범이기도 하다는 것이다.

즉 전범재판은 일본을 전범국으로 규정하고 있는 아시아·태평양 지역에서의 미국 주도의 전후 '신질서'를 구축하는 중요한 장치이기도 하면서, 일본 지배의 대상이었던 한국을 그 해결 과정에서는 철저히 배제하고 있는 이중성을 가진다. 이와 같은 복잡성 때문에 일본에 대한 전범재판을 보는 시선도 여러 가지로 나뉘어 왔다. 대일 전범재판은 그것이 끝난 직후 서구사회에서 거의 잊혀져 왔고 별 다른 관심의 대상이 되지 못해왔는데, 일본은 극동국제군사재판에서 전범재판의 부당성을 지적한 인도의 팔Radhabinod Pal 판사의 의견을 지지해 왔고 그것은 전범재판이 '승자의 재판'이었다는 시각으로 이어져 왔다.[3] 하지만 1990년대 일본군 '위안부' 문제가 세상에 알려지고, 미국에서도 '난징 대학살' 혹은 '난징 강간'이 대중적으로 알려지면서 일본의 전쟁범죄 문제가 다시 주목을 받게 되었고, 전범재판에 대한 관심도 증가하였다.[4] 2000년대 이후에는 일본의 전쟁범죄를 전범재판을 통해 다시 검토하는 작업은 물론 전범재판 자료들을 꼼꼼하게 점검하면서 그것의 문제점을 지적하거나 혹은 의의를 지적하는 많은 연구들이 나오고 있다.[5] 그러면서도 식민지 문제가 완전히 배제되었다는 점, 재판에 인종주의적인 시각이 반영되었다는 점 등도 지적된다.[6] 그런데 한국에는 아직 전범재판에 대한 본격적인 연구가 시작되지 않았다. 조선인 B·C급 전범에 대한 문제제기가 대일 전범재판 전

그림 1   아시아·태평양 지역의 연합국 전범재판소

체로는 이어지지 않고 있는 것이다. 극동국제군사재판을 다루는 본격적인 연구서가 나오지 못했다는 것은 아직 전범재판에 대한 한국인의 시선이 정리되지 않았다는 단적인 예이기도 하다.

이 글에서는 전범재판 연구를 시작하기 위한 기초 작업의 하나로서 먼저 조선에서의 전범재판 문제를 다루고자 한다. 미국의 전후 동아시아 질서 구상의 중요한 부분이었던 전범재판이 미국의 점령지였던 조선에서는 왜 실시되지 못했는지를 당시 미국의 구상과 조선에서의 논의 과정을 살펴보면서 해명할 것이다. 비록 전후 조선에 전범재판소는 설치되지 못했지만 미국이 전범을 체포하고자 하는 일정한 구상을 가졌고, 그것이 미군정의 어떠한 정책으로 나타났는지, 누가 전범이 되었는지, 그것이 가지는 문제와 한계점은 무엇이었는지 살펴보고 또 조선인들이 이를 어떻게 논의하였는지를 마지막으로 검토하고자 한다.

이 글에서는 이 과정을 살펴보기 위해서 다양한 자료를 이용하였다. 먼저 미국의 전범재판 구상을 살펴보기 위해서 미국의 전후 질서를 구상한 기구인 국무·육군·해군 삼부조정위원회SWNCC의 회의록과 보고서들을 이용하였다. 미군정의 전범 정책은 『주한미군정사』와 『미군 정보부 보고서』(G-2 일일보고서)를 기본으로 하고 미국 메릴랜드 소재 국립문서기록관리청NARA에서 수집한 자료들을 통해 보완하였다. 수집된 자료에 대해서는 소장처의 위치를 표시하였다. 마지막으로 조선인 사이의 논의는 『남조선과도입법의원속기록』과 당시 신문기사를 바탕으로 살펴보았다.

2. 미국의 전후 대일 전범재판 구상

1) 미국의 전범재판 정책 수립

전쟁범죄자들을 재판소에 세워 전후처리를 해야 한다는 주장은 유럽에서부터 시작되었다. 유럽에서는 1940년부터 나치의 잔학행위에 대한 국제적 비난이 시작되었고, 1941년에는 처칠과 루스벨트가 공동성명을 통해 독일의 잔학행위를 지적하기도 했다. 독일의 잔학행위를 법적으로 처벌해야 한다는 국제적 공감대는 1942년 1월 영국 런던의 세인트 제임스 궁전 선언으로 이어졌는데, 여기서 연합국은 전쟁범죄의 처벌을 주요 전쟁목적의 하나로 넣을 것을 결의하였다. 유럽 국가들이 나치의 전쟁범죄에만 시선이 쏠려있는 가운데 중국측 참가자는 일본의 전쟁범죄를 심판하겠다는 메시지를 전달하였다.

1943년 10월에는 연합국전쟁범죄위원회(이하 UNWCC)가 창설되면서 전후 전쟁범죄자 처벌에 대한 광범위한 공감대가 결실을 맺었다. UNWCC에는 총 16개국이 참가하였는데, 주요 연합국 중에는 소련만이 참가를 거부하였다. UNWCC의 주요한 업무는 크게 두 가지였는데, 첫째는 전쟁범죄의 증거를 조사하고 기록하여 책임자를 판별하는 것이고, 둘째는 관련된 사건들을 각 정부에 보고하는 것이었다. UNWCC는 설립 직후 각지에 조사원을 파견하였는데, 중국정부의 요청에 따라 충칭에도 극동-태평양 소위원회가 1944년 5월 설치되었다.[7] 극동-태평양 소위원회는 일본의 전쟁범죄 증거들을 수집하였고, 종전 이후에는 일본 전범의 처리방안을 제안하거나 일본 전범의 목록을 작성하여 연합군최고사령관(이하 SCAP)에 전달하기도 하였다.[8]

미국은 UNWCC에 참여했음에도 불구하고 전범재판을 공식적인 국가 정책으로 채택하지는 않았다. 루스벨트와 재무부 장관이었던 헨리 모겐소 주니어는 즉결처형을 통한 전쟁범죄자 처벌을 선호하였고 영국의 처칠 또한 이에 동의하고 있었기 때문이다.[9] 이에 반하여 육군부 장관인 헨리 스팀슨은 전범재판을 통한 전쟁범죄자 처벌을 주장했는데,[10] 이 논쟁의 결과 육군부의 주장이 받아들여지면서 1945년 1월 22일부로 대통령 각서 '나치 전쟁범죄인의 재판과 처벌에 관한 건'이 제출되었다. 이 각

서는 루즈벨트 사후 1945년 4월 트루먼에 의해 공식적으로 미국의 정책이 되었다.[11]

미국은 1945년 4월에 로버트 잭슨 대법관을 런던의 UNWCC에 미국 대표로 파견하였다. 잭슨 대법관은 미·영·프·소 4개국과 함께 국제군사재판의 헌장을 만드는 작업에 착수하였다. 헌장 제정의 주요 쟁점은 전쟁범죄의 정의를 명확하게 하는 것이었는데, 기존에 전쟁범죄로 규정되지 않았던 '평화에 반하는 죄'와 '인도에 반하는 죄'를 처벌하기 위해서는 새로운 법적 개념이 요구되었기 때문이다. 이 논의의 결과로 1945년 8월 8일 런던에서 국제군사재판소의 헌장이 서명되었다. 이 헌장에서는 '평화에 반하는 죄', '통상의 전쟁범죄', '인도에 반하는 죄' 세 가지를 전쟁범죄로 정의하였고 4개국에 의한 공동 재판소 설립이 규정되었다.

한편 미국은 독일에서의 전범재판 방침을 이미 1945년 6월 6일 잭슨 대법관이 미 대통령에게 보낸 중간보고를 통해 거의 확정해놓고 있었다. 이 보고서에서는 국제군사재판소가 주요한 전범을 처벌할 것이고 나머지 전범 용의자들은 피해가 발생한 각국의 재판소에서 처벌한다는 등의 원칙이 담겨있었다. 또 정치·군사뿐만 아니라 민간·경제 부분에서 고위 관직을 차지했던 사람도 전범으로 간주될 수 있다는 폭 넓은 정의가 제시되었다.[12] 잭슨 대법관의 보고서에 기초하여 재무부 중심의 임시 위원회인 IPCOGInformal Policy Committee On Germany에서는 IPCOG 13을 작성하였고, 이것은 JCS 1023/10으로 승인되었다. 이 보고서는 독일관리이사회 법령 10호로 발표되어 이것으로 뉘른베르크 재판을 실시하게 되었다.[13]

전범재판을 통한 전후처리 구상은 나치를 대상으로 하여 시작되었기 때문에 대일 전범재판 준비는 유럽에 비해서는 매우 늦게 시작되었다. 유럽 국가들뿐만 아니라 미국 또한 대일 전범재판에 대해서는 별다른 상을 가지고 있지 않았고, 유럽 방식을 따른다는 막연한 방침만을 가지고 있을 뿐이었다. 1945년 3월 '국무·육군·해군 삼부조정위원회(이하 SWNCC)'에서는 태평양지역에서의 정치·군사적 문제들에 대한 목록을 작성하고 이 문제들을 해결하기 위한 보고서 작성을 지시하였는데, 전쟁범죄자의 처벌 또한 하나의 문제로 제시되었다. 이에 따라 만들어진 SWNCC 57 시리즈The Apprehension and Punishment of War Criminals에는 다음과 같은 내용이 들어가도록 하였다. ①전쟁범죄자의 정의, ②재판 이전 전범의 체포와 그들에 대한 처우, ③전범재판과 전범 처벌 방식, ④천황 문제. 이 보고서의 작성에 앞서 런던의 UNWCC 미국 측 대표 중 한사람인 호지슨 대령은 육군부의 커터 대령을 통해 SWNCC 극동소위원회(Subcommittee of Far East: 이하 SFE)에 UNWCC가 작성한 보고서 "일본의 전쟁범죄와 잔학행위(1945.03.13.)"를 전달하였고, 이것이 보고서의 가이드라인으로 제시되었다.[14]

대일 전범재판의 중요한 법적 근거 두 가지는 포츠담 선언과 항복문서The Instrument of Surrender이다. 먼저 연합국은 1945년 7월 26일 포츠담 선언을 발표한다. 포츠담 선언의 제10항에는 "우리는 일본인을 인종으로써 노예화하거나 민족으로써 말살하려는 의도를 가진 것은 아니지만, 연합국 포로들을 학대한 자를 포함한 모든 전쟁범죄자들에게는 엄중한 정의가 행해질 것이다"라는 문장이 삽입되어 전범재판이 공식화되었다. 하지만 포츠담 선언에는 '전쟁범죄'의 정의나 전범재판의 방식에 대해서는 어떠한 구체적 내용도 담고 있지 않았다. 일본 항복 후 미주리호에서 서명된 항복문서에는 "포츠담 선언의 조항들을 성실히 이행하고 이 선언을 실행하기 위해 요구되는 모든 명령을 발하고 모든 조치를 취할 것을 보장"한다는 내용이 삽입되었다. 항복문서를 통해 일본이 포츠담 선언을 받아들임에 따라 전범재판의 실시가 확정되었다.

2) 미국 주도의 대일 전범재판 기획

SWNCC에서는 포츠담 선언이 발표된 직후인 1945년 8월 초에 이르러

서야 SWNCC 57 시리즈의 첫 번째 보고서인 SWNCC 57/1을 작성하기 시작하였고, 이것은 8월 24일에 위원회에 제출되었다. 비록 보고서는 늦게 작성되기 시작했지만 잭슨 대법관의 중간보고와 런던에서 조인된 국제군사재판소의 헌장을 참조했기 때문에 수월하게 작성될 수 있었다.[15] SWNCC 57/1의 초안을 작성한 SFE에서는 8월 9일 초안인 SFE 106을 작성하면서 독일의 전범재판 방식을 일본에도 기계적으로 적용하기로 결정하였다. 다만 두 가지 차이점이 있었는데, ①'공동모의'의 기소는 만주사변 직전까지로 한다, ②독일과 같은 조직적 박해는 존재하지 않기 때문에 일본에 '인도에 반하는 죄'를 묻지 않는다는 것이었다.[16] 이와 같은 결정 때문에 대일 전범재판에 있어서 '인도에 반하는 죄'는 기소사유가 되기는 했지만 이 죄로 판결 받은 사례는 없었다.[17]

유럽 방식을 적용하기로 결정하였지만, 전쟁범죄의 정의 문제는 여전히 논쟁적이었다. 포츠담 선언에서의 '전쟁범죄' 정의가 명확하지 않았기 때문이었다. 일부 위원들은 '통상의 전쟁범죄'만을 적용해야 한다고 주장했지만, 잭슨 대법관이 제안한 폭 넓은 정의를 적용해야 한다는 주장이 우세했다. 이에 따라 '평화에 반하는 죄'를 포함한 여러 혐의를 염두에 두고 일본 전범의 목록이 작성되었다.[18] 또 다른 논쟁점은 천황의 기소 여부였다. 일본 천황을 전쟁범죄자로 기소할 것인지 아닌지의 문제는 미 국무부 내부에서도 많은 논쟁이 있어 왔다. 이미 미국은 이탈리아 국왕 엠마누엘 3세에게 '점령협력자'의 지위를 부여하여 무솔리니 실각 이후 공산주의자의 억압에 활용한 경험이 있었는데, 일본에도 같은 방식을 적용할 것인지가 검토되었다.[19] SFE에서는 천황 문제를 단정적으로 결정할 필요는 없다는 판단 하에 별도의 보고서를 통해 천황 문제를 다루기로 결정하였고, SFE 보고서에는 "귀관은 그의 처우에 관한 특별한 지령이 있을 때까지 천황을 전범으로서 간주하는 행동을 해서는 안 된다"는 문장을 삽입하여 천황을 전범 용의자로 간주하지 않도록 하였다.[20]

이런 논의를 거쳐 작성된 SWNCC 57/1의 초안은 일본 점령 후 실시될 주요 전범재판에 대한 기본적인 사항을 다루고 있다. 먼저 재판소 설치와 관련해서는 유럽에서 4개국 합의에 따른 재판소 설치가 이루어진 것을 따라 일본에도 미·영·중·소의 합의에 따라 재판소를 설치한다는 것, 유럽처럼 협의에 따라 국제검사국을 설치할 것, 동남아시아에서는 식민본국이 범죄가 발생한 곳으로 전범을 보내 재판하며 이를 위해서는 하위minor 전범재판소를 설치하게 될 것임을 밝혔다.[21] 그러면서도 이러한 국제군사재판소의 최종 승인 권한을 SCAP에게 주는 것이 바람직하며, 이와 같은 내용은 동맹국과 상의하도록 하였다. 전쟁범죄자와 관련해서는 먼저 일본에서 범죄자들이 자살하는 것을 적극적으로 방지하기 위하여 용의자의 이름을 공개하지 말고 체포도 비밀리에 하며, 이들이 언론과 접촉하지 못하도록 해야 한다는 점이 강조되었다.[22] 또 이들을 전쟁포로가 아닌 범죄자로 취급하도록 하여 계급이나 지위에 상관없이 엄격하게 관리해야 한다는 방침을 세웠다. 또 SCAP은 재판을 준비하기 위하여 전쟁범죄자를 체포하고 관련 증거를 수집해야 한다는 명령이 포함되었다.[23]

그런데 이 초안이 제출된 이후 육군부와 해군부에서는 대일 전범재판에 있어 미국이 더 많은 권한을 가져야 한다는 주장이 제기되었다. 국무부가 주도하고 있던 유럽식의 국제협력에 의한 전범재판에 대한 반발이었는데, 육군부는 태평양전쟁을 주도한 미국이 전후 처리에 있어서도 당연히 우위에 있어야 한다고 보았다. 또 잭슨 대법관도 트루먼 대통령과 애치슨 국무차관에게 소련을 다루는 것이 곤란하기 때문에 일본의 재판에 있어서는 국제법정과 국제검찰을 미국 주도로 조속히 설치하는 것이 바람직하다고 보고하였다.[24]

이런 의견에 따라 수정안인 SWNCC 57/3이 작성되었다. SWNCC 57/3은 SCAP에게 막대한 권한과 재량을 부여하는 내용이 추가되었다.

먼저 국제검찰국IPS을 SCAP의 지휘 하에 놓도록 하여, 검사의 임명권을 SCAP이 가지게 되었고 수석검찰관은 미국만이 파견하게 되었다. 또 SCAP은 '특별국제군사재판소'를 설치할 권한을 가지며, 일본 전범을 처벌하기 위해 어디에나 재판소를 만들 수 있게 하였다. 또한 이 재판소의 진행 절차나 규정 또한 SCAP의 권한 하에 있었다. 재판 결과를 이행하고 판결을 승인·감경·대체할 수 있는 권한 또한 SCAP이 가지게 되었다.[25] 사실상 재판과 관련된 모든 권한이 SCAP, 즉 맥아더에게 넘어간 셈이었다. 그러면서도 A급 전범재판소를 설치할 경우에는 합동참모본부JCS의 허가를 받도록 하여 SCAP을 제어하고자 하였다.[26]

9월 12일에 작성된 SWNCC 57/3은 최종안으로 맥아더에게 보내졌고, 맥아더의 GHQ는 이를 바탕으로 전범의 조사와 체포를 시작하였다. 미국은 국제공조에 의한 재판소 설치를 내부적 논의를 통해 포기했으면서도 이를 동맹국에게 알리지 않았다. 이 보고서는 1947년까지 1급 비밀로 다루어졌고, 재판소를 완전히 구성하기 전까지는 동맹국에도 그 내용을 알리지 않기로 결정되었다.[27] 결국 대일 전범재판은 국제협력이라는 외형을 취하면서도 완전히 미국이 주도하여 진행되도록 기획되었다.[28]

3) 미국 점령지에서의 전범재판

SWNCC에서 기획한 대일 전범재판의 개요는 극동국제군사재판을 염두에 두고 만들어진 것이다. 전범재판을 실시함에 있어 연합군의 주요 관심은 뉘른베르크에 쏠려 있었기 때문에 도쿄에서 실시될 극동국제군사재판을 미국이 주도한다는 사실에 대한 심각한 반대는 없었다. 대신에 미국을 비롯한 연합국 각국은 자신의 점령지에서 전범재판을 어떻게 실시할 것인지 고심했다. 영국, 호주, 네덜란드, 중국, 프랑스 등 여러 국가들이 아시아·태평양에서의 전범재판을 준비하고 있었다.

미국도 극동국제군사재판에 앞서 미군 점령지에서의 전범재판 실시를 서둘렀다. 미국은 이미 종전 이전인 1945년 2월부터 미 해군의 관할구역이었던 괌에서 전범재판을 실시한 바가 있었다. 재판이 실시될 당시에는 아직 전쟁이 끝나지 않았기 때문에 이 전범재판에서는 군인 대신에 일본에게 협력했던 현지인들이 주로 다루어졌다. 예컨대 현지인 여성의 '강제위안forced prostitution' 혐의로 기소된 사뮤엘 시노하라의 재판이 유명하다. 괌 재판은 괌 현지 형법에 의거하여 실시되었고, 재판소는 임시 군사재판소의 형태였다.[29] 해군 소장 머피Murphy에 의해 실시된 괌 재판은 다른 재판에 비해서 상대적으로 '공정하다는' 평가를 받았다.[30]

괌 재판이 보여주는 것은 미군 점령지에서의 전범재판이 각 전구 사령관의 재량권에 크게 의지하여 실시되었다는 사실이다. 미국을 제외한 다른 연합국 국가들에서는 각지의 전범재판을 실시할 규정을 본국에서 법령으로 만들고 이를 기반으로 해 전범재판을 실시한 것에 비하여, 미국에서는 각 전구마다 각기 다른 전쟁범죄 처벌 규정이 발표되었고 약간씩 다른 형태로 재판이 진행되었다. 예컨대 지중해전구 사령관인 맥너니와 유럽전구 사령관 아이젠하워는 각각 전범재판 규정을 작성하여 공포하였다. 태평양전구의 맥아더는 SWNCC 보고서를 받은 후 1945년 9월 24일에 전범재판 규정을 발표하였다. 이 규정은 필리핀 마닐라에서 종전 이후 가장 빨리 시작된 야마시타 도모유키의 재판(10월 8일)을 위해 만들어진 것인데, 재판이 끝난 직후인 12월 5일 새로운 규정을 다시 발표하였다. 이것이 태평양전구의 전범재판의 규정으로 사용된 'SCAP 규정'이다.[31] 중국전구에서도 1946년 1월에 별도의 규정이 작성되었다.

이 규정에 따라 미국은 태평양의 각지에서 전범재판소를 설치하였다. 먼저 주요 전범을 처벌하기 위한 극동국제군사재판소가 설치되었고 이 재판에서 이어 주요 전범을 미국 단독으로 손쉽게 재판하기 위한 '계속 재판' 혹은 'GHQ 재판'을 실시하였다. 하지만 GHQ 재판은 단 두 명의 피고인만을 다루고 중단되었다. 나머지 재판소들은 소위 'B·C급 전범'을 다루었는데 일본의 요코하마, 필리핀의 마닐라, 중국의 상하이, 마리아나 제도의 괌, 마셜 제도의 콰잘렌에 설치되었다. 이들 하위 재판소에서 미국은 총 474건을 기소하여 1,409명을 재판하였다. 재판별로 살펴보면, 먼저 가장 많은 재판이 이루어진 요코하마 재판에서는 996명이 재판에 넘겨졌는데 이 중 97%는 포로 학대 관계자였다.[32] 마닐라 재판은 미국이 시작하였지만 1946년 7월 필리핀이 독립함에 따라 후반부의 재판은 필리핀이 담당하였다. '바탄 죽음의 행진'과 같은 대표적인 포로 학대 행위에 대한 재판이 이루어졌고, 다른 재판소에 비해 민간인을 대상으로 한 범죄의 기소 비율이 전체의 70% 가량으로 높았다. 중국이 미군 포로 학대에 대한 사건을 다루려고 하지 않았기 때문에 설치된 상하이 재판소에서는 둘리틀 폭격기 조종사에 대한 폭행 등이 다루어졌다. 괌과 콰잘렌에서도 주로 미군 포로에 대한 살해와 같은 혐의가 다루어졌다.

하지만 미군 점령지였던 조선에서는 이러한 전범재판이 실시되지 않았다. 극동국제군사재판은 미국 주도로 이루어지도록 기획되었고, 미군 점령지에서의 전범재판에 대한 권한도 미군 사령관에게 주어져 있었지만 유독 조선에서만 이러한 권한이 행사되지 않았던 것이다. 전범재판이 미군의 점령지 모든 곳에서 미국의 정의를 실현하기 위한 수단이었다는 점을 고려할 때, 유독 조선에서만 그러한 공백이 있었다는 것은 상당한 의문으로 남는다. 심지어 미국은 전시에 이미 위안부 문제를 비롯한 조선인에 대한 다양한 전쟁범죄 문제를 조사하고 인식하고 있는 상태였다.[33]

조선이 일본의 식민지였기 때문이었을까? 직접적인 비교는 불가능하지만, 미국과 영국의 식민지였던 필리핀과 인도는 전후 독립하면서 승전국에 준하는 대우를 받았고, 극동국제군사재판에도 판사를 파견할 수 있었다. 또 필리핀의 경우 미국으로부터 재판을 넘겨받으면서 필리핀 군사위원회military commission에 의한 전범재판을 하기도 하였다. 물론 필리핀

표 1　미국의 전범재판 개요

구분	육군			해군	총계
	요코하마	마닐라	상하이	괌&콰잘렌	
건수	319	97	11	47	474
인수	996	215	75	123	1,409
사형판결	124	92	10	30	256
사형확정	51	69	6	10	136
유죄	854	195	67	113	1,229
무죄	142	20	8	10	180

林博史, 『BC級戰犯裁判』, 岩波書店, 2005, p.83에서 인용

의 경우에도 일본 점령 당시 일제에 협력한 부역자들을 전범재판에서는
전혀 다루지 못했다는 한계점이 있었지만, 다수의 민간인 상대 범죄를 재
판하는 등의 성과도 있었다.[34] 인도네시아, 말레이시아, 버마, 태국과 같
은 다른 식민지의 경우에는 전범재판의 주체는 되지 못했지만, 영국이나
네덜란드, 프랑스와 같은 식민 본국에 의한 전범재판이 있었다. 이 국가
들은 다시 점령한 식민지에서 식민 본국의 권위를 다시 세우기 위한 수
단으로 전범재판을 이용하기도 했다.[35]

3. 조선의 전범, 조선인 전범

1) 미국의 조선의 전범 체포 지침

대일 전범재판 준비가 한창이던 1945년 8월과 9월 사이에 SWNCC에서
는 미군정의 대한 점령정책 지침을 작성하고 있었다. 이것은 맥아더와 하
지에게 한국의 분할 점령에 따른 점령정책의 목표와 방향에 대한 미 본
국의 방침을 제시하기 위한 것으로 SWNCC 176 시리즈로 준비되었다.
이 지침의 초안은 1945년 9월 1일자 「SWNCC 176/3: 북위 38도선 이남

의 한반도 내 민사행정에 대해 미육군 태평양지구 사령관에게 보내는 초기 기본지령」으로 작성되었다.[36] 이 초안은 (1)정치 및 일반, (2)경제 및 민간 보급, (3)재정의 세 파트로 나뉘어 작성되었는데, 전후처리라는 관점에서 보면 이 보고서가 목표로 하고 있던 것은 크게 세 가지이다. 먼저 조선을 일본의 정치적·경제적 영향으로부터 완전히 분리시키고, 카이로 선언에서 합의된 것처럼 신탁통치로 이행하기 위한 절차를 진행하며, 마지막으로는 이를 가능하게하기 위하여 미군정에 의한 통치를 안정시키는 것이었다. SWNCC는 각 항목에 대하여 최대한 세부적인 내용까지 지침으로서 제시하면서도, 하지에게 현장의 상황에 맞게 대응할 수 있도록 일종의 재량권을 주는 조항들을 삽입하였다.

이 지침은 주로 남한 점령과 신탁통치라는 정치적인 측면에서 미국과 미군정의 초기 대응이 어떠했는가에 주목되어 분석되어 왔지만, 전후 처리와 일본 제국과 식민지의 분리, 군국주의적이거나 전체주의적인 일본 제국주의 질서의 해체를 지역 수준에서 미국이 어떻게 구상하고 있었는지를 보는 데 있어서도 중요한 자료라고 할 수 있다. 이 문서에서도 미국의 점령 목표는 한국을 "자유 독립국으로 설립할" 조건들을 만들기 위해 "한국의 경제적·정치적 생활에 대한 일본 통제의 모든 잔재를 점진적으로 제거할 것과 독립된 한국의 행정적·경제적·사회적 기관들로 궁극적으로 대체" 하는 것이라고 밝히고 있기 때문이다. 물론 「SWNCC 176/3」에서는 일본 제국의 기존 법률과 조직을 점령 목표에 부합하는 한 이용하라고 지시하고 있기는 하지만, 일본의 전쟁을 돕던 단체들을 해산하고, 일본 군대를 무장 해제시키고, 일본인들을 일본으로 송환하고, 연합군 포로들을 해방시키는 등 전후처리를 위한 조치들을 하나하나 수행하도록 명령하고 있다.

이런 맥락에서 「SWNCC 176/3」은 전범 용의자들을 규정하고 이들을 체포하거나 구금하도록 명령하는 지침을 작성하였다. I. '정치 및 일반'의

7절 '체포와 구금'에는 다음과 같은 구체적인 전쟁범죄 혐의자의 종류와 이들에 대한 방침이 제시된다.

이 초안이 처음 작성되었던 9월 1일은 하지의 미8군이 한반도에 진주하기 직전인 시점이면서 대일 전범재판의 방침인 「SWNCC 57/1」이 막 작성되어 수정

```
TOP SECRET

SWNCC 176/3

1 September 1945

Pages 1 - 26, incl.


           STATE-WAR-NAVY COORDINATING COMMITTEE

       BASIC INITIAL DIRECTIVE TO THE COMMANDER
   IN CHIEF U.S. ARMY FORCES IN THE PACIFIC FOR THE
       ADMINISTRATION OF CIVIL AFFAIRS IN KOREA
          SOUTH OF 38 DEGREES NORTH LATITUDE
          References:  a. SWNCC 176
                       b. SWNCC 176/1
                       c. SWNCC 176/2/D


               Note by the Secretaries

       1.  The enclosure, a report on reference a by the State-
   War-Navy Coordinating Subcommittee for the Far East, is
   circulated for consideration by the Committee.

       2.  A copy of this paper has been forwarded to the Joint
   Chiefs of Staff for their comment from a military point of
   view and these comments, when obtained, will be circulated
   for the consideration of the Committee.


                         CHARLES W. McCARTHY

                         ALVIN F. RICHARDSON

                         RAYMOND E. COX
                              Secretariat
```

그림 2　　SWNCC 176/3

되고 있던 시점이기도 하다. 삼부조정위원회의 극동소위원회에서는 대일 전범재판의 전체적인 상을 그리면서 일본과 조선 혹은 기타 점령지역에서 전범재판을 어떻게 실시할지, 전범들을 어떻게 체포할 것인지 구체적으로 구상하고 있었다.

하지만 일본 점령정책의 초안으로 제시되었던 「SWNCC 150/3: 일본에 관한 미국의 초기 패전후 정책」(1945.8.23.)의 내용과 비교하면 큰 차이가 있다. 이 초안의 B(정치조항)의 2절 '전쟁범죄자' 항목에는 "연합국 포로들이나 기타 국민들에 대한 잔학행위로 기소된 이들을 포함하여, 최고사령관 또는 국제연합 관계당국에 의해 전쟁범죄자로 기소된 자들은 체포 후 재판에 회부되도록 하며, 유죄판결 이후에는 처벌되도록 한다. 최고사령관에 의해 증인 혹은 기타의 사유로 재판에 회부되지 않았다

표 2 「SWNCC 176/3」의 전쟁범죄 혐의자 항목

7. 체포와 구금

a. 한국에서 아래와 같은 사항으로 적발되는 자는 추후 그들의 처분과 관련한 지시가 있을 때까지 전쟁범죄의 혐의가 있는 자로 체포하고 억류시킬 것이다.

　(1) 군사참의원회, 육·해군 원수 위원회, 제국대본영 및 육군·해군 참모본부의 전원

　(2) 헌병대의 모든 임관 장교, 군국주의와 침략의 중요한 지지자였던 일본 육군과 해군의 모든 장교

　(3) 일본의 군국주의적, 폭력주의적, 비밀 애국주의 단체의 모든 주요 성원

　(4) 귀관이 전쟁범죄자라고 믿을만한 근거가 있거나, 귀관에게 이미 전달됐거나 전달될 전범용의자 목록에 이름 혹은 인상착의가 포함되어있는 모든 자들

b. 국적에 관계없이, 일본의 침략 계획의 형성 및 실행에 적극적이고 주도적인 행정적, 경제적, 재정적 및 기타 주요한 역할을 담당했던 모든 자들, 그리고 대일본정치회, 대정익찬회, 대정정치회, 그리고 그 기구들과 지부 혹은 후임 단체들의 모든 고위 관료들은 차후의 처분이 있을 때까지 구금될 것이다. 귀관은 귀관의 임무달성을 위해 필요할 경우 다른 민간인들을 구금할 수 있다.

c. 그러나 귀관이 급히 필요한 경우, 귀관은 짧은 기간 동안 위와 같이 체포되거나 구금된 일본인들을 일본군의 징집해제를 진척시키기 위하여 면밀한 감독 하에 활용할 수 있다.

d. 귀관은 전범들과 관련한 귀관의 책임에 관한 추가 지시를 받을 것이며, 여기에는 평화에 반하는 죄와 인도에 반하는 죄를 저질렀던 자들을 포함한다.

e. 체포방식이나 구금 환경에 있어 정치적, 산업적 혹은 여타 계층이나 지위에 기초하여 전범으로 체포된 민간인 혹은 군인들에게 차별이나 특별한 배려가 허용되지 않을 것이다.

f. 일본을 제외하고 일본과 함께 2차 대전에 참전했던 국가들(불가리아, 핀란드, 독일, 헝가리, 이탈리아, 루마니아, 태국)의 모든 국민들은 신원이 확인되고 명부에 등록될 것이며 구금될 수 있고, 그들의 활동은 상황에 따라 필요하다면 제약될 수 있다. 해당 국가의 외교관 혹은 영사관 관리들은 보호감호에 취해질 것이며, 차후 처분이 있을 때까지 억류될 것이다.

g. 제7 절의 항목에 따라 구금되거나 체포된 자에 의해 소유되거나 통제된 재산, 동산 및 부동산은 최종적 처분에 관한 지시가 있을 때까지 귀관에게 귀속될 것이다.

「SWNCC 176/3: 북위 38도선 이남의 한반도 내 민사행정에 대해 미육군 태평양지구 사령관에게 보내는 초기 기본지령」(1945.9.1.).

하더라도 기타 연합국 국민에 대한 공격으로 수배된 자들은 해당 국가에 넘겨져 구금되도록 한다."는 대원칙만이 제시되어 있기 때문이다.[37] 일본의 전범처벌 방침에 비해 조선의 그것은 훨씬 더 상세하면서도 누가 전범이 될 수 있는지, 조선의 전범은 누구인지에 대한 더 정치적인 고려가 담겨져 있다.

표 2에서 제시된 내용을 조금 더 구체적으로 살펴보자. 먼저 전쟁범죄 혐의자로 제시된 자들은 고위 군인과 장교 그리고 군국주의적 단체들의 주요 성원과 전쟁범죄자 목록에 포함된 자들이다. 전쟁범죄자의 목록은 「SWNCC 57/3」에 부록으로 포함된 것으로, 극동국제군사재판에서 A급 전범으로 처벌되었거나 혹은 용의자로 체포되었던 자들이 이에 해당한다고 볼 수 있다. 물론 (1)~(3)항에서 지시하고 있는 인물들 중에서 선별된 자들이라고 할 수 있다. 하지만 (2)항에서 볼 수 있듯이 헌병대의 모든 장교처럼 전쟁범죄를 저질렀을 가능성이 크다고 판단되는 모든 군인에 대해서 전쟁범죄 혐의를 적용할 계획이 있었음을 알 수 있다.

b항에는 일본의 전쟁을 지도하고 실행한 주요 민간인들을 '국적에 관계없이' 구금해야 한다고 지시하고 있다. 조선에 관한 보고서에서 '국적' 문제를 언급하는 것은 이미 일본인과 조선인을 구분하여 처리할 것을 염두에 두고 있었음 보여준다. 그렇지만 전쟁범죄 혐의로 체포하는 데 있어서는 양자를 동일하게 취급해야 한다는 원칙을 제시했다. 한편 잭슨 대법관의 중간보고에서 정의되었던 것처럼 '행정적, 재정적, 경제적' 역할을 담당한 자도 전쟁범죄의 혐의가 있는 것으로 볼 수 있다는 넓은 정의를 채택하고 있다. 만약 이 항목이 그대로 적용되었다면 일본의 군수 사업을 경영하거나 무기 등을 헌납한 조선인 자본가들 혹은 조선 총독부의 주요 조선인 관리들 또한 전쟁범죄 혐의로 미군정에 의해 구금되었을 것이다.

전범의 국적과 관련해서는 f항의 내용 또한 주목된다. f항에서는 일본을 제외한 적국을 태국을 포함한 7개국으로 명시하고 있고, 적국의 주민과 외교관들을 등록하고 구금해야 한다고 보았다. 하지만 제국주의 국가들의 식민지였던 국가의 주민들에 대해서는 별다른 언급을 하고 있지 않은데, 특히 일본의 식민지였던 조선이 적국으로 처리되는 것인지, 조선인이 패전국민인지를 명시하고 있지는 않다. 다만 8절에는 일본의 식민지였던 대만인들에 대해서 다루고 있는데, "형식적으로 일본의 신민으로 간주되어도 좋고 필요하다면 귀관에 의해 적국 국민으로 취급되어도 좋다"고[38] 적고 있다. 조선인에게도 같은 지침이 적용된다면 전쟁범죄 혐의자로서의 조선인은 일본의 신민이거나 혹은 그에 준하는 적국의 국민으로 간주되었을 가능성이 있다.

조선인의 신분 문제는 SWNCC 문서에서는 공식적으로 정의된 바는 없지만, 이미 전시에 중요하게 검토된 바가 있었다. 「SWNCC 77」에서는 "조선인들이 '적국 국민enemy nationals'으로 다루어져야하는지 아니면 '해방된 국민liberated peoples'으로 봐야하는지 여부"에 대해 판단하는 보고서를 작성하라고 지시했는데,[39] 비록 이 보고서는 작성되지 않았지만 미국이 조선이나 대만과 같은 일본 식민지 주민들에 대한 이중적인 시각 사이에서 명확한 판단을 내리고 있지 못했음을 보여준다고 하겠다.

극동소위원회에서 작성한 초안인 「SWNCC 176/3」은 이후 수정을 통해서 그 내용이 변경되었지만 전범 내용과 관련해서는 수정이 이루어지지 않았다. 대한 정책의 최종안이었던 「SWNCC 176/8: 한국 민사 행정의 초기 기본지령」은 10월 13일에 확정되어 맥아더를 통해 하지에게 보내졌다.[40] 이렇게 미군 본국에서 미군정에게 보낸 초기 지령에는 조선에 있는 전범들을 체포하고, 전범 혐의가 있는 민간인들을 다수 구금하도록 명시되어 있었다.

다만 이렇게 하지에게 전달된 미 본국의 지침이 동맹국이나 언론에도 공개된 것은 아니었다. 9월 29일에 작성된 동맹국과 언론에게 전달하기 위한 보고서에는 전범과 관련된 7절 '체포와 구금' 전체를 삭제하고 "전범 혐의자의 체포 및 구금에 관한 지시는 개별적으로 내려진다."는 문장으로 대체하도록 하였다.[41] 조선에서 어떤 전범들을 체포할 것인지 구체적으로 공개하는 것에는 부담이 있었기 때문이다. 또한 대만인의 지위에 관해서도 "대만인들은 형식적으로 임시적으로 일본 신민으로 간주 된다"고 수정하여 그 수위를 낮추었다. 이렇게 수정하여 미 국무부가 동맹국과 언론에 배포하기 위하여 별도 작성한 「SWNCC 176/10: 한국에 대한 미국의 초기 정책」에는 전범 조항이 빠져 있다.[42]

미군정은 미국 본국으로부터 전범의 '체포와 구금'에 대한 지침을 받았지만, 이러한 지침을 어떻게 해석하였는지 보여주는 자료는 아직 발견되지 않았다. 다만 하지의 미군정이 위에서 지시된 사항들을 시행하지 않았음은 분명하다. 하지는 한반도에 진주한 이후에도 구 식민지 총독부의 조직과 구성원을 그대로 이용하였는데, 이것은 조선 민중의 큰 반발을 샀다. 조선 총독 아베와 정무국장 엔도 등 핵심 인물들이 체포되기는커녕 여전히 권한을 행사하고 있었기 때문이다. SWNCC에서는 문제의 심각성을 바로 알고 9월 11일자 명령을 통해서 이들을 해임하도록 명령했다.[43] 이 결과 중요 직책에서 일본인들이 해임되었지만, 일부는 여전히 고문으로 남아있었다. 이들 식민지 지배와 전쟁 동원의 책임자들은 처음부터 전범으로 간주되지 않고 있었던 것이다.[44]

조선에 주둔했던 일본군의 주요 장교들 또한 마찬가지였다. 조선에서 미군정의 일본군에 대한 정책은 이들을 무장해제 시킨 후 최대한 빨리 일본으로 돌려보내는 것이었다. 일본군의 존재가 조선의 상황을 불안하게 만드는 요인이 될 수 있다고 생각했기 때문이었다. 일본군은 전국 각지에서 집결한 뒤에 부산으로 이동해 선박을 통해 일본으로 귀환할 예정이었다.[45] 1945년 12월 1일까지 약 10만여 명의 일본군이 부산을 통해 송환되었다. 그런데 위에서 전범 혐의자로 명시된 헌병대의 경우에도 마찬가지의 방식으로 송환이 이루어졌다. 패전 당시 조선에는 총 2,319

명의 헌병대가 있었는데, 1945년 10월에 조선에 남아있는 헌병대는 약 1,600명이었고 나머지는 부대를 떠나거나 임의로 일본으로 이미 돌아가 버린 상황이었다. 남아있던 헌병대원들은 먼저 대전에 집결하였다가, 부대 인원이 확인된 뒤에는 부산으로 보내져 다른 부대들과 함께 10월 28일 귀환하였다.[46]

미군정의 군정법령에도 전쟁범죄자의 체포와 같은 사안은 나타나지 않는다. 「군정법령 72호」(1946.5.4.)에는 미군정에 반하는 범죄행위의 목록이 제시되고 있는데, 이 중 '전쟁범죄자를 도와주거나 신고하지 않는 행위'가 범죄의 하나로 들어있을 뿐이다. 또 미군정이 1945년 10월 11일 명령으로 설치한 법무부 내 '조선특별범조사위원회'가 일부 총독부의 일본인 관료들을 재판하였을 때 재판관 이인李仁 위원장은 이를 일종의 전범재판으로 인식하고 있었던 듯하나,[47] 이것은 공금횡령 등이 주였던 재판의 내용으로 보나 조선인 재판관 3인이 참여라는 형식으로 보나 전범재판이라고 보기는 힘든 것이었다.[48]

조선에서는 점령과 동시에 '역코스'가 시작된 것일까? 다소 급진적이라고도 볼 수 있는 미 본국의 전범 체포방침이 실시되기도 이전에 좌절된 것을 어떻게 보아야 할 것인가. 동시기의 일본에서는 GHQ에 의한 개혁 정책이 지침으로 하달되고, 전범 체포도 본격적으로 시작되고 있었다는 점을 생각하면 조선에서의 이러한 '역행'은 더욱 이해되지 않는 측면이 있다. 물론 조선에서의 정치적 상황이 일본과는 달랐고, 하지가 점령 초기부터 일본인 관리와 친일파들을 신뢰하고 기용했기 때문에 전범 체포가 더 어려웠을 가능성은 있지만, 이것을 하지의 개인적인 결정이라고 속단하기는 쉽지 않다.

2) 조선의 전범: 포로수용소 관계자

일본이 항복한 이후 일본과 일본의 점령지에 진주한 연합군이 가장 먼저 한 것은 일본군에 붙잡힌 연합군 포로들을 구출하는 일이었는데, 이는 조선에서도 마찬가지였다. 8월 15일 일본이 항복을 선언한 즉시 연합군 포로들은 해방되었다.[49] 그러나 이들은 포로수용소에 남아서 연합군이 진주하기를 기다렸고 일본군도 여전히 포로 보호라는 명목으로 수용소에서 대기하고 있었다. 일본은 전쟁 중 사상 선전의 도구로 이용하기 위하여 조선에도 연합군 포로들을 끌고 왔고, 1942년부터 경성과 인천, 흥남 세 곳에 포로수용소를 건설하였다. 약 1,000명에 달하는 연합군 포로들이 부산을 통해 각지의 포로수용소로 이동하여 수감되었다. 조선 포로수용소의 상황은 다른 동남아시아의 포로수용소보다는 나았던 것으로 보이고, 포로수용소 내 사망자도 27명으로 다른 포로수용소에 비해서는 현저히 낮은 수치였다.[50] 하지만 포로수용소 내 잔학행위는 존재하였고, 의료 지원은 미비했으며 식량이나 위생 상황 또한 좋지 않았다.[51]

남한에서는 미 8군이 9월 8일에 진주하였는데, 그보다 앞서 9월 3일에 포로 송환단이 이미 배 4척으로 오키나와에서 출항하였고, 포로수용소 접수를 담당했던 스텡겔 대위와 그 팀은 9월 6일 김포 비행장을 통해 서울에 도착하였다. 포로 석방을 미군정의 진주보다도 더 서둘렀던 것이다. 스텡겔 대위는 즉시 수용소장 노구치 유즈루 대좌를 조선호텔에서 만나 포로수용소의 명부 등을 전달받았다.[52] 이후 미군은 소련이 점령한 흥남의 포로수용소를 제외한 전국의 포로수용소를 접수하여 포로들을 해방시켰다. 이들은 각 포로수용소에 방문할 때마다 포로수용소의 상태, 포로의 영양·위생 상태, 포로수용소에서의 대우 등을 꼼꼼히 점검하였다. 9월 10일에는 벌써 흥남 포로수용소의 포로를 제외한 전원이 수송선을 통해 마닐라로 귀환하였다. 이 과정에서 포로수용소의 포로들은 자신들

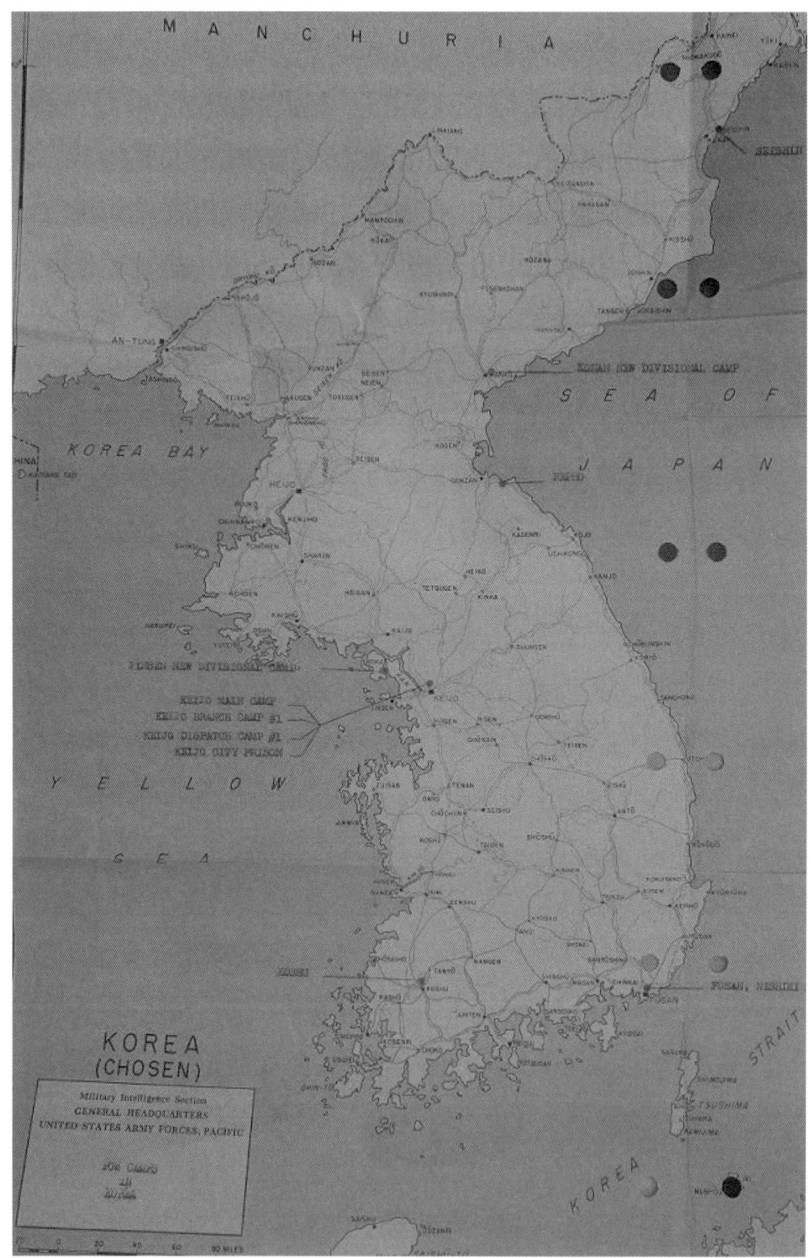

그림 3 조선의 포로수용소 위치를 표시한 지도

이 학대받은 사항을 꼼꼼하게 적어놓았고, 이것은 G-2에 보내졌다.[53] 이러한 자료들을 바탕으로 포로수용소 관계 전범들의 체포가 시작되었다.

대략 600명에 달했던 포로수용소의 관계자들은 미군의 수용소 접수 이후부터 즉시 억류되어 조사받고 있었고, 그 중 몇몇이 10월 9일과 12일에 각각 체포되었다. 체포된 이들은 모두 일본인이었고 총 15명이었다. 수용소장이었던 노구치 대좌를 비롯한 일본인 포로수용소 관계자들은 인천의 군수지원사령부ASCOM 24에 수용되었다. 수개월을 전범 용의자로 조사를 받은 뒤에, 일본인 전원이 1946년 5월 14일 스가모 형무소로 이송되었다.[54] 일본인 전범 용의자들은 요코하마 전범재판으로 넘겨졌다. 요코하마 재판에서는 조선 포로수용소 관계로 3명이 일본에서 추가로 체포되어 총 18명이 기소되었고 그 중 16명이 유죄판결을 받았다. 1명은 무죄, 1명은 재판 전 사망하였기 때문이었다. 판결 결과 대부분이 유기형에 처해졌는데, 포로수용소장인 노구치 대좌는 22년형을 받았으며 사형은 군의였던 1명에게만 내려졌다.[55]

조선의 모든 다른 일본인들이 귀환하는 와중에도 유일하게 일본인 포로수용소 관계자들만이 구금되어 장기간의 조사를 받았다. 다른 전쟁범죄와는 달리 연합군 학대 행위는 미군에게 넘어갈 수 없는 범죄로 인식되어 있었기 때문이다. 하지만 이상하게도 체포된 전범 중 조선인의 이름은 보이지 않는다. 남방 각 지역에 조선인 포로감시원들이 파견될 때 일부는 조선의 포로수용소에 배치되었고, 이들 또한 포로감시 임무에 투입되었는데, 전범 조사와 처벌 과정에서는 조선인의 존재가 나타나지 않는 것이다. 남방에서 다수의 조선인들이 전쟁범죄자로 지목된 것과는 정 반대의 현상이라고 할 수 있다.

기존연구에서는 조선에 동원된 조선인 포로감시원이 60~91명 정도였다고 보고 있지만, 이들에 대한 정확한 실태와 행적은 파악할 수 없다고 보았다.[56] SCAP 법무국Legal Section의 보고서에 따르면 조선인 포로감시원들은 전쟁범죄의 용의자가 되기보다는 증언자가 되었던 것으로 보인다. 미군정 G-2에 의해 전쟁범죄 용의자로 지목되었던 인원은 총 37명이었는데, 이 중 포로감시원은 단 두 명이었다. 이 두 명의 포로감시원 또한 이름과 신원이 모두 미상으로 파악되었기 때문에 추가적인 조사나 체포가 이루어지지 않았다.[57]

미군 점령 이후 조선에서 조선인 포로감시원들은 전쟁범죄 용의자가 되는 대신에 일본인 장교나 병사들의 포로 학대 혐의를 고발하고 증언하는 참고인이 되었다. 조선에 있었던 포로들을 빠르게 귀환시켰기 때문에 일본인들의 혐의를 입증하기 위해서는 일본인 스스로의 자백과 조선인 포로감시원들의 증언이 필요했기 때문이다. 몇몇 조선인 포로감시원들은 미군 방첩대CIC의 전범 조사에 협력하면서 일본인 포로수용소 관계자들을 고발하는 진술서를 제출하기도 했다. 조선인 포로감시원들은 이 글에서 일본군의 범죄 행위를 수용소별로 고발하는 동시에 자신들의 처지를 정당화하는 몇 가지 내용을 적어 넣었다. 조선인 포로감시원들이 연합군 포로를 돕고자 했지만 일본인들이 이를 못하게 하면서 '포로감시원의 임무에 충실하라'고 명령하였고, 포로를 도우려고 해도 그럴 수단이나 돈이 없었으며, 전쟁이 끝나고는 포로들이 잘 귀향할 수 있도록 도와주었다는 것이다.[58] 이러한 조선인들의 주장이 받아들여진 것인지 미군정은 조선인들을 9월과 11월 두 차례 소환하였을 뿐 이들을 전쟁범죄자로 간주하는 어떠한 조치도 취하지 않았다.

3) 조선인 전범: 송갑진의 사례

그렇다면 미군정에 의해 체포된 조선인 전범은 전혀 없었을까? 소수의 예외 사례들이 있었다. 이 사례들은 아주 예외적이면서도 미군정의 전범 체포와 처벌 방식과 의지가 어떠했는지 보여준다. 먼저 전범 조사를 담당한 24군단의 전쟁범죄 분과War Crimes Branch는 1945년 7월에 만들어졌다. 이 분과는 한반도 진주 당시 같이 들어와서 미8군 내 G-2와 방첩대CIC와 함께 전쟁범죄자 조사와 체포를 담당했다. 이들은 앞서 언급된 일본인 포로 수용소 관계자들을 주로 체포하고 조사하였다.

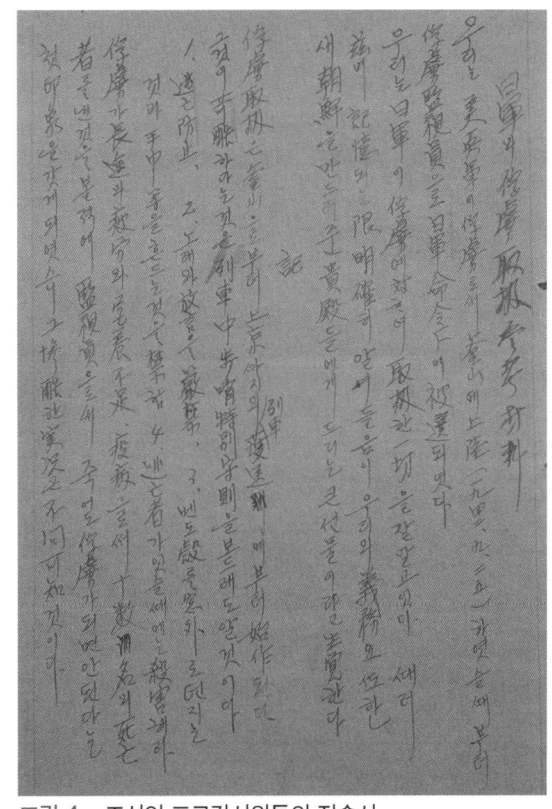

그림 4　조선인 포로감시원들의 진술서

하지만 1946년 1월, 세 명의 조선인이 전쟁범죄 혐의로 체포된다. 먼저 그 중 두 명은 전직 헌병이었다. 1월 4일에는 시게마츠 세이젠Shigematsu Seizen이 체포되어 인천 형무소에 수감되었고, 1월 8일에는 키토 치원Kito Chi Won이 서울에서 체포된 것이다.[59] 이들의 혐의는 1945년 봄과 여름 사이에 다른 조선인들에게 잔학행위atrocities를 했다는 것이었다. 특히 둘 중 키토 치원이 더욱 잔인하여 시게마츠 세이젠과 다른 조선인들이 그의 행위에 대해서 증언하기로 했다는 것이었다. 이것은 조선인이 조선인에 대한 전쟁범죄 행위로 체포된 유일한 사례였다.

　SCAP 법무국의 판단으로는 이들의 사건이 미군정의 점령 이전에 이루어졌기 때문에 점령군의 재판소에서 재판하는 것은 법적으로 불가능하고, 따라서 이들을 재판하기 위해서는 조선에 전범재판소를 설치하던지 혹은 일본으로 이송하여 전범재판소에 넘겨야만 했다. 하지만 이런 입장에 대해 24군단 법무감이었던 브라운 중령과 G-2 일반참모 니스트 대령이 반대하면서, 만약 미군정이 연합군의 이름으로 이들을 재판하려고 하면 '엄청난 불만이 확산'될 것이라고 제동을 걸었다. 대신에 이들을 민간 재판소로 넘겨서 미군정의 특별한 관심 하에 재판하도록 하는 것이 옳다고 주장했다. 결국 법무국에서도 이를 받아들이고 이들을 조선의 민간 재판소로 넘기도록 권고하였다.[60]

이러한 판단에 따라 두 헌병대원은 1946년 3월 30일에 미군으로부터 석방된다.[61] 이들이 석방된 이후에 다른 민간 재판소로 넘겨졌는지의 여부에 대해서는 확인되지 않았지만, 이들의 행위가 전쟁범죄로 처벌되지 않았음은 분명하다. 이 사례는 첫째, 전쟁 기간 중 조선인이 저지른 조선인에 대한

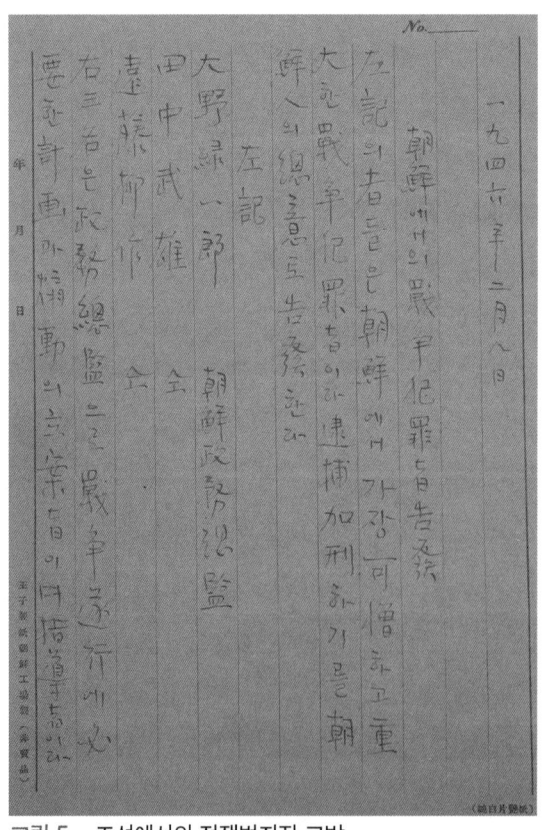

그림 5 조선에서의 전쟁범죄자 고발

잔학행위(혹은 여타 전쟁범죄행위)가 법적으로는 전쟁범죄에 해당한다고 SCAP 법무국이 판단했다는 점. 둘째, 법적으로는 전쟁범죄이지만 미군정과 SCAP 법무국의 자의적인 판단을 통해 이를 전범재판소로 넘기지 않았다는 점. 셋째, 이러한 판단의 이유가 사회 혼란 방지라는 이유에 있었다는 점을 보여주고 있다.

때문에 이들에 대한 체포는 아주 예외적이면서도, 미군정에 의한 조선인 전범에 대한 처벌 가능성을 보여준다. 만약 미군정이 전범재판에 강력한 의지가 있었다면 다수의 조선인들이 조선인에 대한 전쟁 중 범죄행위로 체포되고 조사받을 가능성이 있었다. 조선인들은 미군정에게 이러한 역할을 기대한 것으로 보이는데, 실제로 법무국의 사건파일 속에는 조선인들이 투서로 전쟁범죄자를 고발하는 문서가 포함되어 있다.[62] 위의 두 헌병대원 또한 이러한 방식의 고발을 통해서 체포되었을 것이다. 하지만 두 헌병대원 이외에 투서로 인한 미군정의 전범 혐의자 체포는 없었다.

다른 한 명의 조선인은 용산경찰서의 순사였던 송갑진Song Kap Chin, 일본명 Morita이다. 그는 해방 이후에도 경찰로 일하면서 동대문 경찰서를 거쳐 파주경찰서의 서장으로 있었는데,[63] 위 헌병들이 체포된 것과 비슷한 시기인 1946년 1월 5일에 체포되었다.[64] 그는 다른 헌병들과는 달리 조선인으로 간주되지 않았고, 일본인 포로수용소 관계자들과 함께 인천의 군수지원사령부에 수감되었다가 이들과 함께 일본 스가모 형무소로 이송되었다. 그는 1948년 1월 22일 요코하마 전범재판에서 단독으로 기소되어 10년형을 받았다. 그리하여 그는 조선에서 체포된 유일한 조선인 전범이 되었다.

송갑진의 혐의는 미국인을 포함한 연합군 국민인 선교사들을 고문한 것이었다. 일본은 태평양전쟁 개전 다음날인 1941년 12월 8일 조선에 남아있던 외국 선교사들과 외교관들, 여타 주민들을 즉시 구금하거나 억류하였다. 이들 대다수는 그저 억류되었을 뿐이었지만, 일부는 경찰서로 끌

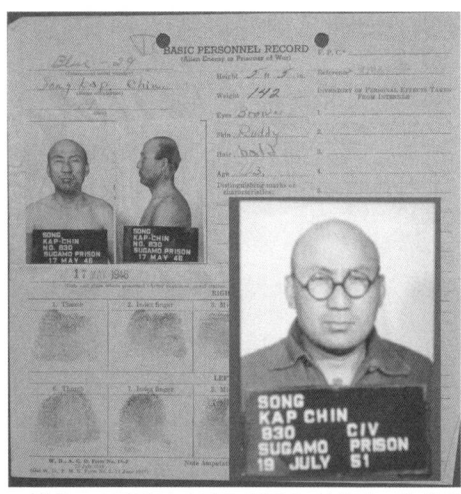

그림 6　송갑진의 스가모 형무소 신상카드와 사진

려가 고문을 당했다. 송갑진이 고문한 선교사는 라이너Ralph Reiner, 밀러E.H.Miller, 쿤스Edwin Wade Koons, 커Bill Kerr 4인이었는데, 식민당국은 이들을 스파이라고 생각했다. 송갑진을 비롯한 순사들은 가혹한 물고문을 통해서 이들에게 정보를 캐내고자 했는데 밀러 선교사의 경우에는 70세의 노령이었다.[65]

　다른 고문자들도 있었지만, 송갑진은 이들의 대표 인물로 지목되었다. 그는 1941년 12월 8일에 밀러와 라이너를 고문했고, 1942년 5월에는 쿤스를 같은 방법으로 물고문 했다. 선교사들은 반년 가까이 억류되어 있다가 1942년 6월 외교관 등과 함께 귀환선 그립스홈Gripsholm호를 타고 본국으로 귀환하였다. 이들은 귀환하면서 조선에 대한 상세한 보고서를 작성하였을 뿐만 아니라, 자신이 받은 가혹행위에 대해서도 상세한 기록을 남겨놓았다. 특히 귀환한 선교사 중 에드윈 쿤스는 샌프란시스코에 위치한 전시정보국OWI의 한국부서 담당자로 임명될 만큼 중요한 인물이었는데, 쿤스는 전쟁 내내 조선인을 대상으로 한 대일 심리전 업무를 수행하였고, 종전 이후에도 한국을 대상으로 한 각종 라디오 방송Voice of America들을 하기도 하였다.

　때문에 이들이 송갑진을 전쟁범죄 혐의로 고발하는 것은 당연한 것이었다. 전쟁범죄 조사관들은 선교사들이 체류하고 있는 캘리포니아로 찾아가 이들로부터 하나하나 증언을 받았는데 라이너 선교사의 경우에는

18페이지에 이르는 상세한 내용을 증언하기도 했다. 선교사들의 증언 속에는 송갑진 이외에도 여러 인물들이 등장하기는 하지만, 이들이 고문당하는 입장에서 고문자들의 모든 이름을 정확하게 알 수 없었기 때문에 특정될 수 있었던 송갑진 만을 먼저 고발하였다.[66]

송갑진에 대한 요코하마 재판의 판결문을 보면 그는 교토의 리츠메이칸 대학을 졸업한 엘리트로 재판 당시에는 만 45세였다. 그의 혐의는 선교사들을 때리고, 고무호스를 이용해 입과 코에 물을 강제로 주입하는 물고문을 했으며, 감옥에 방치하면서 음식을 주지 않고 불결한 환경에 있도록 학대한 것이었다. 쿤스의 경우에는 고문한 주체를 제대로 특정하지 못했지만, 다른 두 선교사들은 송갑진이 고문한 것이 분명하다고 증언했다. 특히 라이너는 송갑진을 "상당한 능력이 있는 사람으로 쉬운 영어를 구사하고, 교활하고, 기민하고, 사기꾼 같으며 진실보다는 거짓을 말하도록 훈련받은 사람"으로 평가했다. 재미있는 것은 송갑진의 변명이다. 그는 자신은 연합국의 대의에 따르는 한국 비밀조직의 일원으로, 경찰은 조직 활동의 일환으로 된 것일 뿐이라고 하였다. 물고문과 고무호스를 이용한 체벌에 대한 혐의를 인정했지만 이것이 상관인 토모자와와 나가타의 명령에 의한 것일 뿐이라고 주장하였다. 또 자신이 선교사들을 체포하거나 고문하라는 명령을 내릴 수 있는 지위에 있지 않으며 헌병대와 상관의 명령에 따를 수밖에 없었음을 항변했다. 마지막으로 고문은 개인적인 악의와는 무관하다는 점을 밝혔다.[67]

그의 상관으로 지목된 토모자와의 경우 수사 보고서에 그의 사진이 남아있는 등 일부 조사가 진행되었다. 하지만 이미 일본인들이 조선으로 모두 송환되었고, 송환 과정에서 일본인 전범 용의자에 대한 조사가 일절 이루어지지 않았기 때문에 조사관들이 그를 찾는 것은 사실상 불가능했다. 그래서 판결문과 수사 보고서 모두에서 상관에 대해서는 알 수 없음 Unknown으로 처리되었다.[68] 당시 각지에서 이루어지고 있던 전범재판은 전쟁범죄를 저지른 행위자뿐만 아니라 그것을 명령한 상급자의 경우에도 처벌 대상으로 삼고 있었다는 점을 고려하면, 송갑진의 변명 또한 약간의 일리는 있었던 것이다. 하지만 이런 점이 감안되더라도 송갑진의 죄가 가벼워지는 것은 아니었다.

미국은 비록 송갑진이 미국 선교사들을 고문하였지만, 전시에 연합국 시민을 체포하여 학대한 것이기 때문에 이것 또한 일종의 포로학대 행위라고 판단하였다. 송갑진에 대한 각종 파일들에는 송갑진이 일본군으로도, 일본군에 소속된 경찰로도, 조선인 경찰로도 등장하고 있는데, 이것에 대해서 엄밀하고 정확한 판단을 하지 못하고 있는 것으로 보인다. 심지어는 중국인으로 표시하는 문서도 있었다.[69] 포로의 국적 문제가 샌프란시스코 평화조약 이후 중요한 법적 문제가 되었음을 고려하면, 처벌 주체인 연합군이 이를 제대로 인지하지 못하는 것은 곤란하다고 하겠다.

송갑진은 1953년 7월 4일 사면위원회에서 사면을 받고 감형되어 스가모 형무소에서 석방되었다. 10년의 형기 중 7년을 채운 뒤였다.[70] 1952년 4월 샌프란시스코에서 대일 평화 조약이 발효된 뒤에 스가모 형무소에 남아있던 조선인은 29명이었는데, 그 중에는 송갑진도 포함되어 있던 것이다. 다른 조선인 포로감시원들이 수감 중에도 서로 연락하면서 집단행동을 하기도 했던 것에 비하면 송갑진에게는 별다른 동료도, 자신의 처지를 알아줄 사람도 없었다. 송갑진의 이후 행적 또한 알려진 바가 없다.

조선에서 체포된 유일한 조선인 전범으로서의 송갑진의 사례는 너무나도 예외적이다. 그가 특별히 처벌받아야 할 이유가 미국에게는 충분했다. 그는 미국인을 고문한 악랄한 범죄자였던 것이다. 하지만 반대로 조선에서 연합국 시민을 학대한 사람이 송갑진 하나는 아니었음을 생각하면, 또 그의 행위가 식민지에서 전쟁을 추동한 다른 사람들의 죄에 비해 독보적이었는지를 생각한다면 그만 전범이 되었다는 것이 주는 많은 의문점이 있다. 그의 처벌이 본보기였는지 혹은 선교사들의 영향력 때문이었는지도 불명확하다. 다만 조선인을 학대한 헌병들은 전쟁범죄자로 간주하지 않았던 미군정의 판단과 비교하면 무리를 해서라도 처벌해야 할 송갑진의 행위에 비해 식민지 민중에 대한 학대 행위는 미군정에게 중요한 범죄로 간주되지는 않았음을 알 수 있다.

4) 조선의 전범재판소

그 수가 많지는 않았지만, 미군 점령 후의 조선에도 전쟁범죄 혐의로 체포된 일본인과 조선인이 있었다. 하지만 이들은 모두 범죄가 일어났던 장소인 조선에서 처벌받는 대신에 일본의 요코하마로 보내져 전범재판을 받았다. 왜 조선에는 전범재판소가 설치되지 못한 것일까?

미군정이 설명하는 가장 직접적인 이유는 인력과 장비의 부족이었다. GHQ에서 조선에 파견된 SCAP 법무국 소속 조사관이었던 스텐리 대위에게 전쟁범죄 조사를 담당했던 24군단의 G-2 일반참모 니스트 대령은 변호사도, 통역관도 몇 명 없고 속기사는 한 명밖에 없어 제대로 된 조사도 하고 있지 못하고 불평했다. 스텐리 대위는 G-2 참모장 갈빈 준장을 만나 조선에 전범재판소를 설치할 것인지, 설치할 수 있는지를 의논했는데, 갈빈 준장은 이에 대해서 극구 반대하였다. 인력도 없고, 증언을 해줄 증인도 거의 없다는 것이다. 한편 준장은 또 다른 이유를 제시하는데, 이미 점령지의 사무가 너무 많아 재판까지 하기 어렵고, 또 조선인들은 이런 재판 과정에 별 다른 관심이 없다는 내용이었다.[71]

1946년 3월의 보고서에서는 주한 미군정에게는 전범을 더 체포하거나 조사할 인력도, 의지도 없으며, 24군단은 이미 체포된 전범들을 일본으로 보내기 원한다는 의향을 재차 밝혔다. 일본에는 이미 시설과 인력이 충분히 있기 때문에 이를 활용하는 것이 옳다는 주장이었다.[72] 하지만 이렇게 된다면 조선인을 학대한 혐의로 체포되었던 조선인 헌병 2명을 처리해야만 했고, 그래서 그들은 이 보고서가 통과된 직후에 미군정으로부터 석

방되었던 것이다. 다만 이 시점에서 송갑진은 조선인이 아닌 '일본인' 전쟁
범죄자로 간주되고 있었다. 결국 조선에서 전범재판소는 설치될 수 없었다.

미군정의 전쟁범죄 분과와 G-2의 담당 부서에 할당된 인력과 장비가
부족했던 것은 사실이다. 하지만 전범재판소 설치 불가에 대한 미군정의
해명은 여전히 궁색하다. 1946년 중반 다른 미군 점령지에서는 전범재판
이 한참 실시되고 있었고 일본의 경우에는 극동국제군사재판 준비를 위
해 GHQ가 막대한 예산을 투입하기도 하였는데,[73] 조선에서는 점령 시작
부터 전범재판을 위한 준비가 제대로 이루어지고 있지 않았기 때문이다.
또 미군정 스스로도 이를 위한 노력을 전혀 하고 있지 않았다. 점령 직후
포로감시원들을 조사하고 1월에 조선인 3명을 체포한 것을 제외한다면,
다른 전쟁범죄자 조사를 위한 어떠한 활동도 하지 않은 것이다. 이것은
의도된 식민지 문제의 불처벌impunity이기에 앞서, 조선 자체에 대한 무
관심으로 보인다. 만약 조선 문제를 법정에 올리고, 조선인을 전쟁범죄자
로 다루고자 한다면 그것이 야기할 수 있는 여러 쟁점에 대한 고민들이
문서 등을 통해서 나타나야 하지만, 포로수용소 관계자에 대한 조사 이후
에는 그것이 사실상 전무하기 때문이다.

예컨대 전쟁범죄자가 될 조선인의 국적 문제에 있어서도 미군정과 법
무국은 명확한 해석을 내린 바가 없었다. 동남아시아에서 네덜란드와 영
국은 "전쟁범죄에 관한 한, 조선인은 일본인으로 취급한다."고 결정했
다.[74] 남방에서는 조선인이나 대만인 모두 식민지인으로서의 특수성을
인정받지 못했고, '해방된 국민'도 될 수 없었다. 이런 결정이 있었기 때
문에 조선인들이 전범재판소로 보내지는 것은 문제되지 않았다. 이것은
포로감시원들이 스가모 형무소로 이감되고, 샌프란시스코 평화조약이 발
효되면서 생긴 '일본 국민'을 전쟁범죄자로 구금한다는 조항의 문제점에
서도 마찬가지였다. 조약에 따라 조선인·대만인을 일본에 구금하는 것
은 불가능하다는 조선인들의 주장에 대해서 일본 정부와 GHQ 법무국은

'전범자가 패전국 국민에 한정되는 것은 아니고, 재판 당시에 일본인이었으면 모두 일본 국민에 해당'한다는 해석을 내놓았던 것이다.[75] 따라서 이들의 형이 모두 집행되는 데는 아무런 문제가 없다고 보았다.

하지만 송갑진의 경우는 어떨까? 그의 경우 범죄를 저질렀을 당시에는 일본인이었겠지만, 체포될 당시에도 '일본인'이었다고 볼 수 있었는지는 논란의 여지가 있다. 그는 이미 '해방된' 조선의 사람으로 4개월 이상 살고 있었기 때문에 그를 범죄행위가 일어난 당시로 소급하여 '일본인'으로 취급하는 것은 조선인의 불안정한 지위를 보여주는 것이기 때문이다. 만약 송갑진에 대한 미군정의 취급이 올바른 것이었다면, 1945년부터 1948년까지의 '해방된 식민지' 조선은 일본 제국으로부터 분리된 지역임에도 불구하고 조선인은 언제든지 '일본인으로 간주'될 수 있는 존재라는 의미가 된다.

이것은 미국에 의한 조선인 전쟁범죄자 처벌이 해방 후 조선과 조선인의 법적 지위와 연관된 문제였다는 점을 보여준다. 조선인 전쟁범죄자들을 일본인처럼 취급했던 다른 연합국 국가들과는 달리 미국은 조선을 직접 점령했기 때문에 조선인을 일본인과 동일하게 취급할 수는 없었다. 조선에 있었던 조선인 포로감시원들을 체포하지 않고 석방한 것이 그 사례라 할 수 있다. 하지만 조선과 조선인의 지위를 정의하는 명확한 법적 근거나 규정도 없었다. 결국 조선과 조선인 지위 문제에 대한 비결정은

표 3   각지의 전범재판소에서 재판받은 조선인의 수

재판국가	영국·호주	네덜란드	중국	미국		총계
재판소	싱가폴	바타비아·메단	상하이	마닐라	요코하마	
유기형	51	64	8	1	1	125
사형	10	4	8	1	0	23
조선인의 신분	포로감시원	포로감시원	통역 군속	군인	경찰	-
계	61	68	16	2	1	148

미군정으로 하여금 이 문제를 회피하게 하였고, 조선인들을 체포하거나 처벌하기 보다는 전범 문제에 되도록 개입하지 않는 결과를 낳았다.[76]

4. 조선에서의 전범 논의: 과도입법의원을 중심으로

1) 특별법률조례의 제정: '조선에도 전범자가 있다'

해방 후 가장 핵심적인 과제 중 하나는 친일파·민족반역자의 처벌이었다. 거의 모든 정치·사회단체들은 정치적 목표의 하나로 친일파·민족반역자의 처벌을 제시하였고, 친일파·민족반역자를 처벌하자는 민중의 열망도 매우 높았다. 하지만 민중의 기대와는 달리 미군정에는 다수의 친일파들이 관리로 기용되어 있었고, 식민시기의 경찰이 그대로 유지되는 등 민족반역자의 처벌이 전혀 이루어지지 못하고 있는 상황이었다. 이 때문에 시간이 갈수록 이 문제가 해결되지 못하는 것에 대한 불만이 높아졌고, 즉각 친일파·민족반역자를 처벌하라는 사회적인 분위기가 조성되어 갔다.

전범문제는 친일파나 민족반역자 처벌과 같이 전면에 등장하지는 않았지만 연관되어 있었다. 예컨대 박헌영은 1945년 중국 언론사와의 회견에서 조선공산당이 파악하는 민족반역자에 대해 설명하였는데 그는 민족운동을 핍박하고 황민화운동에 헌신하는 자 등을 포함한 기타 전쟁협력자가 민족반역자라고 하면서 '전범자는 군정에서 처리하였으나 거기서 제외된 자는 인민재판에 부칠 것'이라고 공산당의 방침을 밝혔다. 또 1945년 12월에는 대한독립협회에서 친일파민족반역자숙청 조사회를 설치하고 민족반역자 명단을 발표하였는데 이때 위원장인 고정휘는 민족반역자의 일부가 전범으로 취급되기를 희망한다고 밝혔다.[77]

1945년 말부터 일본과 독일을 중심으로 전범재판이 본격적으로 시작되었고, 특히 일본에서 다수의 전범이 체포되거나 공직추방령으로 일자리를 잃자 조선에서도 미군정에 의해 유사한 전범재판이 열리리라는 기대가 있었다. 미군정에 전쟁범죄자를 고발하고 투서했던 것도 연합국에 의한 전범재판을 기대했기 때문이었다. 하지만 앞서 살펴본 것처럼 미군정은 소수의 일본인과 조선인을 전범 혐의로 체포하였을 뿐 전쟁범죄자 처벌에 관한 어떠한 성명이나 법령도 발표 하지 않았고, 되도록 전쟁범죄 문제를 언급하지 않으려고 하였다.

미군정은 1차 미소공위 회담이 중단된 이후 1946년 중반부터 중간파를 이용한 과도정부 수립을 구상하였고, 김규식의 중도우파를 중심으로 한 과도입법의원을 1946년 12월에 구성하였다. 그런데 과도입법의원이 만들어지는 과정에서 제시된 합작 7원칙에는 친일파와 민족반역자를 처리할 조례를 입법기구에서 만들도록 제안하고 있었고, '10월 항쟁'의 가장 큰 원인 중 하나로 경찰 내 친일파의 문제가 떠오르자 친일파와 민족반역자의 처벌은 거부할 수 없는 의제가 되었다.[78]

1946년 12월 12일 개원한 과도입법의원은 즉각 친일파·민족반역자에 관한 논의를 시작하였다. 미군정이 입법의원에 요구한 가장 중요한 임무는 선거법을 만드는 것이었는데, 피선거권과 공민권에 대한 논의 과정 속에서 자연스럽게 친일파 숙청 문제가 등장했다. 1946년 12월 30일 윤기변 의원은 선거권과 공민권의 자격을 심사하기 위해서는 부일협력자·민족반역자·간상을 규정해야 하고, 이를 심사하기 위해서는 특별위원회가 필요하다는 것을 주장했다. 이러한 의견을 받은 정이형鄭伊衡 의원 등의 제안으로 특별법률조례기초위원회의 구성이 결의되었다. 그런데 이때 정이형 의원은 전범을 이 항목에 넣을 것을 주장하면서 "연합국으로서는 조선에 전범이 없다고 하더라도 나는 있다고 생각합니다."라고 하였다. 이 의견이 받아들여지면서 '부일협력자·민족반역자·전범·간상배에 대

한 특별법률조례기초위원회'가 구성되었다.[79]

　1947년 1월 9일 미군정장관대리 헬믹G.C. Helmick은 입법의원에 출석하여 입법의원들에게 보내는 메시지를 낭독하였다. 헬믹이 낭독한 내용 중 친일파 관련 내용은 친일파 처벌을 사실상 반대하는 것이었다. 메시지 중에는 "그들은 생존하기 위하여 부득이 일본정치에 순응하지 않을 수가 없었습니다. […] 그들 중에는 […] 조선의 안녕 행복에 불가결한 재능과 지식을 축적하고 있는 사람이 많이 있습니다." 라며 친일 행위를 옹호하였는데, 주요 논지는 친일파 처벌의 중요성은 인정하지만 부득이한 사정이 있으니 최소한으로 해야 한다는 것이었다. 많은 의원들이 이 발언에 대해 즉시 반발하였다. 강순 의원은 "동시에 지금 일본에서는 전범에 대해서 '맥아더' 사령부에서 전범을 숙청하는 법령이 발표되었는데 남조선에 있어서 군정당국으로서는 조선에 있어서의 전범이라든지 친일파 민족반역자에 대한 것은 어떻게 처리를 할 의도가 있는지를 말씀해주십시오." 라고 질문하였고 이에 대해서 헬믹은 "여러분은 조선인민을 대표하여 이 입법의원에서 누가 친일파며 누가 반역자라는 것을 결정하는... 이 입법의원으로서 그와 같은 것을 심사하는 입법기관이라고 봅니다. 여러분의 풍부한 지식과 경험으로다가 그것을 판단할 수 있으리라고 믿습니다." 라고 대답하였다.[80] 원세훈元世勳 의원 또한 헬믹 대장의 발언에 강력하게 항의하면서 친일파와 관련된 해당 부분만 다시 낭독하라고 요청하기도 하였다. 헬믹은 장문의 메시지 중 다른 부분에 대해서는 제대로 답변하지도 못하고 친일파 처벌 문제에 대한 비난만 듣다 퇴장하였다. 입법의원에서는 헬믹이 퇴장한 이후 바로 조사위원회를 정식으로 통과시켰다.

　'부일협력자·민족반역자·전범·간상배에 대한 특별법률조례' 기초위원은 정이형, 김용모, 최종섭, 윤기변, 고창일, 허간룡, 허규, 하상훈, 박건웅으로 구성되었다. 이 중 민선위원인 하상훈과 김용모가 다음날 의원직을 사임하였고 최종섭 또한 사임하여 특별법률조례 기초위원은 모

두가 관선의원으로 선출된 것이나 마찬가지였다.[81]

특별법률조례 기초위원회에서는 본격적인 활동을 시작한지 2달 뒤인 3월 13일에 법률 초안을 작성하여 본회의에 상정하였다. 이 특별법률조례 초안은 부일협력자, 민족반역자, 전범, 간상배, 시행법령의 5개 장으로 구성되어 있었다. 구체적으로 살펴보면 부일협력자는 열아홉 개의 범주로 구성되었고, 민족반역자는 네 개의 범주, 전범은 여섯 개의 범주, 간상배는 일곱 개의 범주로 나뉘어 있었다. 이 초안 중 전범 관련 내용은 표 4의 내용과 같다.

법률 초안의 입법 취지 설명에서 정이형 의원은 북한의 예를 들며, 북한에서는 친일파의 범위는 좁게 하고 처벌은 엄중히 하여 혼란이 발생하였

표 4 '부일협력자·민족반역자·전범·간상배에 대한 특별법률조례' 초안에서의 전범 관련 조항

제3장 전범에 관한 법령
제10조 9.18 만주사변부터 8.15 해방시까지 전쟁시기에 있어서 좌기의 일에 해당한 자로서 자기의 이익을 위하여 동포에게 악영향을 끼친 악질행동을 한 자를 전쟁범죄자로 인정함 　　일. 연합군포로를 학대한 자 　　일. 전력증강을 목적으로 주요군수산업을 부책 경영한 자 　　일. 일본군부에 만 원 이상의 헌금 또는 군수품을 자원헌납한 자 　　일. 일본군에 자원종군한 자 　　일. 언론, 문서 등으로서 전쟁행동을 고취한 자 　　일. 일본군에 종군하여 동포 또는 연합국민을 박해한 자 　　단 이상 각항의 일에 해당한 자라도 중도개오하고 혁명연동에 참가하여 변절하지 않은 자는 제외함 제11조 전쟁범죄자는 기재산을 몰수하고 공민권을 박탈하고 3년 이상 유기형 혹은 무기의 도형 또는 사형에 처함 　　공민권박탈은 제2조 재산몰수는 제5조 또는 제6조에 준함

『南朝鮮過渡立法議員速記錄』 제35호(1947.3.14.).

다면서 친일파의 범위는 넓게 보지만 처벌은 가볍게 하도록 하였다고 하였다. 반대로 전범에 관한 설명에서는 "전쟁범죄자의 규정은 조선은 본래 참전국이 아니므로 극히 소수 악질분자에 국한하였으나 제제는 엄중히 하였습니다. 특히 중국전선에서 일본군선두에 서서 중국사람에게 박해를 주고 민족장래의 악감정을 남겨놓은 행위는 민족적으로 용서할 수 없는 것입니다."라고 하였다. 그러면서 "우리는 부일협력자의 수를 전국민의 약 0.5%, 10만 내지 20만, 민족반역자의 수를 약 0.003% 천명 내외, 전범자수를 2~3백 명, 간상배의 수를 약 0.05% 만 명 내지 2~3만 명 정도로 가정하여 보았습니다."라고 법의 적용 대상을 대략적으로 계산하여 제시하였다.[82]

정이형 의원이 가정한 전범자의 수에 비추어 볼 때, 법률 초안에서 제시된 전쟁범죄자의 범위는 다소 포괄적인 것으로 보인다. 위 여섯 개의 조항은 구체적인 범죄행위를 열거하고 있는 것이 아니라, 전쟁에 직·간접적으로 참여한 대부분의 사람을 겨냥하고 있는 것처럼 보이기 때문이다. 물론 단서조항이 있고 민족반역자·부일협력자·간상배와 관련된 조항에도 비슷한 내용이 있기 때문에, 위 법률을 적용하는 데 있어서는 직접적으로 전쟁범죄에 가담한 자들만을 겨냥하고 있었을 것이다.

법률 초안에서 제시된 전쟁범죄자의 6개 조항은 A, B, C급 범죄로 전쟁범죄를 규정하고 있었던 당시의 정의와는 다소 거리가 있다. 또 조선인 전쟁범죄자를 법률 적용 대상으로 가정하고 있었기 때문이겠지만, 첫 번째와 여섯 번째만이 전쟁 중 학대행위에 해당하고 나머지 조항은 전쟁을 보조하거나 독려한자들에 관한 것이다. 그래서 오히려 「SWNCC 176/3」의 b항에 제시되었던 전쟁범죄 즉, "국적에 관계없이, 일본의 침략 계획의 형성 및 실행에 적극적이고 주도적인 행정적, 경제적, 재정적 및 기타 주요한 역할을 담당했던 모든 자들"을[83] 자세히 풀어쓴 방식으로 전쟁범죄자를 정의한 것으로 보인다. 또 법률의 적용 범위를 만주사변부터 해방까지로 한정한 것은 SCAP이 규정한 일본의 전쟁범죄 시기와도 동일한 것으로, 전쟁범죄를 다른 민족반역 행위와 분명히 구분하려는 시도도 보인다. 한편으로는 위 조항들이 법률적으로 적당한 방식으로 작성된 것은 아니었지만, 각 조항이 겨냥하고 있는 친일파 혹은 전쟁범죄자들이 누구인지 떠올리기는 쉽게 만들어져 있었다.

과도입법의원에서 이 법안에 대한 논의는 주로 부일협력자, 민족반역자에 대한 규정을 중심으로 진행되었다. 법률 초안이 모호하면서도 처벌 대한을 광범위하게 설정하였기 때문에 좌파와 우파 모두 비난과 비판을 쏟아냈다. 이는 전범에 대해서도 마찬가지였다. 이일우李一雨 의원은 조선에서 종군한 사람들은 모두 특수한 정세 하에서 강제로 전투에 나간 것이지 자발적으로 참전한 사람은 한 명도 없다고 주장하였다. 또 아직 독립하지 못한 상태에서 전쟁범죄사를 처벌하는 것이 이익이 되지 않는다고 하였다. 그러면서 전범 논의를 하는 것은 시간낭비라고 주장하였다. 이에 대해 정이형 의원은 혈서를 쓴 자, 비행기를 바친 자, 전차를 바친 자가 전범이 아니면 무엇이겠느냐고 강하게 반발하였다. 또 이일우 의원은 조선이 연합국에 선전포고하지 않았는데 어떻게 조선인이 전쟁범죄자가 될 수 있냐고 질문하였고, 정이형 의원은 당연히 일본의 앞잡이를 처벌하겠다는 것이지 조선이 선전포고를 했다는 것이 아니며, 또 임시정부 등이 비록 국제적 승인은 받지 못했지만 해외에서 선전포고 했던 것을 언급하며 전쟁범죄 처벌의 자격이 있음을 주장하였다.[84]

이일우 의원의 질문은 전범 처벌을 부정하기 위해 던진 것이기는 하지만, 한편으로는 조선인 스스로 조선인 전범을 처벌하는 것이 야기할 문제와 쟁점이 무엇인지 보여준다. 첫 번째는 전쟁범죄의 자발성 문제로, 어디서부터 일제에 의해 강요된 전쟁범죄이고 어디까지를 자발적인 전쟁범죄 행위로 볼 것인가의 문제가 있다. 비록 주요 친일파들이 해방 이후 대부분 강제로 어쩔 수 없이 그러한 행위를 했다고 변명하기는 했지만 이것은 전쟁에 일본군으로 참여했거나 포로감시원이 되었던 다수의 조선인에 대해서도 적용 가능한 것이었다. 연합군의 전범재판은 자발성/강제성의 여부보다는 범죄행위를 저지른 당사자를 처벌하는 경향이 강했는데, 그렇게 해서 처벌받은 포로감시원들을 피해자로 볼 것인지 혹은 여전히 가해자라고 볼 것인지는 쉬운 문제는 아니다. 두 번째는 태평양전쟁에 있어서의 조선과 조선인의 국제적 지위이다. 조선은 연합국에 속했던 적이 없고, 일본의 식민지로서 연합국의 적국이었다. 물론 조선의 이름으로 연합국에게 선전포고 한 적은 없기 때문에 조선과 조선인은 적국이면서 해방된 국민인 이중적인 정체성의 사이에 놓여 있었다. 승전국이 아닌 조선이 패전국이 아닌 조선을 전범재판을 하는 것이 어떻게 가능한 것인지도 따져보아야 할 문제였다.

2) 특별법률조례 수정안: '조선은 전패국이 아니다'

'부일협력자·민족반역자·전범·간상배에 대한 특별법률조례'의 초안은 강한 친일파·전범 처벌 의지를 보이는 다소 이상적인 내용을 담고 있었으나 법안을 반대하는 입장에서는 조항이 너무 가혹하다는 입장을 보였고, 찬성하는 입장에서도 내용이 모호하다는 비판에 직면하였다. 때문에 기초위원들은 바로 법률 수정 절차에 들어갔다.[85]

　과도입법위원에서 전범 처벌과 관련된 논의가 진전되는 동안 미군정에서도 전범처벌에 대한 견해를 내놓기 시작하였다. 1947년 4월 10일 하지와 함께 내한한 미 국무성 동북아시아국장 휴 보튼과 일본전범재판 미군고문 앨튼 대령은 미군정청에서 기자회견을 하였다. 이 회견에서는 신탁통치 문제 등에 대한 질의응답이 있었는데, 친일파와 전범 문제도 질문 대상에 되었다. 먼저 기자가 극동국제군사재판에서 조선관계 전범인 미나미 지로와 고이소 구니아키에 대한 전범재판이 진행되고 있는 와중에 다른 조선관계 전범이 처벌될 것인지 질문을 하자 앨튼 대령은 현재 주요 전범만이 처벌되고 있으며, 다른 전범재판이 있을 것이라고 대답하였다. 그런데 러취 군정장관이 끼어들면서 이 질문이 친일파나 민족반역자 처리를 묻는 것이라면 그것은 조선인의 손으로 해결할 것이라고 대답하였다. 이에 대해 기자가 만약 조선인이 처벌하지 못한다면 어떻게 되느냐고 묻자, 러취는 그것은 미국이 상관하지 않으며 모른다고 대답하였다.[86] 러취의 의견처럼 미군정의 입장은 조선인 전범 처벌에 개입하지 않겠다는 것이었다.

또 하지는 1947년 4월 15일 입법의원 본회의에 참석하여 입법의원들과 현안에 대한 질의응답을 하였다. 신기언 의원 외 여러 의원들이 "보선을 실시하기 전에 부일협력자·전범·간상배 등을 우선처단 해야 되지 않느냐"라고 질문했는데, 하지는 "그것은 조선사람이 할 것이지 본관이 관계할 것이 아니다"고 답변한 후 퇴장하였다.[87] 개입하지 않겠다는 미군정의 입장을 다시 확인해 준 것이다. 이에 대해 미군정이 조선인에게 친일파와 전범 문제를 일임하였다고 해석하고 강력하게 친일파·전범 숙청을 하자는 내용의 사설이 경향신문에 게재되기도 하였다.[88]

헬믹, 러취, 하지에 이르기까지 미군정의 핵심 인사들은 모두 일관되게 조선인의 손에 의한 친일파나 민족반역자의 처리를 주장하였다. 그러면서도 전쟁범죄자를 어떻게 처리할지에 대한 문제에는 항상 직접적인 답변을 회피하였다. 미군정은 과도입법에서 준비한 친일파 처벌 법안을 표면적으로는 지지하면서도 계속 방해해 왔는데, 전범 문제의 경우에는 별도로 언급하는 것도 자제하였다.

한편 과도입법의원은 1947년 4월 24일 법률 수정안을 본회의에 상정하였다.[89] 수정안은 부일협력자보다는 민족반역자 처벌로 초점을 바꾸어 부일협력자 관련 조항이 포괄적이 되면서 대폭 축소되었고, 대신에 민족반역자 관련 조항은 늘어났다. 법률의 내용으로 보면 그 적용범위와 처벌

규정이 대폭 약화된 형태였다.[90] 하지만 초안에 대한 논쟁에서 전쟁범죄자에 관한 법률 조항 하나하나에 대한 내용이 별로 없었기 때문인지 수정안에서 크게 변화된 내용은 없었다.

표 5의 수정안을 살펴보면 3항의 처벌 범위가 '만 원 이상의 현금'에서 십만 원으로 줄어들었고, 5항에는 '기예'가 추가되었다. 하지만 이 수정안에서 가장 특징적인 부분은 7항, "일본군을 위안할 목적으로 부녀자를 제공한 자"가 삽입되었다는 것이다. 오늘날의 일본군 '위안부' 문제에서 소위 '모집업자'라고 불리는 조선인 혹은 경찰이나 관리로서 '위안부'를 일본군에게 제공한 자를 전쟁범죄자로 처벌하겠다는 것이었다. 해당 부분에 대한 속기록이 남아있지 않기 때문에, 이 조항이 삽입된 구체적인 경과에 대해서는 알 수 없지만 법률수정안을 작성한 관선의원들은 '위안부' 문제의 심각성에 대해 알고 있었고 이를 전쟁범죄로 보아야 한다는

표 5 '부일협력자·민족반역자·전범·간상배에 대한 특별법률조례' 수정안에서의 전범 관련 조항

제3장 전쟁범죄자
제5조 만주사변이후 해방당시까지의 전시 중 좌기 각항에 해당한 자로서 일본의 전력증강을 위하여 악질적으로 연합군 또는 동포에게 해를 가한 자를 전쟁범죄자로 함 　　일. 연합군포로를 학대한 자 　　이. 전력증강을 목적으로 주요군수산업을 매매경영한 자 　　삼. 일본군부에 십만 원 이상의 현금 또는 군수품을 자원헌납한 자 　　사. 일본군에 자원종군한 자 　　오. 언론, 문서, 기예 등으로 전쟁행위을 고취한 자 　　육. 일본군에 종군하여 동포 또는 연합국민을 박해한 자 　　칠. 일본군을 위안할 목적으로 부녀자를 제공한 자 제6조 제2조의 처벌규정은 본장의 죄에 적용함

「경향신문」 1947.4.24., 「동아일보」 1947.4.24.

생각을 가지고 있었음을 알 수 있다.[91]

수정안의 전범 조항을 놓고도 초안에서의 논쟁과 비슷한 질문이 제기되었다. 홍성하 의원은 조선이 전쟁당사자가 아니기 때문에 전범이 있을 수 없다고 보았고, 송종옥 의원은 조선에 전범이 있다는 것이 결국 조선이 패전국임을 동의하는 것이 아닌지 질문하였다. 이에 대해 정이형 의원은 버마에서 소수나마 연합국과 힘을 같이하여 싸운 예가 있고, 이번 전쟁에서 필요 이상으로 일본에 협력한 자는 전범으로 보아야 한다고 답변했다. 또 조선이 전쟁에 참여한 것은 아니지만 일본의 패망을 같이 바랐고, 대일배상에 참가하기 위해서는 전범재판이 있어야 하며 이를 통해 정신만이라도 전승국으로 하자고 답변하였다.[92]

법률 수정안은 민선의원들의 강한 반대에 직면했는데, 이들은 관대한 처벌을 골자로 한 법률 수정을 주장했다. 전범 조항에 대해서는 민선측에서는 전범 조항을 아예 삭제하고, 전범자에 관한 내용은 부일협력자 규정에 넣어서 처단하게 하자고 제안하였다. 결국 이 법률을 수정하기 위해 재수정위원이 선출되었는데, 이들은 민선의원인 서우석, 김영규, 송종옥, 관선의원인 장면, 김익동이었다. 민선의원 뿐만 아니라 관선의원도 전원 우익 쪽에서 선발되었던 것이다. 이들은 5월 1일에 임명되어 법률 재수정절차에 들어갔다. 그리고 불과 4일 뒤인 5월 5일에 재수정안을 제출하였다.

재수정안은 민족반역자·부일협력자에서 논란이 되는 부분을 대거 삭제하고 처벌규정도 크게 약화시킨 법안이었는데, 특히 전범조항의 경우에는 아예 삭제해버렸다. 이에 기존의 전범조항을 지지했던 의원들은 크게 반발하였다. 원세훈 의원은 67회 회의에서 전범조항이 왜 삭제되었는지 물었고, 재수정위원인 서우석 의원은 "전범자는 전패국에 있는 것인데 조선은 전패국이 아님으로 여차한 명사를 피하였으며 전범에 속할 죄목을 부일협력자 민족반역자 등 조항에 포함시켰다."고 하였다.[93] 원세훈

의원을 중심으로 이후에도 전범 조항을 삽입하자는 요구가 계속되었지만, 특별법률조례의 최종안을 작성하는 과정에서 이 의견이 반영되지는 못했다. 이 법안은 7월 2일에 최종 통과되었다.

최종안에서 전범과 관련된 내용 중 일부로 일본군수공업 경영자와 일본군에 헌금한 자 등이 부일협력자의 하위 항목으로 들어가기는 했지만, 이 역시 전쟁범죄자로 이들을 처벌하는 것과는 질적으로 다른 것이었다. 친일파 처벌에 반대하는 입장에서는 '전쟁범죄'라는 말을 사용하는 것조차 꺼려졌기 때문이다. 그런데 이렇게 약화된 처벌법조차 미군정은 인준하기를 거부했다. 이전에 일관되게 주장해온 '조선인의 손에 의한 친일파 처리'라는 말을 뒤엎고, 과도입법의 권한을 무력화시켜버린 것이다. 결국 과도입법의원에서는 친일파도, 전쟁범죄자도 처벌할 수 없었다.

과도입법의원에서의 전범 처벌 논쟁은 조선인에 의한 조선인 전범 처벌이 가지는 딜레마적 상황이 있었음을 보여준다. 처벌을 주장하는 쪽에서는 조선도 일종의 승전국이라고 주장했고 처벌을 반대하는 쪽에서는 조선은 전쟁범죄를 저지른 패전국이 아니라는 논리가 등장했다. 누구의 전쟁을, 누가 어떻게 심판할 수 있는가의 문제는 하나하나가 미묘한 법적 쟁점이었다. 미군정이 전범 등의 처벌 권한이 조선인에게 있다고 발언하기는 했지만 정말로 그러한 권한이 과도입법의원에 있는지, 미군정이 그러한 권한을 과도입법의원에 정식으로 넘길 것인지의 여부도 불분명했다.

3) 조선인 포로감시원 문제

이런 딜레마는 조선인 포로감시원을 어떻게 볼 것인가의 문제에서도 비슷하게 반복되었다. 태평양전쟁 중 3,000명에 달하는 조선인 청년들이 포로감시원으로 동원되어 조선과 동남아시아의 각 포로수용소에 배치되었다. 그런데 전쟁이 끝나자 이 포로감시원들은 포로를 학대한 대표적인 전범으로 지목되어 대다수가 현지에 억류되었다. 조선인 포로감시원들은 자신들이 전범이 되리라고는 생각하지 않았기 때문에 전쟁이 끝났다고 해서 특별히 도망치거나 하지는 않았고, 자신들의 행위가 특별히 심각한 것이라는 인식도 부족했다.[94]

다수의 조선인 포로감시원들이 남방에 억류되어 돌아오지 못하자, 일부 돌아온 사람들을 중심으로 이들의 명부를 작성하고 구출하기 위한 활동이 전개되었다. 남방에서 전범재판이 한참 진행되고 있던 47년 1월, 현지에서 돌아온 정랑鄭浪씨를 중심으로 명동 하숙집에 '재남방동포구출촉진회'가 만들어졌다.[95] 이들은 명부를 만들어 조선에 있는 가족들과 연락하고 전범혐의로 억류된 사람들을 구출하기 위한 외교적 노력을 하거나 남방 현지에 사람들을 파견하기도 하는 등의 활동을 전개하였다.

또 이 단체는 전재동포위원회를 통해 미군정에 포로감시원들의 구출을 요청하는가 한편, 과도입법의원에도 도움을 요청하였다. 과도입법의원에서는 재남방동포구출촉진회의 청원서를 받은 뒤 이를 도와주기 위하여 해당 서한을 외무처를 통해 맥아더 사령부에게 보냈는데, 그 내용은 포로감시원에게 적용된 전쟁범죄혐의의 부당성을 주장하고, 영국인, 인도인, 일본인 변호인하에서 판결된 조선인을 재심하여 조선인과 미국인 변호사단을 파견해달라는 것이었다.[96] 조선인 포로감시원들은 언어조차 제대로 통하지 않는 변호인 때문에 자신의 억울함을 제대로 표현하지 못하고 부당한 혐의로 기소가 되는 경우도 있었기 때문이다.

이에 대한 맥아더 사령부의 답변은 "조선인의 전범 혐의자·포로 감시원은 일본인 담당자와 공동으로 호주군의 판검사·변호사 아래 이미 판결되었음으로 조선인 변호인 파견은 불가능하고 공소(항소)청원을 하더라도 하등의 효과가 없을 것이다"라는 것이었다. 과도입법의원 스스로도 이 문제에 대해 부정적이었다. 장자일 의원은 포로감시원들은 자원으로 간 것이고, 대부분이 돌아왔지만 일부가 전범으로 남아있는 것이기 때문에 논의하기가 곤란하다며 변호사라도 파견하고자 했지만 이마저 불가능하다는 답변이니 어쩔 수 없다는 태도였다. 이에 포로감시원 청원 문제는 해결을 보류하는 것으로 결정되었다.[97]

과도입법 스스로가 조선인들은 패전국민이 아니고 따라서 전범이 될 수 없기 때문에 특별법률조례에서 전범 조항을 삭제했음에도 불구하고, 이미 연합군에 의하여 전범이 된 조선인들을 도울 실질적인 방법이나 권한은 없었다. 또 포로감시원들이 자발적 모집의 형태로 포로감시원이 되었다는 점, 연합군이 이미 그들 중 다수에게 판결을 내렸다는 점 때문에 이 문제를 해결하기는 더욱 곤란했다. 해방 후의 조선이 연합군의 전범재판을 움직일 정치력 영향력이 없었다는 것에는 어쩔 수 없는 측면이 있지만 변호사조차 파견하지 못하게 했던 것은 조선을 일본만도 못하게 대우한 것이었는데, 이미 일본은 각지의 전범재판소에 다수의 변호사들을 파견했기 때문이었다. 대한민국 정부 수립 이후에도 외교라인을 통해 여러 차례 조선인 포로감시원들을 스가모 형무소에서 석방해 달라는 요청을 하였지만 이것도 받아들여지지 않았다.

조선인 포로감시원을 구명하려고 했던 과도입법의원의 결정을 볼 때, 해방 직후에도 조선인 포로감시원이 부당하게 전범재판을 받고 있다는 인식이 일반적이었음을 알 수 있다. 남방에 끌려간 조선인들이 일본인을 대신해서 '전범'이 되었다는 사실은 당시의 조선인들에게 쉽게 납득되지는 않는 일이었다. 하지만 식민지 조선인의 처지를 제대로 이해해달라는 청원은 연합국의 전범 인식을 바꿀 수 없었고, 변호사를 파견할 수 있게 해달라는 '패전국'의 권리조차도 인정받을 수 없었다.[98]

5. 전범재판을 이해하기 위하여

이 글에서는 전후 해방된 식민지였던 조선에서 전범재판이 어떤 논의와 과정을 거쳐 실시되지 못했는지를 역사적으로 추적하였다. 먼저 미국은 유럽에서 시작된 전범재판 요구를 수용하면서 전범재판을 통한 전후질서 구축을 구상했다. SWNCC에서는 대일 전범재판을 준비하면서 미국과 SCAP이 상당한 권한을 가지는 전범재판을 실시하기를 원했다. 조선에서 전범재판이 실시될지의 여부는 그러한 권한을 가지면서도 한반도 남부를 점령하였던 미국의 의사에 달려있었다. 하지만 미국은 자신의 여러 점령지에서 전범재판을 실시하면서도 유독 조선만은 제외하였다. SWNCC는 조선에서도 전범을 체포하라는 구체적인 지침을 미군정에 보냈지만 이마저도 제대로 실시되지 못했다. 미군정은 일본인 포로감시원 체포에만 전념하였고, 조선인으로는 두 명의 헌병과 한 명의 경찰을 전범으로 체포하였을 뿐이었다. 그 결과 미국인 선교사를 고문했던 송갑진 만이 유일한 전범이 되었다. 미군정은 조선인이 전범문제에 관심이 없다고 변명하면서 전범재판소 설치를 거부했지만 정작 전범문제를 회피했던 것은 미군정이었다. 조선인의 전범체포에 대한 열망과 요구는 미군정에게 전달되는 순간 묵살되었다. 미군정은 조선 통치의 곤란함을 이유로 전범 문제를 다루기를 원하지 않았다. 식민지로서의 조선 문제를 전범재판이라는 틀로 해결하는 것에도 침묵하였다.[99] 또 전범 문제가 야기할 수 있는 조선인의 국적 문제, 조선인의 국제적·법적 지위 문제에 대해서는 거의 신경 쓰지 않았다. 미군정은 전범 문제에 대한 방치를 넘어 조선인의 손에 의한 전범처벌에도 반대하였다. 과도입법의원에서 친일파와 더불어 전범 처벌이 논의되었지만 미군정의 방해와 거부로 결국 이 또한 좌절되었다. 과도입법의원에서의 논의와 좌절은 당시 조선이 전범재판에 있어 패전국보다도 못한 위치에 있었음을 보여주었다. 조선인은 '해방'되었지만 이는 사실 조선의 식민지배와 전쟁동원으로 처벌되어야 할 전범들의 해방이었고, 해결되어야 할 식민지 문제는 과거사로 붙잡혀 지금까지 남아 있다.

조선에서의 전범재판에 있어 미국과 미군정은 많은 지점에서 비판받을 수 있을 것이다. 도쿄재판에서 식민지의 문제를 전혀 고려하지 않아 식민지배의 책임, 식민지 전쟁동원의 책임, 식민지인에 대한 전쟁범죄 모두를 전범재판에서 다루지 않았다는 점, 이 모든 과정에서 피해의 당사자인 조선을 배제하였다는 점, 조선인의 손에 의한 처벌까지도 막았다는 점이 그렇다. 따라서 일본군 '위안부' 문제나 강제징용 등에 대한 처벌과 배상이 오늘날까지도 제대로 이루어지지 못한 근본에는 미국과 연합국이 이를 제대로 다루지 않았다는 '연합군 책임론'이 제기될 수 있다.

하지만 이러한 책임론을 이야기하기 전에 생각해야 할 지점들이 더 있다. 예컨대 한국이 전범재판의 주체이자 대상이 될 수 있는가의 문제가 있다. 과도입법의원에서 논쟁되었던 주제들은 그 이후 한국사회에서 큰 관심의 대상이 아니어왔다. '조선인이 전범이 될 수 있는가' 혹은 '조선이 전범 재판의 주체가 될 수 있는가'의 문제는 지금도 명확히 해결되지 않았다. 일본의 전쟁에 식민지 민중을 동원하거나 동원하도록 독려한 사람들을 민족반역자나 친일파가 아닌 전범으로 처벌할 수 있을까? 법적 처벌의 틀을 넘어서라도 그들의 행위를 전쟁범죄로 규정할 수 있을까? '전범'은 친일파·민족반역자에 대한 규정과는 조금 다른 결을 가지고 있는데, 어떤 친일파가 전범이 될 수 있을지 혹은 전쟁에 동원된 조선인들이 전범이 될 수 있는지, 이런 문제들을 논의할 필요가 있을 것이다. '위안부' 문제에서도 그들을 동원한 업자들을 전범으로 볼 수 있을 것인지, 조선인 포로감시원이나 군인들은 정말 전범인 것인지 더 면밀한 검토가 필요하다. 이와 같은 전범재판에 있어 한국인이 직면할 수 있는 모순적인 문제들을 이해하지 않고서는 연합국의 전범재판을 제대로 평가하기 쉽지 않을 것이다.

최근의 해외 연구는 대일 전범재판을 이전보다 더 긍정적으로 평가하는 경향이 있다. 연합국의 재판 자료들에 대한 접근이 용이해지면서 각 재판들이 나름의 원칙과 정의에 입각하여 재판을 하였다는 사실들이 밝혀지고 있기 때문이다. 바탄 죽음의 행군이나 난징 학살과 같은 대표적인 일본의 전쟁범죄뿐만 아니라 여러 형태의 다른 전쟁범죄들이 전범재판소에서 다루어졌다는 것도 전범재판의 정당성을 보여주고 있다. 식민지 문제를 다루지 않았던 전범재판의 한계를 분명히 인식하면서도 전범재판의 의의를 폄하하지 않는 균형 있는 시각이 요구된다고 하겠다.

한편 전범재판이 가졌던 여러 문제들에도 불구하고 전후 연합국에 의한 전범재판이 아시아에서 식민지와 전쟁동원의 문제를 해결할 수 있었을 하나의 가능성이었던 것은 분명하다. 비록 연합국에 의한 해결은 없었지만 일본의 전쟁 책임과 식민지 책임이 아직 해결되지 않고 있는 이상, '식민지배의 책임', '식민지 범죄', '식민화의 죄' 등이 전쟁범죄와 전범재판의 틀 속에서 활발히 논의될 수 있다.[100] 일본군 '위안부'를 다룬 국제여성법정에서처럼 시민 사회도 이를 과거청산의 한 방식으로 활용할 수 있다.

마지막으로는 이 글에서 처음에 제기하였던 아시아·태평양 지역에서의 전범재판이 미국의 '신질서' 구축과 이어지면서도 조선에서는 변형·좌절되었다는 문제를 다시 환기하고자 한다. 전후 조선에서 전범재판이 실시될 수도 있었다는 가능성을 보여주는 것은 SWNCC가 미군정에게 보낸 보고서에서 나타난 전범 체포에 관한 명령들이고, 이것은 미국의 초기 전후 구상이라고 할 수 있다. 식민지의 문제를 강하게 의식한 것은 아니었겠지만, 식민지에서도 전범을 다수 체포하고 처벌하고자 하는 것이 패전한 일본제국에 대한 미국의 원래 기획이었을 것이다. 하지만 그 명령이 미군정으로 도달하는 시간 동안 이미 구 식민지 조선 혹은 분단된 한국의 환경은 그것이 가능할 조건들을 혼란스럽게 바꾸어 놓았다. 조선에서의 전범재판의 실패와 그것에 대한 망각은 종전에서 냉전으로 이어지는 급격한 정치 변동에 강한 영향을 받았다. 그리고 이러한 조건들을 고려하면서도 유독 조선에서만 다른 지역과는 달리 미국의 전범재판이라는 전략이 관철되지 않아야만 했는지, 또 식민지의 문제, 점령의 문제, 냉전의 문제 속에서 전범재판의 위상과 그 의미가 어떻게 변화했는지 등에 대해서는 앞으로의 연구들에서 더 구체적으로 해명되어야 과제로 남긴다.

4장

노동정책 보고서를 통해 본
미군정의 '노동개혁'과 냉전적 변형

권현규

1. 미국의 전후 신질서 확립과 노동개혁

미국의 전후 신질서 기획에서 '노동'이 갖고 있는 의미는 작다고 할 수 없다. 물리적인 의미를 넘어 이데올로기적으로도 총력전이었던 제2차 세계대전에서 발흥한 파시즘의 소생을 막고 최종적인 승리를 확정짓기 위해서는 전후에도 자본주의, 자유주의라는 이데올로기를 끊임없이 재창출할 필요가 있었기 때문이다.[1] 그러한 점에서 미군정이 점령지에서 추구했던 소위 '개혁'들은 사회 질서를 전면적으로 재구성하고 미국화를 추구하는 것이었다.

노동조합 역시 예외는 아니었다. 특히 노동조합은 파시즘을 막아내는 조직으로 기획·구성되었고, 미군정의 노동정책은 대안 세력의 구축이라는 목적을 갖고 있었다. 특히 일본의 노동문제에는 연합군 최고사령부 GHQ/SCAP의 경제과학국Economic and Scientific Section: ESS 노동과가 깊이 관여하였다. 미국은 전시 중이었던 1944년부터 일본의 대안 질서를 세우기 위한 정보를 수집하였고, 전후 점령기에는 경제과학국 노동과가 이를 계승하여 노동문제에 대한 정보 수집과 정책 수립의 역할을 담당하였다. 때로는 노동과와 연계되기도 하고, 혹은 자율적이기도 하였던 조선의 군정 요원, 정치 고문이나 자문위원들은 일본보다 늦은 1946년부터 정보를 생산하여 역시 본국과 군정을 잇는 역할을 하였다. 이들의 보고서는 국무부·육군부·해군부 삼부조정위원회SWNCC, 극동위원회FEC, 육군부 민정부CAD 등, 실제 전후 질서 재편을 기획, 결정한 기관에 제출되었고, 그 피드백에 따라 정책이 실천되었다.

그러나 전후 미군정이 실시된 가장 대표적인 지역이었던 조선과 일본을 보면 이러한 기획의 결과는 초라하다고 할 수밖에 없다. 일본의 '55년 체제'에서 '일본노동조합총평의회'(이하 총평)을 중심으로 한 일본사회당 세력은 1과 1/2당 체제라고 불리는 자민당 독주 체제를 겨우 저지하는 데 그쳤다. 한국에는 대한노총이 존재하였지만, 유의미한 노동정치단위로 기능하지 못하고 권위주의 정권과 기업주의 개입으로 얼룩졌다. 정책의 의도와 결과만을 놓고 본다면 미국의 당초 기획은 성공적이라고 평가하기 어렵다.

이러한 '노동의 실종'을 설명하기 위해서는 미국의 당초 기획과 그 기획을 실천한 군정, 그리고 그 군정에 대응한 현지의 상황을 종합적으로 고려해야 한다. 일본의 연합군 최고사령부와 조선의 주한미군정청US-AMGIK을 이 '기획'의 유일한 행위자로 보았을 경우, 전후 질서가 냉전으로 변형되는 과정은 단순히 이들 조직의 의도가 변했다고 가정한다면 단순해 보인다. 그러나 노동문제는 당대의 산업, 계급구조, 사회운동과 결부되어 있어서 매우 거대하고 복잡한 문제라는 점, 그에 비해 현지의 상황은 정치적으로 복잡했기 때문에 목전의 정치적 상황에 대처하는 과정 속에서 개혁이 진행되었다는 점, 그리고 노동계급의 결집이 자본주의 체제에 대한 근본적인 위협이 될 수 있다는 점 등을 고려한다면 '냉전적 전환'에는 많은 사건과 행위자가 얽혀있다는 사실을 알 수 있다.

따라서 그 전환을 설명하기 위해 한국과 일본에서 많은 연구가 진행되었고, 단일 사례에 관해서는 많은 연구가 축적되었다.[2] 이들 연구들은 단일 사례에 대한 충실한 연구로 미국의 전후 질서 기획과 실천, 결과를 밝히는 데 큰 기여를 하였으나 상하관계에 놓인 연합군 최고사령부와 주한미군정청의 관계, 그리고 노동개혁의 투영과 굴절 과정에 대해서 부분적인 모습만을 보여주고 있다. 따라서 본 논문은 지금까지 단일 사례로 축적된 문제의식을 조금 더 확장하여, 미국의 기획이 어떻게 일본과 조선에 투영되었으며, 어떻게 굴절되었고, 또 현지의 상황이 어떠한 차이를 낳았는지 관계사적으로 검토하고자 한다.

이 글은 먼저 우선 미국의 와그너 법을 바탕으로 한 노동개혁의 전체적인 기조와 군정의 통치 구조를 검토하여 노동개혁의 배경을 밝히고, 그 다음으로 실제 군정이 현지에서 처했던 노동문제의 상황을 실제 쟁점과 노동조합의 구성을 통해 살펴본다. 마지막으로 1946년 중반부터 나오기 시작한 군정의 노동정책에 대한 보고서를 통해 '노동개혁' 대한 평가와 함께 최초의 기획이 힘을 잃고 냉전적으로 변형하는 과정을 분석한다.

2. 노동개혁의 구조와 배경

1) 노동개혁의 기조

군정military government은 미국의 전후 질서 구축에서 자율성을 확보하기 위한 정치적 실천이다. 포츠담 선언은 "무책임한 군국주의가 세계에서 구축될 때까지는 평화·안전·정의의 신질서가 생길 수 없다고 주장"하며, 전쟁을 주도한 "권력과 세력은 영구히 제거"되어야 한다는 점을 분명히 했다.[3] 이는 군사 점령에서 "점령군은 절대적인 지장이 없는 한 점령지의 현행법을 존중"[4]한다는 헤이그 육전 조약과 같은 종전의 국제법적 합의와 다른 것이었다.

이러한 기조는 SWNCC가 확정한 "항복 후 미국의 초기 대일 방침 (SWNCC 150/4/A)"에서 보다 잘 드러나 있다. 1945년 9월 22일 공표되어 9월 24일 일본의 신문에 게재된 SWNCC 150/4/A는 궁극의 목적, 연합국의 권한, 정치, 경제의 총 4부로 구성되어 있다. 그 중 제1부는 "일본국이 다시 미국의 위협 혹은 세계의 평화 및 안전의 위협이 되지 않는 것을 확실히" 하며, 평화적이고 책임 있는 정부를 구성할 것을 "궁극적인 목적"이라고 설명하고 있다.[5]

SWNCC 150/4/A의 제4부, 경제의 제1조와 2조의 내용은 전후 신질서 구축에서 노동이 어떠한 위치를 차지하는지 대략의 구상을 보여준다. 제1조 "경제상의 비군사화"에서 군사적 수요에 따른 산업을 제한하고 평화적 수요를 지지함을 먼저 언급한 후, 제2조 "민주주의 세력의 조장"에서 "민주주의적 기초 위에 조직된 노동, 산업 및 농업의 조직 발전"을 도모하고, 일본 국민의 평화적 경향을 강화하여 경제활동 및 경제조직과 그 지도자를 군사적 지배의 목적 하에 두지 않도록 하는 정책을 집행할 것을 밝힌다.[6] 즉, 미국의 초기 구상은 노동자 조직을 군국주의 파시스트 세력에 대항할 수 있는 세력으로 육성한다는 것이었다.

'반파시즘 계급의 육성'이라는 정치적 전략은 세계 자본주의 체계에 편입하기 위한 '국민경제 조직'이라는 경제적 전략의 맥락과 맞물렸다. 1935년 7월 성립한 전국노사관계법National Labor Relation Act, 일명 와그너 법Wagner Act은 대공황 이전까지 사적이고 자발적인 영역으로 간주되던 노사관계를 "단체협상"이라는 공적 영역으로 이전시켰다. 와그너 법의 핵심인 제7조는 "피고용자가 노조를 형성, 가입, 지원할 권리와 스스로 선택한 대표를 통하여 단체협상을 할 권리, 그리고 단체협상이나 그 밖의 상호 부조와 보호를 목적으로 단체행동을 할 권리가 있다"는 것을 명문화했다.[7]

와그너 법은 크게 세 가지 특징을 갖고 있다. 첫째, 앞서 언급한 바와 같이 노동자의 단결권, 단체교섭권, 단체행동권이라는 노동 3권을 확립하였다. 둘째, '전국노동관계위원회National Labor Relations Board: NLRB'의 설립을 통해 국가의 적극적인 중재를 제도화했다. 셋째, 노조에 "배타적 단체교섭권"을 부여함으로써 노동조합의 단체 교섭이 "다수의" 노동자에 의한 단체교섭이 될 수 있음을 보장했다.[8]

이는 20세기 초 격화된 미국 노동운동과 불황에 대한 케인즈주의적 해법이었다. 과소소비론을 대공황의 원인으로 지목한 뉴딜 정책의 연장선상에서 와그너 법은 노동운동을 정치적·행정적으로 통제하였지만, 대신 자율적인 경제적 주체로 노동자를 승인했다.[9] 아글리에타Michel Aglietta의 표현을 빌리면 뉴딜 정책으로 노동자는 "자본의 재생산 주기에 대한 노동력 유지 주기의 상대적 자율성"을 확보했다.[10]

군정의 노동개혁도 이 방향을 그대로 따라 노동 3권의 법제화와 노동조합의 배타적 단체교섭권의 부여, 그리고 단체교섭을 통한 경제적 조합주의 구성이라는 방향으로 정립되었다. 이러한 현상은 비단 노동정책에 국한된 것은 아니었다. 아리기Giovanni Arrighi는 이러한 현상을 금융과 연결시켜 설명하고 있다. 영국을 중심으로 한 이전의 헤게모니에서 사적 금융가들이 금융을 독점했다면, 미국 중심의 헤게모니의 금융에서는 정부의 역할이 중요해졌다. 세계 화폐가 국가 형성의 부산물이 됨에 따라 세계 자본주의는 정부 조직의 망으로 재편되었다.[11] 즉, 정부의 정책을 바탕으로 한 국민경제 조직과 각국의 국민경제에서 미국식 표준의 준수가 세계 자본주의 체계에서 중요해진 것이었다. 특히 노동정책에서 이러한 '미국식 표준'은 노동자의 계급화를 '사회통합'으로 대체하면서 노동문제에 얽힌 정치적·사회적·도덕적 딜레마를 해결한다는 점에서 선호되었다.[12]

미국은 이미 1944년부터 전후계획위원회PWC를 통해 점령 예정지에 대한 정보를 수집, 정책을 수립하고 있었으며, 일본의 노동에 관한 정책도 발표되었다.[13] 수집한 정보를 바탕으로 SWNCC는 1945년 11월 16일 논의하여 같은 해 12월 28일 확정한 "일본의 노동자 조직의 취급(SWNCC 92/1)"[14]에서 정책을 보다 구체화시켰다. SWNCC 92/1은 "노동조합에 가입할 권리에 대한 일본 정부의 보장, 정당한 노동조합 조직을 위한 입법조치, 노동자 조직의 발전을 적극적으로 돕기 위한 점령군 당국의 정책 개입, 차별 없는 집회·언론·출판·방송시설 이용의 권리, 노동 탄압에 이용된 구 일본 제국 법령의 폐지" 등을 언급하고 있다. 이 근거를 SWNCC 92/1은 다음과 같이 밝히고 있다.

> 점령군 당국은 일본 점령 기간 중 민주적으로 조직된 민주적인 사상을 체현하는 노동자 조직을 장려하는 것이 중요하다. 노동자가 스스로 운영하는 노동조합의 성장이 일본의 민주적 조직과 민주적 사상을 발전시키기 위해 중요한 일보가 될 것이다. 일본에서 군국주의 파시스트 세력이 정치권력을 잡기 전에도 지금은 약해진 독립된 노동조합운동이 성장하고 있었다. 이 노동 단체들은 억압당해 최종적으로 해산되고 말았다. … 그러나 점령군의 원조가 있다면 다방면으로 일본의 노동자가 스스로 노동조직을 확실히 형성할 수 있는 것은 명백하다.[15]

조선에 대한 정보 수집은 일본과 같이 철저했던 것은 아니었다. 조선에 처음으로 내려진 지침은 SWNCC가 1945년 10월 13일 확정하고 10월 17일 맥아더 연합군 최고사령관에게 하달한 "조선에서의 민사행정에 대한 초기 기본 지령(SWNCC 176/8)"[16]이다. SWNCC 176/8은 미국이 신탁통치를 통한 임시정부 구성이라는 방침을 철회한 SWNCC 176/29에 의해 대체될 때까지 민사행정의 기본 방침으로 존재했다.[17]

SWNCC 176/8은 총괄 및 정치, 경제 및 민간보급, 금융의 3부로 구성되었다. 이 중 제3조 a항이 조선의 "자주독립국 건설을 가져올 조건을 촉진"한다는 목표를 제시하고, 그러한 목표를 달성하기 위해 "조선의 정치·경제생활에 대한 일본 통치 잔재들의 점진적인 일소, 그리고 독립 조선의 행정적, 경제적 및 사회적 제도로의 궁극적인 대체"를 추구한다는 원칙을 밝히고 있다.[18] 나아가 정치활동에 대해 다루는 제9조 중 d항에서 "노동, 공업 및 농업에서의 민주적인 조직의 발전을 고무한다"고 하여 일본과 유사한 방침을 제시한다. 그러나 SWNCC 176/8은 더 이상의 구체적인 방안에 대해서는 언급이 없다.

정보와 방침의 부족에도 불구하고 조선에서 "노동개혁"을 추진하려는 의도는 주로 실무자 단계에서 보인다. 로비노 미군정청 노무과장은 1945년 11월 전평 결성대회 석상에서 조선의 노동자도 미국의 노동자와 똑같은 자유와 권리를 갖길 바라며 이를 위해 조사위원회를 설치하고, 노동조합 등록제와 함께 노동과의 지도하에 노동자의 복리를 증진하며, 직업소개소를 둔다는 이른바 "진보적 정책"을 제안했다.[19] 전평 지도부에서도 이러한 진보적 정책이 실시될 것으로 기대하며 자주독립과 민주적 자주경제 건설을 원조하는 군정의 정책에 협조할 것이라는 의사를 표명했다.[20]

실제로 미군정청 광공국 노무과, 이후 상무국 노동과[21]는 1945년 10월부터 11월까지 활동 보고서 및 공문에서 여러 부문의 노동정책을 제안한다. 대표적인 것으로 노동부서의 설립, 국가·도별·시별 노동 중재위원회의 설치와 같은 노동중재안, 노동자 교육, 그리고 노동조합 등록에 관한 언급이 지속적으로 등장한다.[22] 특히 언더우드 중령John C. Underwood이 작성한 10월 24일자 공문에는 자세한 노동조합 등록 양식 초안이 작성되었다.[23]

정보와 방침의 부재에도 개혁적 대응의 움직임이 보이는 것은 실무 요원들의 성격에 기인한다. 군정 부대의 요원들은 대개 일본에 배치될 것을 염두에 두고 훈련을 받았으며, 대부분 일본에 배정되었다가 조선으로 재배치된 요원들이었다. 그러한 점에서 이들은 "기존의 자본주의 질서 재건, 반공 블록 구축, 자유민주주의 수호라는 미국이 요구하는 점령의 기본 목표를 정확하게 인식"하고 있다는 평가가 가능하다.[24]

2) 일본과 조선의 통치구조: 간접통치와 직접통치

그러나 미국의 이러한 구상은 미군이 일본과 조선에 상륙하여 군정을 구성하는 과정에서 서로 다른 국면에 처하게 되었다. 우선 일본의 군정은 "간접통치"라 정의할 수 있다. 연합군 최고사령부의 각 부처들은 일본 정부의 부처들에 병행하여 구성되었으며, 실제 정책이 집행되는 과정도 연합군 최고사령관인 맥아더의 명의로 지령SCAPIN을 일본 정부에 내리면 "일본 정부가 책임을 지고 그 명령의 시행을 대행하는 방식이었다."[25]

반면 1946년 1월 4일 설치된 미군정청의 전신이라 할 수 있는 주한미군 사령부HQ. USAFIK는 조선총독부라는 구 식민지 국가기구를 완전히 해체하지 않고 조선 통치에 활용하였다. 이러한 미군의 초기 점령 방침은 "구체제 해체, 조선의 정치적 독립과 조선 사회의 민주화라는 방향을 제시하면서도 초기 민정에 구체제의 기구·인적 자원의 부분적 활용을 제시한 약간은 혼란스러운 것이었다."[26]

하지만 1948년 8월 대한민국 정부의 수립 전까지 38도선 이남 한반도에서 정책의 주체는 미군정이었다. 1945년 12월에 군정청의 각 부서의 국장에 조선인을 기용하여 미국인·조선인의 양 국장 제도를 채용하고,

그림 1　연합군 최고사령부가 자리 잡고 있던 도쿄 치요다구의 다이이치생명(第一生命) 빌딩

1946년 8월 남조선과도입법의원을 창설하는 등 조선인을 대표로 보이게 하는 시도가 있었지만, 군정기 정책의 주요 집행 수단은 SCAPIN과 같은 '권고'가 아닌 군정법령ordinance이었다는 점에서 일본보다 더 직접적인 통치를 취했다. 또한 입법·사법·행정이 총독으로 집중되었던 조선총독부의 식민지 국가기구를 그대로 받아들이면서 군정 내의 권력 구도는 주한미군사령관 하지John R. Hodge에게 집중되었다.

그러나 통치의 직접성이 강한 통제력을 보증한 것은 아니었다. 일본의 경우 늦어도 1945년 10월까지 일본 전역의 부·현에 군정중대를 파견했고, 그 사이에도 일본의 지방정부는 존속해 있었다.[27] 조선에서 미군의 전술적 점령은 11월 10일 제주도를 마지막으로 마무리되었지만[28] 지방에서 식민지 국가기구는 빠르게 힘을 잃은 대신 건국준비위원회 지부와 각급 인민위원회가 강한 영향력을 행사했다. 구 식민지 국가기구와 건준, 인민위가 공존하고 있던 이른바 "이중정부" 시기를 극복하고 미군정이 전국적으로 행정·치안 통제력을 장악한 것은 1946년 초의 일이다.[29]

결국 일본에 비해 더 직접적인 통치 구조를 갖고, 반대로 장악력이 약했던 조선에서는 일본보다 정당성 확보를 위한 투쟁이 격화될 수밖에 없었다. 이러한 점은 군정이 점령 직후 직면한 현지의 노동 쟁점에 대한 정책 방향을 결정한 요인 중 하나로 볼 수 있다.

3. 일본과 조선의 노동쟁점과 노동조직

초기 군정이 처했던 노동쟁의에 관한 쟁점은 크게 세 가지로 정리할 수 있다. 첫째, 군정은 노동자의 단체행동권을 보장하되, 그 범위는 점령의 목적에 반하지 않아야 한다는 딜레마에 처해 있었다. 이에 대해서 어떤 쟁의를 금지하고 허용할 것인지 판단을 내려야 했다. 둘째, 노동쟁의를 금지한다면 군정이 어떤 식으로 개입해야 할 것인지 결정해야 했다. 셋째, 반파시즘 계급 동맹이자 통치의 동반자로 어떤 노동조합에 배타적 단체협약권을 부여할 것이며, 그 노동조합이 역시 점령의 목적에 방해가 되지 않는지 검토할 필요가 있었다.

1) 일본의 노동쟁의와 노동조합 조직

연합군 최고사령부 경제과학국 노동과에서는 일본에서 군정 당국이 직면한 쟁의를 세 가지 유형으로 분류하였다. 첫 번째 유형은 해고 반대 혹은 해고 수당 증액, 단체교섭권 요구, 임금 인상, 식량 배급 등의 통상적인 쟁의, 두 번째 유형은 전시 중 일본에 와서 노동을 하던 조선인 혹은 중국인 노동자의 노동조건 개선 요구와 일본인 경영자의 가혹한 처우에 대한 본능적인 반발, 마지막 유형은 생산관리운동이었다.[30]

이 중 생산관리운동이란 노동자가 쟁의 중 생산의 중단 없이 경영자를 경영에서 배제하고 노동자가 경영을 주관한 후, 쟁의가 종료된 이후에는 다시 경영자를 경영에 복구시키는 유형의 쟁의를 말한다. 대표적인 경우로 1945년 10월의 요미우리신문読売新聞 쟁의, 12월의 케이세이전철京成電鐵 쟁의 등을 꼽을 수 있으며, 요미우리신문의 경우 노동조합의 주도로 신문을 편집, 발행을 지속하고 케이세이전철은 무료로 승객을 승차시키는 등의 방법으로 투쟁을 전개하였다.[31]

이에 대한 연합군 최고사령부의 즉각적인 대응은 다음과 같았다. 첫째, 점령 목적에 유해한 파업 또는 직장폐쇄, 기타 노동정지는 금지한다. 만일 이러한 노동정지가 발생할 경우 연합군 최고사령부는 군사적 개입을 단행한다. 둘째, 점령 목적에 유해하지 않은 노동정지에 관해 일본 정부는 해결할 책임을 갖고 있다. 점령 당국은 이러한 노동쟁의에 대해 조정, 중재하지 않는다.[32] 즉, 연합군 최고사령부는 직접적인 이해관계에 있지 않는 이상 불간섭주의의 원칙을 취했으며, 이해관계에 직접적으로 해당되지 않는 쟁의는 일본 정부가 책임을 져야했던 것이다.

연합군 최고사령부의 이러한 원칙은 대조적인 사례를 낳았다. 예를 들어 앞서 언급한 노동쟁의 유형에서 홋카이도北海道, 조반常磐 등지에서 일어난 조선인, 중국인 노동자의 우발적인 쟁의들은 미8군 헌병이 출동하여 무력으로 진압하였다. 이들 강제 징용된 노동자들이 주로 종사하고 있던 업무는 탄광 채굴이었고, 석탄은 에너지원으로서 중요한 자원이었기 때문이다.[33]

그러나 생산관리운동에 대해서는 연합군 최고사령부의 태도가 달랐다. 생산관리운동에 대해서 일본 정부는 사유권의 침해라는 입장을 분명히 하고 있었고, 1946년 2월 1일에는 내무·사법·후생·상공 4대신의 명의로 이를 단호히 단속한다는 성명을 발표했다. 연합군 최고사령부는 초기 요미우리신문 투쟁에 대해서는 적극 개입하였고, 쟁의는 노조 측의 승리로 끝났다.[34] 연합군 최고사령부는 1946년을 기점으로 중립적인 태도

그림 2   1945년 9월 미군 진주 이후 성조기가 게양된 중앙청

를 취하기는 했으나 노동쟁의를 직접적으로 공산주의와 연계시키지는 않았다.

노동조합의 구성도 1945년 10월 4일 통칭 '인권지령'이라 불리는 SCAPIN 93(정치적, 공민적 및 종교적 자유에 대한 제한 제거의 건)'[35]의 각서에 따라 사상, 종교, 집회 및 언론의 자유를 제한하는 치안유지법, 사상범보호관찰법, 예방구금령 등의 15개의 법률과 법령이 폐지되면서 빠른 속도로 진행되었다. 정치범들이 석방된 1945년 10월 10일 도쿄에서 약 120명의 노동조합 지도자들이 회합을 갖고 전국 노동조합 연합체 구성에 합의하였다. 그러나 조직 구성에 관한 의견 합의에 실패하고 결국 1946년 1월의 일본노동조합총동맹(약칭 총동맹)이 먼저 결성대회를 열었고, 8월에 전국 노동조합을 결성하였다. 총동맹은 일본사회당계의 노동조합으로, 기업별 노조를 중심으로 전전부터 이어진 노동조합을 활용하는 방향을 채택하였다. 이들은 반공산당, 반파시즘을 기조로 하여 어느 쪽에도 지배되지 않는 민주적 노동조합을 지향하여 비교적 폭넓은 스펙트럼을 확보하였다.[36] 1946년 결성대회 당시 이들은 약 85만 명의 조합원을 확보하였다고 발표하였다.[37]

이에 대항하여 친 일본공산당계의 전일본산업별노동조합회의(약칭 산별회의)도 1946년 2월 별도의 노동자 준비 대회를 거쳐 8월 결성되었다. 이들은 사회당 지지를 표명한 총동맹과는 달리 모든 정당으로부터 독립되었음을 선언했지만, 실제로는 일본공산당과 밀접한 관계로 이후 일본공산당이 주도한 대중 운동에서 중요한 역할을 담당하였다.[38] 주요 산업에 대해 파업을 반대한 총동맹과는 달리 산별회의는 공격적 전술을 채택하여 파업, 노동쟁의를 통한 계급투쟁을 선언했다.[39] 산별회의 조합원은 1946년 결성대회 당시 약 163만 명으로 총동맹보다 조직 동원력이 더 우세했다.[40] 특히 산별회의는 결성 당시 규약에 세계노련WTFU과 미국산업별노동조합회의Congress of Industrial Organizations: CIO의 규약을 참조하였으며, 이는 경제과학국 노동과의 권고에 따른 것이었다.[41] 이는 당시 세계노련이 원칙으로 삼던 1공장 1조합, 1산업 1산별노조, 1국 1전국조합의 원칙에 따른 것이었다.

그런 상태에서 사회주의 계열 노동조합에 관한 연합군 최고사령관의 태도는 '우호적 긴장관계'로 정의할 수 있다. 연합군 최고사령부는 일본 정부 및 의회와 교섭을 통해 1945년 12월 노동조합법을 통과시키는 등 법적·제도적 장치를 마련하면서 제국 정부를 계승한 일본 정부가 노동조합의 활동을 방해하는 행위를 감시하고 있었다. 그러나 동시에 점령 목적에 반하는 노동조합의 활동에 대해서도 경계를 늦추지 않았다.

이러한 연합군 최고사령부의 양면성을 상징적으로 보여주는 사건이 1946년 5월 식량 메이데이의 '플래카드 사건'이다. 집회에서 천황의 조서 형태를 빌려 풍자하는 플래카드를 게시한 마츠모토 마츠타로松本松太郎가 불경죄로 체포, 기소되었지만 연합군 최고사령부의 개입으로 마츠모토에 대한 공소 내용은 불경죄에서 명예훼손죄로 변경되었다. 그러나 동시에 식량 메이데이 집회를 요시다 시게루吉田茂 내각에 대한 위협으로 받아들인 맥아더 총사령관이 "다수의 폭민暴民에 의한 데모와 소요에 대해 경고한다"는 성명을 발표하여 집회를 주도한 일본사회당과 일본공산당이 당일의 집회를 중지시키는 사건이 벌어졌다.[42]

2) 조선의 노동쟁의와 노동조합 조직

조선에서 초기 군정이 직면한 문제 역시 크게 세 가지에 해당했다.[43] 첫 번째는 8·15 이후 발생한 대량 직장 이탈이다. 이 대량 직장 이탈의 규모는 정확히 알 수 없지만 직장의 대량 이탈 문제와 공장 재가동 문제는 미군정청 광공국 노무과에서 관심을 가졌던 사항 중 하나다.[44] 두 번째는 자주관리운동, 세 번째는 퇴직금 및 해산수당금 관련 요구다.

자주관리운동 혹은 공장관리운동은 노동자가 스스로의 이익을 위하여 경영권을 점유한다는 부분에서 생산관리운동과 유사하다. 그러나 생산관리운동과 달리 자주관리운동에서 노동자의 경영권 점유는 쟁의 상황에서 발생하는 일시적인 것이 아니었다. 그렇다고 자주관리운동이 생산수단의 노동계급의 독점적 소유를 통한 사회주의 권력의 쟁취라 단정 짓기는 어렵다. 왜냐하면 대부분의 자주관리운동은 대부분 일본인 소유 공장에서 발생했고, 미군정이 접수하기 전까지 과도적인 상태에서 이루어졌기 때문이다.[45] 영등포 조선피혁공장의 사례와 같이 미군정청에서 임명한 '양심적인 관리인'을 중심으로 한 자주관리운동은 노·정政 공동관리, 협조의 양상을 띠기도 했다.[46]

이러한 문제들은 대부분 그 근본적인 원인이 일본인 사용자와 조선인 노동자 간의 갈등에서 비롯된 것이었으며, 미군정청에서도 이러한 사실을 인지하고 있었다. 그러나 군정 당국의 의견은 조선의 쟁의 문제들이 점령 목적에 반한다는 쪽으로 기울고 있었다. 군정 당국은 우선 직장 이탈의 결과인 생산 중단이 실업, 인플레이션 문제를 야기한다고 보고 있었다.[47] 또한 1945년 9월 25일 제정된 군정법령 제2호[48]와 같은 해 12월 9일 공포된 군정법령 제33호[49]에 의거하여 조선 내의 일본인 소유 재산, 적산敵産을 군정 당국에 귀속시켰기 때문에 자주관리운동에 대해서도 군정 당국이 직접적인 이해당사자가 되어버렸다. 하지의 고문이었던 해군 중령 윌리엄스George. Z. William의 다음과 같은 발언이 미군정청의 분위기를 단적으로 보여주고 있다.

> 우리가 자기통제(self-control)보나는 지시에 길들여진 노동자를 다루고 있다는 것이 단순한 사실이다. 시급한 목표는 노동자가 일을 하도록 유도하는 것이다. (노동조합의) 등록으로 이 목적을 달성할 수는 없다. 즉각적이고 완벽한 통제가 필요하다. 노동자들이 필요할 때 필요한 장소에서 반드시 일하도록 하는 내용의 비상사태를 선언하는 단순한 직접명령이 필요하다.[50]

노동조합의 결성 역시 군정이 통제할 수 있는 범위를 넘어서고 있었다. 8월 15일 오전 조선총독부 정무총감 엔도 류사쿠遠藤柳作와 여운형의 합의에 따라 미군이 진주하기 이전에 석방된 정치범들은 공산당과 노동조합 재건에 참여하였으며, 이는 11월에 조선노동조합전국평의회(약칭 전평)로 결집되었다. 일본보다 반 년 이상 이른 것이었다.

전평의 강령은 산별회의와 같이 세계노련의 강령을 참조한 것으로, 1946년 2월 세계노련에 가입을 신청하여 6월 30일에 정식으로 가입되었다.[51] 전평의 조직원은 결성 당시 약 21만 명으로 발표되었다.[52]

그림 3　1945년 11월 5일에서 6일 사이에 개최된 전평 창립대회 장면

출처: 노동자역사 한내 편, 『사진과 함께 보는 노동자역사 알기』, 2015, 54쪽.

　전평은 조직과 노선에 있어서 크게 두 가지 특징을 가졌다. 첫째, 실제 전평이 조선공산당의 외곽조직이었냐 여부는 이견이 있지만[53], 일단 조선공산당과 친밀한 관계였고 조선공산당 출신 인사들이 주도하였다는 점이다. 전평 결성 당일 긴급동의 형식으로 "조선민족통일전선에 대한 박헌영 동지의 노선을 절대 지지한다"고 표명하면서, 박헌영에게 밀린 장안파 공산당인 "이영 일파를 단호히 박멸"할 것을 인준, 조선공산당 주류인 박헌영과 재건파에 협조하겠다는 의사를 표현한 사실이 이를 뒷받침한다.[54]

　둘째로는 친 조선공산당 계열임을 드러내면서도 전평 내 주요 지도층에는 공격적 전술을 채택한 주류파와 산업협력 방침을 내세우는 비주류파가 혼재하였다는 점이다. 허성택과 현훈을 중심으로 하는 주류파는 혁명주의적 노동조합을 지향하여 임금노동의 폐지, 합법과 비합법을 불문한 계급투쟁을 지향한 반면, 한철, 문은종 중심의 민전 계열 비주류파는 합법 수단을 통한 공장위원회 운동을 추구하였다. 이들은 반 부르주아 통

일전선이라는 명분으로 통일전선적 노동조합운동에 참여한 것이다.[55]

한편 군정기 전평에 대항하는 다른 전국단위 노동조합인 대한독립촉성노동총연맹(약칭 대한노총)은 청년운동에서 비롯되었다. 1945년 12월 21일 좌익 청년단체에 대항하기 위해 결성된 대한독립촉성전국청년총연맹(약칭 독청)의 노동부가 1946년 3월 10일 분리된 것이 대한노총이기 때문이다.[56]

따라서 대한노총의 초창기 강령은 노동조합보다는 정치 단체에 더 가까운 것이었다. 3월 10일 결성대회에서 대한노총은 신민주주의 원칙에 따라 건국에 이바지하며, 완전 독립과 건국을 위해 헌신하고, 노동자로서 국제 수준의 질적 향상을 도모하고, 노자간 친선에 이바지하며, 전국노동조합의 통일을 기한다는 강령을 채택했다.[57] 이러한 점들은 "공산 계열의 노조와 투쟁하는 과정에서 의의가 있었다"고 평가되었다.[58]

대한노총이 결성된 시점에서 좌파에 속하는 전평과 우파에 속하는 대한노총의 물리적 충돌은 이른 시기에 가시화되었다. 1945년 12월부터 전개된 신탁통치 파동과 찬·반탁 대립은 좌우익의 극단 대립을 의미하였다. 특히 1946년 5월 벌어진 조선정판사 위폐 사건으로 미군정청은 조선공산당 기관지인 해방일보에 대해 사실상 폐간인 무기한 정간 조치를 내렸고, 적산인 인쇄 시설 조선정판사와 근택빌딩에서 조선공산당이 추방되었다. 극좌와 극우를 배제한다는 중간파 정책 와중에 나타난 이러한 공산당에 대한 태도는 군정 당국이 좌파에 대한 공세를 시작했음과 동시에, 조선 내의 상황이 단순한 '반공'이 아니라 내부 총력전인 '냉전'으로 치닫기 시작했음을 시사한다.

이러한 일본과 조선의 상황을 정리하면 다음과 같다(표 1 참조). 표면적으로 간접통치 형태를 취하여 일본 정부를 통하여 중재가 가능했던 일본의 경우 군정이 안정된 상태로, 쟁의에 대해서도 제한적인 통제를 통해 노동개혁을 원안대로 추진할 수 있었다. 반면 조선에서는 불안정한 정당

표 1 일본과 조선의 초기 점령 상태의 노동 쟁점

	일본	조선
통치양식	간접통치	직접통치
통치기구	구 일본제국 정부 및 의회와 연합군 최고사령부의 병존 → 의사결정기구의 상대적 분산	식민지 국가기구의 직접 계승 → 의사결정기구의 집중+인민위원회와 대립
노동쟁의에 대한 태도	일본 정부를 통한 간접 개입, 점령 목적의 제한적 해석	직접 개입, 적산 인수에 따른 직접적 이해관계 개입, 점령 목적의 광범위한 해석
노동조합의 결성	상대적으로 느린 조직화	빠른 조직화
노동조합에 대한 태도	우호적 긴장관계	"신탁통치"라는 정치 의제와 결부하여 공세 전환

성과 강력한 직접통치가 결합하여 점령 초기부터 군정 당국이 노동조합과 대립하게끔 하였다. 또한 신탁통치를 둘러싼 좌우파의 대립이라는 정세는 군정 당국과 노동조합의 긴장관계를 더욱 적대적으로 만들었다.

4. 노동개혁에 대한 평가와 냉전적 변형

1) 1946년의 노동자문위원회 보고서

점령 초기 상황이 정리된 1946년 중반부터 "노동개혁"에 대해 노동자문위원회를 비롯한 미국 본국의 피드백이 본격적으로 진행되기 시작한다. 이 시기 조선과 일본에서 만들어진 보고서들은 당초 기획과 현실을 평가하여 정책에 반영할 것을 시도하고 있다. 가장 먼저 연합군 최고사령부 경제과학국 노동과는 1945년 10월 일본과 조선의 노동문제에 관하여 원조와 조언을 구하기 위해 본국의 노동자문위원회를 파견해줄 것을 육군부에 요청하였다. 이들은 특히 임금조사, 임금통제, 사회보장, 직업소개,

노동법규 등 분야의 전문가를 보내줄 것을 요구하였다.[59]

이에 육군부는 폴 스탠치필드Paul L. Stanchfield를 단장으로 한 노동자문위원회 12명을 일본에 파견하였다. 노동자문위원회는 1946년 2월에서 7월 사이에서 평균 3개월 정도 체류하였다. 또한 자문위원회 중 스탠치필드와 윌리엄 맥퍼슨William H. McPherson, 레오나드 아펠Leonard Appel은 동시에 노동과 직원으로 채용되면서 노동과의 인선이 크게 확대되었다. 때마침 노동과 과장도 칼핀스키에서 시어도어 코헨Theodore Cohen으로 교체되면서 노동과는 입법에 적극적인 태세를 취하게 되었다.[60]

노동자문위원회 중에서도 주목할만한 인물은 단장인 스탠치필드다. 스탠치필드는 1910년생으로, 미시건주Michigan 출신의 고용·실업 부문의 전문가다. 캘리포니아 버클리 대학에서 학부를 마쳤으며, 미시건 대학에서 경제학 석사를 취득하였다. 노동자문위원회로 일본과 조선에 파견되기 전까지는 미시건주 인구·실업통계연구소장, 긴급구제행정국 조사부장, 실업조상위원회 회장, 미시건주 전시인적자원위원회 부회장, 국가인적자원계획국의 특별고문 등을 거쳤으며, 디트로이트의 합중국 고용서비스국 보고·분석 주임으로 연방정부 직원 경력을 시작하였다. 제2차 세계대전 중에는 전시인적자원위원회의 주 담당부장을 보좌하였으며, 전시동원재편국 과장보좌의 직책을 맡았다.[61]

스탠치필드를 비롯하여 노동자문위원회의 주요 활동을 보면, 우선 스탠치필드와 맥퍼슨, 아펠은 코헨 과장의 지휘에 따라 4월 21일자로 당시 일본에서 논의되던 노동관계조정법의 영문 원안을 작성하여 일본 측에 전달하였다. 6월 2일부터 13일까지는 스탠치필드, 맥퍼슨 두 명으로 구성된 조선소위원회가 조선에 파견되었다. 조선소위원회는 열흘 정도 조선에 머무르면서 미군정청에 대한 권고안을 작성하였다. 최종적으로는 7월 29일 "일본 노동정책 프로그램의 최종 보고서"를 작성, 연합군 최고사령부에 제출하여 그간의 연합군 최고사령부의 노동개혁을 평가하고 향후 방향을 제시하였다.[62] 이 문건들은 앞서 언급한 노동쟁의에 관한 세 가지 쟁점에 관한 연합군 최고사령부의 정책을 평가하고 입장을 제시, 정책에 반영시킨 것들이다.

(1) 일본의 노동관계조정법과 노동조합의 정치적 활동 보장

1945년 12월 노동조합법이 제정된 이래 일본에서는 노동관계조정법이 논의되고 있었다. 노동조합법을 논의하기 위해 후생성 주도 하에 1945년 10월 만들어진 일본 측의 노무법제심의위원회勞務法制審議委員會와 연합군 최고사령부 노동과가 1945년 12월부터 법안을 검토하고 있었지만 1946년 1월부터 4월까지는 논의 자체가 중단되는 등 난항을 겪고 있었다. 그러던 중 4월 22일 연합군 최고사령부 노동과에서 노동관계조정법Labor Relations Adjustment Bill의 영문 초안을 전달하였고, 이를 일역한 내용이 사실상 법안의 기초가 되었다.[63]

이 영문 초안은 경제과학국 노동과가 일본의 노동쟁의에 대한 태도를 정리한 문건이자, 후일 조선소위원회가 법적 기준이 부재한 조선에서 기준으로 삼았다는 점에서 의의가 있다. 이 영문 초안에서는 앞서 언급한 세 노동쟁점 중, 노동쟁의에 관한 정부의 개입과 노동쟁의를 금지하는 영역에 대한 안건을 법제화하고 있다.

우선 쟁의조정에 관하여 노동관계조정법 영문 초안에서는 그 단계를 ① conciliation, ② mediation, ③ arbitration의 3단계로 규정하였다. 이 3단계는 중개알선仲介斡旋-조정調停-중재仲裁라고 일역되었다가 최종적으로는 알선-조정-중재로 번역되었다. 알선-조정-중재는 표 2와 같이 상세하게 정의된다.

이 영문 초안은 두 가지 특징을 갖고 있다. 첫째, 전전의 관행에 따라 논의되던 행정관청의 노동 문제 개입 시도를 원천적으로 차단하면서 강제주의가 배제되었다는 것이다. 가장 강력한 arbitration의 경우에도 서

표 2 1946년 일본 노동관계조정법에서 규정한 쟁의조정 단계

	신청	기관	협약
① conciliation	당사자 쌍방의 신청 혹은 노동위원장의 직권	노동위원장이 지명하는 중개알선원	권고가 결렬될 경우 중개 알선원이 노동위원장에 보고
② mediation	당사자 쌍방의 신청 혹은 사전에 노동협약에 정한 바에 따라 당사자 일방이 신청	노동위원장이 노동위원 중 지명한 조정위원회로, 노사동수로 구성	당사자 쌍방의 동의 하에 합의 유도
	공익사업의 경우 해당 관청 혹은 노동위원장의 직권		공익사업의 경우 강제조정이 가능
③ arbitration	당사자 쌍방의 신청 혹은 사전에 노동협약에 정한 바에 따라 당사자 일방이 신청	노동총회	중재 결과는 서면으로 작성, 노동협약과 동일한 효과 발휘

遠藤公嗣, 『日本占領と労資関係政策の成立』, 1989, 107~109쪽에서 재편집

면으로 작성한 중재 결과가 노동협약과 동일한 효과를 발휘하는 정도로, 근본적으로 노자간의 자유 협약을 근거로 삼았다. 둘째, 행정관청이 배제됨에 따라 일본에서 1945년 구성된 노동위원회가 노자조정에 관하여 일원적 기능을 담당하게 되었다는 점이다.[64]

일본 정부와 사용자 측은 노동관계조정법 초안에 반발하여 수차례 개정을 시도하였으나 무위에 그쳤다.[65] 연합군 최고사령부에 제출한 최종 보고서에서도 노동관계조정법의 통과를 촉구하며, 강제중재의 범위가 1946년 7월 현재 상정된 법안 이상으로 확정되지 않기를 바란다고 재차 언급되었다. 아울러 자문위원회는 배타적 단체협약의 근거가 되는 노동협약의 서면화를 보다 확충시킬 것을 요구하였다.

둘째, 공익사업public utilities의 정의에 관한 부분이다. 노동관계조정법 영문 초안은 '공익사업'을 구체적으로 정의하여, 공익사업은 "업무의 정지가 국가경제에 중대한 영향을 주거나 공중의 일상생활에 장애를 부여할" 운송, 통신, 전기, 가스, 의료 등의 분야로, 노동위원회의 결의에 따라 각 주무대신이 지정하도록 하였다. 쟁의는 노동위원회에서 조정이 결렬

되었을 때 냉각기간을 거쳐 하도록 되어 있으나, 원천적인 봉쇄는 최소화하였다.[66] 최종 보고서는 법적 근거가 마련되기 이전인 1946년 7월 현재까지도 군정의 대응에 관해 '점령 목적'이 "협소하게 해석"되었다고 기술하였다.

셋째, 최종 보고서에서 노동조합에 관해 전국단위 노동조합의 형성은 아직 초기 단계에 있으며, 이들 총동맹과 산별회의와 같은 전국단위 노동조합들이 각각 일본사회당, 일본공산당과 같은 정당과 밀접한 연계를 맺고 있다고 보고 있다. 최종 보고서는 이들 노동조합의 정치성에 대해서 별도로 언급하고 있지 않다. 오히려 노동조합법 제2조에서 "주된 목표가 정치운동 혹은 사회운동'에 있는 노동조합을 인정하지 않는다"는 조항이 악용된다면 노동조합의 활동을 저해할 수 있다는 사실을 지적하며, 노동조합의 활동은 노동조합의 자체적 결정에 따라야 한다고 평가하고 있다.

또한 자문위원회는 생산관리운동에 관하여 특이한 전술이라 평가하면서, 생산관리운동의 합법 여부를 결정해야 할 기관은 일본의 재판소라고 판단하였다. 그러나 궁극적으로 생산관리운동에 관해서는 관련 입법조치가 필요하며, 교섭 중지를 줄이고 쟁의의 빠른 해결을 통해 노사가 우호적인 관계에서 공존하는 방향으로 쟁의의 형식을 규정할 것을 기대하였다.

노동자문위원회의 최종 보고서는 제도에 대한 평가보다는 노동조합을 둘러싼 전통적, 봉건적 관계의 해소에 가장 큰 관심을 기울였다. 이러한 문제의식은 일본 기업 내 노동자와 사용자 간의 전통적인 관계에 기인한 것으로, 많은 회사에서 사용자의 영향력이 필요 이상으로 강한 점, 조합의 재정이 회사로부터 독립되지 않는 점, 노동협약의 부족을 지적했다. 한편 노동행정구조가 행정 관서에 너무 많은 권한이 주어져 있고, 군국주의 파시즘 시대와 마찬가지로 경찰이 노동관계에 개입하려는 움직임을 보이고 있는 점도 문제로 삼고 있다. 이러한 전체주의적 사상의 흔

적을 개선하기 위해 봉
건제가 아닌 민주국가의
일원으로서 자각할 수
있는 노동자와 사용자
학습과 교육을 해결책으
로 제시했다.

정리하면 노동자문
위원회의 최종 보고서는
군국주의에 대항하는 세
력을 양성하는 목적의
제도적 조치는 상당 부
분 이루어졌다고 보고,
이후 발생할 수 있는 문
제에 대해서는 크게 일
본 사회 내부의 봉건적
관계에서 기인한다고 결
론을 내렸다. 이를 해결
하기 위해서는 독립적이

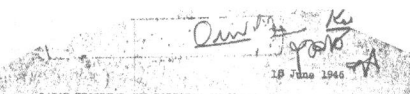

그림 4   1946년 6월 노동자문위원회 조선소위원회
가 제출한 보고서 "조선의 노동문제와 정
책"의 첫 페이지

고 민주적인 노동조합을 구성하고, 노동조합을 통한 노동자의 경제적 지
위를 향상시킬 것을 추구해야 한다는 방안을 제시함으로써 전형적인 경
제적 조합주의의 입장을 취했다. 또한 노동조합 운동이 자발적이고 민주
적인 원리 하에 이뤄져야 한다는 원칙 하에 정치성에 대한 자체적인 자
정을 기대하며, 과도한 정치성을 개선하기 위한 방법으로도 교육과 같은
간접적인 방법을 제시하였다.

일본의 노동개혁에 대한 이러한 평가는 1946년 12월 6일 극동위원
회에서 작성된 일본 노동조합에 관한 16개 원칙으로 재확인되었다.[67] 이

"16개 원칙" 중 제1항은 "① 노동조건을 방호 또는 개선하기 위함, ② 위 목적을 갖고 산업 노자 협약을 교섭하기 위함, ③ 평화적, 민주적 일본 건설에 단체로서 참가하기 위함, 또는 정당한 노동조합으로서 이익을 증진하기 위함"이라고 일본 노동조합의 목적을 정의했다.

이는 궁극적으로는 포츠담 선언 이래 확립된 "군국주의에 대항하는 세력의 양성"이라는 기제를 취하지만, 그 방법이 혁명적 노동조합주의가 아니라 독립적이고 민주적인 노동조합 구성을 통한 노동자의 경제적 지위 향상이라는 경제적 조합주의가 정책의 우선적인 기조가 되어야 한다는 점을 다시 밝힌 것이다. 이러한 점에서 극동위원회 정책 결정에서 밝히는 일본 노동조합의 목적은 앞서 나온 노동자문위원회의 보고서와 일치한다. 실제로 배타적 단체협약권의 성립과 노동위원회의 확립은 생산관리운동을 감소시키는 효과를 가져왔다.

또한 "점령에 방해가 되지 않는 범위"라는 단서가 붙기는 했지만, 제3항에서 노동조합은 집회, 연설, 출판, 방송시설 이용의 권리를 가지게 되었다. 제6항은 노동조합이 정치활동에 참가하거나 정당을 지지하는 것을 허용하였고, 제7항은 "조합원과 조합의 이익을 지키는 본래의 의무와 책임을 방해하지 않는"다는 조건 하에 군국주의 및 독점 행위 근절과 같은 점령 목적 달성에 협조가 가능하다고 명시하였다. 이와 더불어 노동조합법, 노동관계조정법의 확립은 일본의 노동운동을 크게 자극하였다.

(2) 노동자문위원회 방한과 전평

방일 중이던 노동자문위원회가 남긴 "조선의 노동 문제와 정책에 대한 보고서"[68]는 일본에 비해서 매우 짧은 분량이지만 미군정청이 시행한 노동정책을 최초로 종합적으로 검토·비평한 자료라는 데 의의가 있다. 이 보고서는 우선 "미군정청의 노동정책은 일본에서 도입된 것과 매우 다르며, SWNCC 176/8에 규정된 "노동, 공업 및 농업에서의 민주적인 조직의 발전을 고무"하기 위한 조치를 수행하는 데 거의 진전이 없다"고 평가하였다. 물론 미군정청 관리들은 일본과 같은 법률을 적용할 수 없는 특수한 상황이 있었음을 소위원회에게 지속적으로 설명하려 하였고, 이 점에 대해서는 소위원회도 "의심할 여지가 없다"고 언급했다.

그럼에도 불구하고 소위원회는 일본에서 진행된 개혁의 성과와 기준에 근거하여 주한미군정청의 노동정책을 평가하고자 하였다. 첫째, 군정당국의 노동쟁의에 대한 개입에 관한 평가 부분이다. 소위원회는 군정법령 제19호는 물론이고, 군정법령 제34호 "노동조정위원회 설립에 관한 건", 제55호 "정당에 관한 규칙", 제72호 "군정 위반에 대한 범죄" 모두 노동조합 활동을 규제하는 내용으로 일관되어 있으므로 대폭 수정이 필요하다고 주장하였다.

군정법령 제19호는 1945년 10월 30일 세정되어 조선에서 최초로 단체노동협약에 관하여 정의한 법안이나, 문제가 된 제2조의 조항은 다음과 같다.

제2조 노동자의 보호

개인 또는 개인집단이 적업을 구하고 방해 없이 근무하는 권리는 차를 존중하며 보호함, 이 권리를 방해하는 것은 불법이다. 조선군정청은 공장의 생산, 민중생활상 필요한 것(essential)을 선언하고 그 정지 또는 저감(低減)을 방지하기 위하야 노동조건에 관한 분쟁은 조선군정청이 설치한 조정위원회(mediation board)에서 해결함, 그 위원회의 결정은 확정적 구속력을 가짐, 문제가 노동조정위원회에 제출되는 결정이 있을 때까지 생산을 계속할 것.[69]

조정위원회의 구성은 군정법령 제34호로 규정되었으며, 절차는 광공국 고시 제8호에 규정되었다. 조정의 절차는 다음과 같았다.

① 분쟁 당사자 중 어느 일방이나 쌍방으로부터 조정 신청이 있을 경우 먼저 도 노동위원회 사무국 또는 중앙 노동조정위원회에서 지명한 대표자(노동관계관)에 대한 '화해'가 시작된다.

② 노동관계관에 의한 쟁의 화해가 결렬 또는 조정위원회에 회부하는 것이 적당하다고 인정될 때에는 도 노동조정위원회 또는 중앙노동위원회에 의한 조정이 시작된다.

③ 조정 결과는 최종적이며, 구속력을 지니며 분쟁 양 당사자는 조정 결과에 대해 재심청구권이 없다. … 재심청구권은 미군정청 노무과만이 가짐.[70]

화해-조정의 2단계는 일본의 노동관계조정법 초안과 유사한 중재 과정이다. 그러나 "조정mediation"이라고 정의하고 한국어로도 그렇게 번역되었음에도 불구하고 노동조정위원회의 "조정"은 노동협약 이상의 구속력을 갖고 있다는 점에서 일본의 "중재arbitration" 이상의 강력한 권한에 해당했다. 심지어 일본에서 노동협약에 의거하지 않으면 쌍방이 합의해야 조정을 신청할 수 있었음에도 불구하고, 조선에서는 일방만으로도 조정 신청이 가능했다.

이에 근거하여 소위원회는 군정법령 제19호의 "조정"을 조정이 아닌 "강제중재compulsory arbitration"라고 정의했다. 또한 소위원회는 도 조정위원회가 부재한 이상·이는 실제로 중앙으로 집중되어 있다고 보았다.[71] 이러한 점에서 소위원회는 우선 군정법령 제19호의 직권중재조항을 폐지하고, 법령 제34호를 "강제중재compulsory arbitration"가 아닌 "조정mediation" 중심으로 전면 개정할 것을 권고하였다. 이외에도 법령 제55호에서 군정 당국에 신고하여야 한다고 규정한 정치 활동 단체에서 노동조합을 제외하고, 노동조합의 집회를 처벌할 수 있도록 한 법령 제72호의 규정을 수정하도록 했다. 이에 대한 판단 기준은 소위원회가 일본에서 기초한 노동관계조정법이었다. 소위원회는 참고 대상으로 그 원안을 미군정청에 전달하였다.

둘째, 공공 사업의 쟁의 금지에 관한 문제였다. 근본적인 원인은 군정법령 제19호가 '점령 목적에 반하는 쟁의'를 공익사업public utilities이 아닌 "필수적인 산업essential industries"으로 지정했기 때문이었는데, 어떤 산업이 필수적인지는 당시 군정에서도 논쟁이 있었다. 사법부는 "조선 경제에 불가결하다고 인정한 모든 상업, 공업, 기타 산업에 대해 재량으로 적용"할 수 있다고 파악하여 사실상 모든 쟁의를 금지하였고, 노동국은 이에 대해서 오역이라고 주장하였다.[72]

소위원회는 경제과학국 노동과에서 기초한 노동관계조정법의 초안의 예를 들면서 "연합군 최고사령부의 정책은 점령 목적에 반하는 쟁의를 금지하지만, 이는 협의적으로 해석된다"고 밝히면서 "강제조정이 조선에서 지속되어야 하는지 의문을 표한다"고 했다. 다만 소위원회는 조선 경제에 대한 종합적인 검토를 위해서는 시간이 부족하기 때문에 그에 대한 권고는 제시하지 못하였다. 결국 이 문제는 1946년 11월 15일이 되어서야 군정장관 포고 제3호 "필요불가결한 공용시설에 관한 포고"로 일단락되었다.

셋째, 전국단위 노동조합에 대한 평가이다. 소위원회는 당시 군정과 대립각을 세우기 시작한 전평에 대해서는 긍정적으로 평가했다. 그 근거로 소위원회는 전평이 조선공산당의 외곽단체라는 증거는 찾아볼 수 없었으며, 당원들이 전평에 호의적이라는 것 외에는 공산당과 전평의 직접적인 관계는 찾을 수 없었다고 전한다. 오히려 소위원회는 한철, 문은종과 같은 민전 계열 비주류파에 주목한 것으로 보인다.

반면 대한노총에 대해서는 혹평을 감추지 않았다. 대한노총의 간부들은 대한노총의 당면 과제가 노동자 권익의 문제가 아니라 독립이라고 공공연하게 말하고 있으며, 노동조합의 정상적인 기능을 수행하지 않으면서 노동조합의 가면 아래 활동하는 단체로 규정했다. 이는 명백히 민주적인 노동조합의 발전을 방해하는 것이라고 판단했고, 이러한 단체의 활동을 금지하는 조항을 포함해야 한다고 소위원회는 주장했다.

자주관리운동에 관해서도 군정의 목표와 양립할 수 없으며, 공산주의 경제 철학이 중요한 영향력을 행사하는 것으로 보았으나, 집합적 통제경제 혹은 계획경제와는 거리가 있는 것으로 파악했다. 따라서 소위원회는 자주관리운동의 문제는 노동행정기구가 충족되고, 적산 관리에서 군정이 사용자로 직접 개입하는 점을 보완하면 해결될 수 있다고 판단했다. 즉, 쟁의 자체를 줄이면 생산-소유의 문제도 줄어들 것이라는 일본의 생산관리운동에 대한 접근과 동일한 것이었다.

결론적으로 소위원회는 자주관리운동이나 전평을 공산당과 엮는 것을 경계하고, 방첩대CIC의 "조선의 노동조합은 좌파다. 조선의 유일한 좌파는 공산당이다. 때문에 모든 노동조합은 공산주의의 통제를 받는다"라는 삼단논법이 위험하다고 보았다. 오히려 그러한 편견과 탄압이 공산주의 선전에 비옥한 토양을 제공한다고 판단한 것이다.

비록 소위원회가 조선에 체류한 시간은 짧았고, 소위원회도 그것을 분명한 한계로 지적했다. 그러나 소위원회의 활동으로 새로운 전기가 마련된다. 첫째는 1946년 7월 23일 군정법령 제97호 "노동문제에 관한 공공정책, 노동부 설치"의 제정이다. 군정법령 제97호는 제1조의 정책 선포와 제2조와 3조의 노동부에 관한 규정, 제4조의 벌칙, 제5조의 유효기일로 구성되어 있고, 그 중 제1조에서 ① 민주주의적 노동조합의 발전을 장려, ② 노동자는 자율적 노동조합을 통해 노동연합회를 조직하고 가입, ③ 고용주와 노동조합 간의 협정을 장려할 것을 언급했다. 이는 "노정과 방침"을 거쳐 이후의 노동법의 기초가 된다고 파악할 수 있다.

둘째는 소위원회의 인천 동양방직 쟁의 중재의 참여와 그로 인한 전평의 교섭단체 인정이다. 메이데이 집회 참가자에 대한 탄압 중지와 피검자 석방 요구를 주요 의제로 삼던 동양방직 쟁의는 쟁의단과 회사, 소위원회를 포함한 군정 당국과 전평의 합의로 6월 11일 4개 항의 협약을 도출했다.[73] 이 중 제3항은 미군정청 노동국이 전평에게 단체계약권과 단체교섭권을 부여한 것으로 해석할 수 있었다.

셋째, 대한노총의 변화다. 대한노총의 홍윤옥은 조선소위원회의 평가를 바탕으로 새 강령을 제시했는데, 결성 당시의 "노자간 친선"을 기한다는 조항이 빠지고, "생활보장과 노동보험제의 확립"이 들어갔다. 또한 당면 행동강령으로 8시간 노동제 확립, 동일 노동에 대한 동일 임금, 단체협약제도 확립, 노동자의 생활보장 등이 제시되었다. 이러한 구상은 이르면 1946년 후반, 늦어도 1947년 3월의 강령 개정에서 반영된다.[74]

2) 노동자문위원회 이후: 냉전적 변형

냉전은 근본적으로 제2차 세계대전의 총력전의 기억에 근거하여 형성되었다. '적'과 '나'를 구분하는 이분법적 논리는 공산주의자를 "혼란을 유발하는 악마적 파괴자로 규정"한다. '적'인 공산주의자는 적화 계획과 음모를 통해 일사불란한 지령 하에 사회 내부로 침투하고, 반대로 '나'는 선량하고 도덕적으로 우월한 피해자의 위치를 점한다.[75] 전후 변혁에 대한 요구의 폭발은 세계대전에 대한 기억, 공포와 결합하여 혼란을 바로잡기 위한 엄정한 질서의 확립과 규율을 요구하게 되며, 대중은 총력전과 같은 방식으로 동원되어 '보이지 않는 적'을 색출하기 위해 사회 내적인 싸움을 벌이기 시작한다.[76]

단적인 사례로 앞서 노동개혁의 원안으로 지목한 와그너 법이 태프트-하틀리 법Taft-Hartely Act으로 개정되는 과정을 들 수 있다. 종전부터 1946년 말까지 미국에서는 460만 명의 노동자가 참가한 총 4,985건의 파업이 벌어졌다. 이는 현재까지 미국에 존재했던 파업 중 가장 규모가 큰 것이다.[77] 역설적으로 이는 혼란으로 인식되었고, 사회 안정을 요구한 결과 1946년의 미국 중간선거에서 공화당이 승리를 거두게 된다.

노조는 공산주의자의 지령을 받아 국가의 안보를 위협하는 기관으로 표상화되었다. 하원의원 프레드 하틀리Fred Hartley는 "노동운동 내부의 영향력 있는 한 사람의 공산주의자가 러시아 기관의 지시대로 행동하게 될 경우, 국가가 국민을 방어하고 적들과 싸울 능력을 훼손할 것"이라고 발언하기까지 하였다.[78] 그 결과 1947년 트루먼 대통령의 거부권에도 불구하고 개정된 태프트-하틀리 법의 제9조 h항에는 모든 노조간부가 공산주의자가 아님을 맹세하는 충성맹세 조항이 포함되었다. 이러한 상황은 조선과 일본도 예외가 아니었으며, '노동개혁'은 힘을 잃게 된다.

(1) 일본의 레드 퍼지와 노동과의 붕괴

1946년 10월에 산별회의는 해고 합리화 정책의 철회와 임금 인상 요구를 의제로 대대적인 투쟁을 전개했고,[79] 공공기관 노동자들도 산별회의의 파업에 크게 자극받아 1947년 1월에는 전국의 관청 노동자 약 250만

그림 5   1947년 1월 31일 헌병대에 의해 NHK 방송국으로 연행된 이이 요시로(伊井弥四郎) 공투위원장이 총파업 중지 선언을 위한 마이크 앞에서 머리를 감싸 쥐고 있다.

명, 노동계 전체로는 약 400만 명, 합계 650만 명이 결집하여 파업을 준비하였다.[80] 그러나 이러한 상황에 대해 맥아더는 1947년 1월 31일 "쇠약해져 가는 일본의 상태에 비추어 볼 때, 이와 같은 치명적인 사회적 무기를 행사하는 것을 용납할 수 없음"[81]을 통보하여 예정된 총파업을 강제로 중단시켰다. 이 2·1 총파업 중지 사건은 군정에 의한 일본 노동개혁의 전환을 상징한다.

1947년 2대 노동과장인 코헨은 퇴임 직후 본국 노동부 노동조합자문위원회를 위하여 일본의 노동에 관한 논문을 작성하였고, 이 논문은 나아가 극동위원회로 송부되었다.[82] 그 중 제6장 "일본의 노동조합 운동의 재생"과 제7장 "노동조합이 당면한 제곤란 사항"에서 코헨의 일본의 노동정책에 대한 평가를 볼 수 있다.[83]

우선 코헨은 제6장에서 일본에서 달성된 중대한 진보로 적절한 노사관계 기구의 발전, 새로운 노동행정관의 양성, 노동시간과 노동조건에 관한 보호법 확충, 실업자의 공공사업 취업, 일일고용자 또는 건설노동 분야의 노동 보스제[84]의 최종 제거, 최저생활유지의 기반을 한 임금과 가격의 안정을 꼽았다. 이는 앞서 제시되었던 보고서와 마찬가지로 일본의 군정에서 성취한 제도적 성과들이다. 한편 당면한 문제점으로는 다음과 같은 점을 지적했다.

> 지금까지 조합 조직은 지극히 불완전했다. 조합은 기본적으로 민주적이어야 하며, 재정 또는 선거, 조합 내부의 통제, 징계와 같은 문제에서 민주적 보장이 이뤄져야 함에 거의 모든 조합이 실패를 겪고 있다. … 이러한 상태의 기저에는 전투적인 소수 그룹이 노동조합운동에 심각하게 침투하여 정치적 목적을 숨기고 조합을 이용하고자 하는 계책이 있다. 비교적 보수적인 총동맹보다 산별회의에서 더욱 그러하다. 산별회의에 관해 최근 해산된 청년행동대나 기타 특수한 '흑막 그룹'과 같은 조직은 민주적 절차를 방해하는 것이 하나 둘 조합에서 보이고 있다.

이러한 문제에 대해 코헨이 제시한 대안은 "노동조합원에 대한 민주적 절차, 방법에 대한 교육의 제공"이다. 코헨은 집중적인 노동자 교육이 연합군 최고사령부에 의해 계획적으로 수개월 동안 수행되어야 한다는 점을 강조했다. 그러나 교육상이 이전의 보고서에서 단순히 '봉건성', '관행'의 시정으로 규정했던 것과는 대상이 달라졌다.

이 보고서에서 "전투적인 소수 그룹"은 일본공산당의 정치 집단을 지목하는 발언이지만, "공산당"이라고 분명하게 언급하는 것은 회피하고 있다.[85] 즉, 코헨의 보고서는 정치적인 목적으로 조합 내부의 민주성을 해치는 집단이 존재한다는 점을 의식하기 시작함을 보인다. 그럼에도 불구하고 직접적인 개입을 꺼리고, 조합 내부의 민주적 역량 강화라는 간접적인 방법을 권고하고 있다.

2·1 총파업 중지 이후로는 연합군 최고사령부 내에서 노동조합 운동 안의 공산당 개입과 과격성에 대해서 개입이 필요하다고 보는 입장이 대두하기 시작했다. 이와 관련되어 먼저 문제가 발생한 것은 1947년 제정된 국가공무원법으로, 이는 1946년 말 본국에서 파견된 인사행정고문단과 단장 후버Blain Hoover의 보고서를 바탕으로 하였다. 그러나 통과된 국가공무원법에 공무원의 쟁의권 박탈 조항이 삭제된 데 불만을 품은 후버가 1947년 다시 민정국Government Section: GS 공무원과장으로 부임한 데서 공무원과와 노동과의 분쟁이 시작되었다.[86]

민정국과 경제과학국 노동과는 공무원의 단결권 인정 여부에 대해 대립하게 되었고, 이러한 와중에 3대 노동과장 킬렌James Killen은 일본에 방문한 육군부 민사부장 노스Daniel Noce 소장에게 제출하기 위한 노동관계 및 노동입법에 관한 보고서의 작성을 주도하였다.[87] 이 보고서에서 특기할 점은 서두에 연합군 최고사령부 사령관의 의사로 취급되어서는 안된다는 점과 심지어 경제과학국장의 인가도 받지 않았음을 밝히고 있다는 것이다. 즉, 이 문서에서 표명하고 있는 바는 순수하게 노동과의 견해

만을 반영하고 있는 것이다.

이 보고서에서 노동과는 첫째, 일본의 노동조합은 경제활동보다는 정치활동에 편향되어 있으며, 둘째, 공공부문 노동자의 여러 조합에 의거하여 파업이 지도되고 있고, 셋째, 조합은 부당하게 경영기관에 관여하고 있는데다, 넷째, 서구 노동관계의 개념과 상용되지 않는 봉건적 방법이 지속되고 있다는 점을 문제점으로 삼고 있다. 이를 해결할 수 있는 원칙은 철저히 경제적 조합주의에 근거한다. 경영권은 완전히 보호하고, 조합은 일반 조합원에 의거해 완전히 지배하며, 재정원조에 의거해 고용자의 지배로부터 조합은 완전히 독립적이어야 한다는 주장이다.

그러한 점에서 노동과는 산별회의 내부에서 공산당을 배제하기 위한 민주화동맹(약칭 민동)의 활동에 큰 기대를 걸고 있었다. 공산당의 프로파간다와 정치적 활동이 존재하더라도 자율적인 조직 민주화와 자유 노조 운동으로도 충분히 공산주의적 노동조합 운동을 견제할 수 있을 것이라 보며, 공산주의자의 직접 배제와 공무원의 단결권 배제에 대해서는 신중론적인 입장을 표명했다. 섣부른 입법은 민동과 같은 긍정적인 조합 활동에도 악영향을 끼칠 수 있다는 결론이었다.

그러나 연합군 최고사령관 맥아더의 의지로 1948년 7월 22일, 정령 201호가 공포되었다. 정령 201호는 공무원의 단체교섭권을 부인하고 쟁의 행위를 금지하며 기존의 단체 협약을 무효화하는 것을 골자로, 위반한 자에 대해서는 노동자로서 갖고 있는 임명 혹은 고용 상의 권리까지 박탈하도록 되어 있었다. 이로써 관공서 노동자의 단결권은 박탈되었다. 정령 201호에 대한 항의의 표시로 노동과장 킬렌은 7월 31일 과장직에서 사임하여 귀국하였고, 노동자문위원회의 활동 종료 이후에 노동차장으로 부임했던 스탠치필드도 과장과 함께 사임하였다.[88] 이로써 노동과는 노동개혁의 주체로서 역할을 상실하였다.[89]

이윽고 1948년 10월 초 "미국의 대일정책에 관한 국가안전보장회의의 권고(NSC 13/2)"가 채택되고, "과도한 민주화" 항목에 대한 점검을 표명하면서 점령 정책이 완전히 전환되었다.[90] 이어서 국가공무원법과 노동조합법이 개정되었고, 1949년의 행정정리로 레드 퍼지가 시작되어 점차 사기업의 노조로 확산되었다.

(2) 조선 전평의 붕괴와 미챔 보고서

조선소위원회 활동의 성과로 군정법령 제97호가 제정되었으나, 군정법령 제97호는 노동조합 조직을 돕는 구체적인 방안을 제시하지 않았을 뿐만 아니라, 단결권과 단체교섭권 외의 단체행동권을 인정하지 않았다. 이러한 점은 군정법령의 의미 자체를 크게 퇴색시켰다. 후속조치도 지지부진하여 1946년 7월, 중앙노동협의회National Labor Council가 구성되어 연내 실시를 목표로 노동조합법 초안을 작성하였으나, 1947년 4월 최종적으로 반려되면서 노동조합 등록은 군정법령 제97호를 보완하는 수준에서 그치게 되었다. 중앙노동협의회는 1947년 8월 활동을 중지했다.[91]

동양방직 협약의 이행도 제대로 진척되지 않았다. 중앙노동조정위원회는 2개월이 지난 8월이 되어서야 해고자 19명 중 17명의 복직을 결정했고, 이는 전원 복직을 기대했던 전평에서 크게 실망한 바였다. 게다가 사측의 폭력 동원과 해고자 복직 반대에 대한 강제 날인, 사내 대한노총 산하 노조의 결성은 노조 파괴 행위로 받아들여지기 충분했다. 오히려 법령 제97호에서 확정된 경제적 조합주의는 전평을 탄압하는 명분으로 작용하였다.

대한노총의 강령 개정에도 불구하고, 대한노총의 실제 활동은 오로지 전평 파괴에만 집중되었다. 이러한 맥락 아래 전평과 미군정청은 9월 총파업과 10월 항쟁의 대립 구도로 치달았고, 대한노총은 9월 총파업으로 전평의 조직이 분쇄된 틈을 타서 조직적 우위를 차지하고자 하였다.[92]

이러한 상황을 잘 반영한 것이 스튜어트 미챔Stewart Meacham의 보고서다.[93] 미쳄은 주한미군정청의 노동고문으로 1946년 12월 부임한 이래 서한을 통해 지속적으로 본국 노동부에 조선의 상황을 알리고 있었다. 그러나 현지에서 시도한 미쳄의 계획은 큰 성과를 거두지 못했고, 결국 1947년 7월 귀국한 이후 그 해 말 보고서를 작성하여 미국 노동부에 제출했다.[94]

먼저 미쳄은 노동조합의 활동을 보장할 수 있는 노동입법에 대하여, 소위원회와 마찬가지로 군정법령 제19호와 제34호에 대해 부정적인 입장을 표명했다. 군정법령 제19호는 조정위원회에 관한 조항은 사실상 단체행동권을 부정하는 결과를 낳았고, 군정법령 제34호로 정의된 조정위원회는 실제로 조정이 아닌 강제중재를 시행했으며, 노동자들이 위원으로 참여하지 못했다는 점을 지적한다. 이에 비해 군정법령 제97호에 의거하여 설립된 노동부는 때늦은 것이기는 해도 체계적인 노동정책을 위해 의의가 있다고 보았으나, 이후의 법령들을 검토하면 실제로 그러지 못했다고 비평했다.

미쳄의 보고서에서 가장 많은 부분이 할애되는 부분은 전국단위 노동조합에 대한 정치적 판단이다. 미쳄은 전평이 과격화된 책임이 미군정에 있다고 지적하면서 "미국 측의 행동의 결과로 민주적 노동조합의 발전의 기반을 좌절"시켰다고 평가했다. 미국 측이 저지른 다수의 노조 파괴 시도가 전평 자체를 붕괴시키지는 못했으나, 조직 내부의 공산주의자들의 영향력을 극대화시킴으로써 조직이 미군정에 기대지 않아도 존속할 수 있다는 점을 조직 내에 확산시켜 민주주의적 노조 결성의 기회를 소멸시켰기 때문이었다. 반면 대한노총에 대해서는 소위원회보다 더 과격한 표현을 사용하여 조직적 테러리스트 혹은 암살자들에 의존하거나, 전국 규모의 어용노조에 불과하다고 주장했다.

때마침 SWNCC는 1947년 6월 26일 조선의 노동 문제에 관한 주제를 SWNCC 376으로 검토하기 시작하였다.[95] 국무부 초안을 합동참모본부의 논평을 받아들여 수정한 SWNCC 376/1[96]의 결론은 정책지침으로, 관련 사실 및 토의 사항은 9월 말 주한미군 사령부로 전달되었다.[97] SWNCC 376/1은 SWNCC 92/1을 초안으로 한 SWNCC 376을 바탕으로 하고 있다.[98] 따라서 민주적 노동조합의 지원과 육성, 그리고 합리적 노동관계의 조성과 노동쟁의 조정제도의 도입을 골자로 하는 SWNCC 376/1의 내용 자체는 SWNCC 92/1를 비롯하여 이전까지 제시되었던 지침 및 보고서의 기조와 크게 다를 것이 없다.

단 한 가지 차이가 있다면 '관련 사실'에서 전평을 비민주적 조직, 대한노총을 비노동자 조직으로 규정한다는 것이다. 조선의 노동조합의 성장에 방해가 되는 원인으로 노동조합의 정치성, 그리고 노동조합이 군정 당국과 빚은 오해와 마찰 양자로 보면서 양비론적 입장을 취하고 있다. 이는 비판은 수용하되, 미군정청의 책임은 덮겠다는 소극적이고 현실수용적 의도로 해석된다.[99]

초기 기획의 의도를 유지하고 있는 미챔의 입장, 그리고 소극적이고 원론적인 본국의 태도와 대한 미군정의 입장은 분명했다. 하지는 미챔의 제안이 매우 부당하다고 여겨 1948년 1월 노동부장 쇼Lyman A. Show와 함께 이에 대한 반론을 제시했다. 첫째, 정치적으로 공산주의자가 발호하고 있으며, 둘째, 경제적 조건이 너무 열악하여 개혁을 감내할 수 없고, 셋째, 조선인에게 미국식 노동조합을 이해시키기 위해서는 더 많은 교육과 훈련이 필요하다는 것이었다. 심지어 하지는 "미챔 씨의 보고서는 향후 6개월 안에 천국을 지상에 도래하게 하려고 쓰여진 것 같습니다"라는 혹평도 서슴지 않았다.[100]

실제로도 38도선 이남에서 단정 수립이 가시화된 시점에서 추가적인 노동개혁 조치는 사실상 없었다. 1947년 10월 제2차 미소공동위원회의 최종 결렬은 조선 사회의 냉전적 재조직을 의미했다. 남조선 내에서 결렬과 남북분단의 모든 원인은 소련의 책임으로 귀결되었다. 1947년 6월

8일 조선인 노동부장 이대위는 "정치색을 띤 노동조합은 정당한 단체로 인정하지 않겠다"고 선언하여 전평을 전면적으로 부정했다.[101] 전평은 지하화되었으며, 대한노총은 일부 단위에서 단체협약권을 받기는 하였으나 군정 말기까지 전국단위 단체협약권을 얻지는 못하였다.[102] 결국 군정을 처음부터 끝까지 관통한 정책은 군정법령 제19호와 34호로 대표되는 초기 대책뿐이었다.

5. 어긋난 기획, 공간의 프리즘

조선과 일본의 노동정책을 평가하고 대안을 제시한 관료, 고문, 자문위원들은 혁명적 노동조합주의revolutionary unionism가 아니라, 시장경제질서를 수용하고 단체교섭을 통해 고용 조건의 개선이나 경제적 지위 향상을 추구하는 경제적, 실리적 노동조합주의business unionism를 지향했다.[103] 이는 근본적으로 사유재산을 보호하고, 당사자 간의 자유 계약에 근거한 노동조합의 구성을 목적으로 한 바이다.[104] 점령지의 비군사화 혹은 민주화라는 대전제에서 비롯된 '개혁'은 국무부·육군부·해군부의 합의체인 SWNCC에서 확인되었고, 점령 초기 정책 지표로 제시되었다.

그러나 군국주의에 대한 대안세력 구축이라는 종전 직후의 이상이 온전히 실현되지는 않았다. 세계 자본주의 체계 재구축이라는 맥락 속에서 미국식 표준의 채택은 노동문제를 '노동자'에게서 끄집어내 '사회'에 통합시키려 하였기 때문이다. 나아가 사회의 총력전적 재구성이라는 냉전적 상황이 강조되면서 노동개혁의 입안자들은 전면적인 반공 조직에 협조하지는 않았지만, 노동조합과 공산주의의 연계 자체에는 의심을 품었으며 그것이 노동개혁의 본질에 방해가 된다고 파악하였다. 그러나 경제적 조합주의의 원칙에 따라 정치와 결합하는 것을 지양하고, 자주적 노력에 의거한 민주적 조직 구성을 근본 원리로 하며, 간섭을 최소화하는 방향을 제시한다는 기조는 유지하였다.

실제 군정의 판단은 현지의 정치 상황, 사건사적 전개에 따라 노동개혁의 기조를 더욱 굴절시켰다. 일본은 단독강화와 경제 부흥 문제가 주요 의제로 떠오름에 따라 반공적인 분위기가 솟아올랐고, 2·1 총파업 중지 이후 연합군 최고사령부 내의 균형이 붕괴하면서 노동과가 힘을 잃었다. 이후의 상황은 연합군 최고사령부는 물론이고, 일본 정부와 이들이 후원한 민주화동맹, 반공동맹들이 노조에 적극 개입하여 노조 내의 공산당을 축출하는 레드 퍼지라는 냉전적 상황으로 귀결된다. 그 결과 일본에는 '55년 체제' 내의 협조적인 노동정치가 구성되었다.

조선의 '노동개혁'은 일본의 '노동개혁'보다 더 동떨어진 것이 되었다. 많은 부분에서 조선에서 일어난 노동개혁은 일본, 나아가서는 미국의 모형을 원형으로 하였으며, 평가 또한 그 기준을 일본에 두고 있었다. 그러나 조선은 본격적인 '노동개혁'을 궤도에 올리기도 전에 신탁통치와 미소공위를 둘러싼 냉전적 상황이 조기에 전개되었다. 이미 1946년 초부터 진행된 일련의 정치적 상황은 그나마 민주적 노조로 평가받은 전평과 군정 당국 간의 관계를 되돌릴 수 없게 구성하였다. 이런 상황에서 부분적으로 외부의 정책 제안이 받아들여지나, 정국을 뒤집을 만한 큰 변화를 일으키지는 못하였다. 주한미군정청은 대한노총을 군정 말기까지 전국적 교섭단체로 승인하지는 않았으나, 전평을 조직적으로 탄압하여 정부 수립 이후 대한노총을 유일한 노동단체로 만드는데 공헌하였다.

조선에서 '노동개혁'이 일본보다 더욱 '굴절'될 수밖에 없던 이유로는 두 가지를 꼽을 수 있다. 첫째, 조직의 문제이다. 비록 사전에 훈련받은 요원들이 파견되었다고는 하나, 조선에는 정보가 부족한 채로 소수의 민정요원만이 파견되었다. 내부에서는 경제과학국과 민정국 외에도 법률 조문을 실제적으로 검토한 법무국Legal Section: LS과의 상호 논의 및 견제,

외부에서는 일본 정부와의 교섭이 요구되었던 연합군 최고사령부의 경우와 달리, 주한미군정청에서는 입법·사법·행정의 모든 권한이 총사령관 하지에 집중되어 있었다. 궁극적으로 이는 총독부라는 식민지 국가기구를 그대로 원형으로 딴 결과이며, 비록 고문들이 존재하였지만 이들의 역할은 제한되었음을 미챔의 사례를 통해서 알 수 있다.

둘째는 현지의 상황이다. 통치 양식의 차이, 통치 방법의 작용, 그에 대한 대항 정치 세력의 조직화 정도에서 조선은 일본보다 갈등의 요소가 더욱 산재해 있었다. 일본의 연합군 최고사령부는 점령 초기 간접적이면서도 높은 통제성을 보유하고 있었고, 직면한 분쟁 상황의 강도도 낮았기에 노동행정조치가 즉각적으로 시행될 수 있었다. 반면 조선의 주한미군정청은 직접적이지만 낮은 통제성, 그리고 높은 강도의 분쟁에 직면하였기 때문에 개혁적 조치보다 통제적 조치를 우선적으로 삼았다. 또한 단독점령으로 조기에 개혁을 추진할 수 있던 일본과 달리, 조선의 정책 초점은 신탁통치와 그에 따른 통일정부 구성에 맞춰져 있었고, 각종 '개혁'은 부차적인 문제가 될 수밖에 없었다. 그 결과 SWNCC의 방침이 뒤늦게나마 일본과 유사하게 확정되었음에도 이는 조선이라는 현실에서 아무 효력을 발휘할 수 없었다.

노동개혁의 '굴절'은 SWNCC로 대표되는 미국의 전후 기획이 어떠한 시공간에서 효력을 발휘했고, 또 어떠한 시공간에서 효력을 잃었는지를 보여준다. 종전 위에서 만들어진 비군사화·민주화라는 SWNCC의 방침은 냉전적 전개를 맞이하면서 현지의 상황과 멀어졌다. 북위 38도선을 두고 분할된 시점에서 미국과 소련의 갈등이 배태된 한반도는 그러한 점에서 일본보다 한 발 앞서 기획이 꺾여버렸다.

나아가 이는 공간의 문제와 이어진다. 전전 일본과 조선은 식민제국과 식민지 관계로 엮여 있었으며, 미국의 기획은 이 위에 덧씌워져 일본이라는 필터를 거쳐 조선으로 내려왔다. 그 결과 미국의 '기획'은 공간이라는 '프리즘'을 거쳐 조선에서 더 심하게 '굴절'될 수밖에 없었다. 이러한 사실들은 SWNCC로 대표되는 미국의 '기획'이 현지에서 그대로 적용되지 못했다는 한계를 그대로 보여준다. 따라서 냉전과 냉전 사회로 변형되는 과정은 단순히 그 지역 내의 사건이나 양 강대국의 대결만으로 인식할 것이 아니라, 세계적-국제적-국가적-지역적이라는 층위를 중층적으로 적용해서 이해해야한다는 문제의식으로 귀결된다.

5장

문서 자료로 읽는 미국 SWNCC와 한국

강성현·곽귀병

1. SWNCC 문서 자료를 활용한 기존 연구

국무·육군·해군 삼부조정위원회(이하 SWNCC)는 미국의 전후 신질서 구상과 기획에 있어 핵심적인 기구였다. 앞의 글들은 주로 동아시아를 범위로 SWNCC의 정책 입안 및 형성과정을 살펴보았다. 이 글에서는 해방 전후 한국사에 익숙할 독자들의 이해를 돕고자 대한정책을 중심으로 SWNCC 문서 자료들을 개괄한다. 이에 앞서 우선 SWNCC의 대한정책 문서들을 다루고 있는 기존 연구들을 정리하고자 한다. 아래에서는 SWNCC를 다룬 한국의 선행연구들을 연구의 주제와 접근방식 등에 따라 다시 네 개의 주제군으로 나누어 살펴본다.

1) 미국의 한반도 분할 결정과 전후 동아시아 구상

38도선을 기준으로 한 미국의 한반도 분할결정에 대한 세밀한 연구로는 이완범의 연구가 있다.[1] 그는 38선 획정의 '군사적 편의설'을 반박하는 과정에서 미국의 전후 영토분할에 대한 계획과 '일반명령 1호' 등에 대한 구상이 1944년 12월 이래 지속적으로 이루어졌음을 밝히고 있다. 이러한 작업에서 SWNCC 기구의 조직 과정과 주요 결정 사항들은 한국의 분할점령 결정에 반영된 미국의 정치적 목적을 이해하는데 중요한 자료로서 활용된다. 보다 구체적으로 이완범은 '일반명령 1호'가 다른 초안이 없는 상황에서 종전 직전 수일 내에 구상된 것이 아니라, 1944년 11월 이후부터 지속적으로 구상되어온 전후 적 영토점령 계획의 일부였음을 밝히면서 SWNCC 16과 SWNCC 21 시리즈의 수정과정을 살펴보고 있다 (SWNCC 보고서의 목록은 표 1 참조).[2]

구대열은 미국의 전후 동아시아 구상과 대한정책에서 소련의 위협에 대한 인식·대응이 차지하는 위상을 고찰하면서 SWNCC 자료를 활용하고 있다.[3] 그는 SWNCC 21/7, SWNCC 224를 통해 미국의 전후 동아시아 분할 구상에서 소련과의 잠재적인 오해를 예방하는 문제가 중요하게 고려되었으며, 이러한 이유로 요동반도의 대련을 점령할 계획이 실행 단계에서 취소되었음을 보여준다.[4] 또한 종전의 시점에서 미국의 당국자들이 소련이 만주나 한국 등지에서 획득할 영향력에 대해 경계하고 있으며 (SWNCC 282), 이러한 맥락에서 소련이 보유한 한인부대에 대항할 수 있는 친미적 한인부대 육성 방안(SWNCC 115)이 검토되고 있음을 밝히고 있다.[5]

2) 해방 전후 미국의 대한정책

1944~1947년까지의 미국의 주요 대한정책을 포괄적으로 검토하는 정용

욱은 한국의 전후 처리와 국가수립 과정에 대한 미국 최고 의사결정 수준에서의 결정을 보여줄 수 있는 자료로 SWNCC 문서들을 활용하고 있다.[6] 이 과정에서 한반도 점령방식, 군정의 형태, 신탁통치와 국제관리기구 구성, 주한미군의 주둔기간 등 해방 전후 시기 미국의 대한정책의 결절점을 이루는 몇 가지 주제들에 대해서 SWNCC가 내린 결정들을 폭넓게 검토한다.

종전 직전 시점에서 한국의 전후 처리 방침(SWNCC 77시리즈, 78시리즈, 79시리즈), 한인단체들의 전시 활용 방안(SWNCC 115 시리즈), 미국의 초기 점령정책과 과도정부 수립계획(SWNCC 79시리즈, 101시리즈, 176/3, 176/8), 미소공동위원회에 대한 정치적 지침(SWNCC 176/15, 176/18), 남한의 단정수립 대책(SWNCC 176/30)을 보여주는 SWNCC 문서를 자료로 하여, 각각의 사안에 대한 워싱턴 고위당국자들의 판단과 최종적인 정책 결정을 살펴보고 있다.

하지만 정용욱은 다양한 SWNCC문서들을 주제별로 포괄 검토하고 있음에도 불구하고, 그러한 문서들 사이의 참조관계, 시기별 구상의 연속성과 단절성 등의 문제에 대해서는 거의 언급하고 있지 않다. 또한 SWNCC 문서를 입안, 작성, 정책 결정 과정에서 드러나는 상이한 부처 간의 입장 차이나 정책결정 과정의 동학도 그의 주된 관심은 아니다. 결과적으로 그는 SWNCC문서를 최종적으로 확정된 미국의 대한정책을 실증해주는 자료로서 다소 제한적으로 활용하는 경향을 보여주고 있다. 다시 말해 대한정책의 틀을 넘어 동아시아 지역에 대한 미국의 점령지역 정책의 맥락에서는 분석되지 않는다.

3) 미군정기 남한 국가형성과 국가-시민사회 관계

박찬표와 이혜숙은 미국의 대한정책 연구라는 맥락에서 SWNCC를 다루었던 다른 연구들과는 달리, 보다 사회과학적인 관심에서 각각 미군정기 남한 국가형성의 과정과 미군정기에 구조화된 국가-시민사회의 관계를 해명하는 것을 일차적 목적으로 하고 있다.[7]

1945~1948년 남한의 국가형성과정을 살펴보는 박찬표는 정용욱과 함께 한국 관련 SWNCC문서들을 각각의 주제별로 포괄적으로 활용하고 있다. 그의 연구에서는 미국의 한반도 점령정책과 신탁통치 구상(SWNCC 79시리즈, 101시리즈), 한국에서의 민사행정에 대한 초기지령(176/3, 176/5/D, 176/6, 176/7, 176/8), 미소공동위원회에 대한 정치적 지침(176/15, 176/16, 176/17, 176/18), 1차 미소공위 결렬 이후 점령정책의 변화(176/23, 176/25, 176/26, 176/27, 176/28, 176/29, 176/30) 등에 대한 워싱턴 고위당국의 결정사안들이 SWNCC문서들을 통해 드러난다.

박찬표는 상대적으로 SWNCC 문서의 입안·수정과정을 세밀하게 보여주면서, 이를 통해 본국 국무부와 군부 사이의 갈등, 현지 주한미군정과 워싱턴 당국 사이의 갈등구조를 드러내고 있다. 즉 최종적으로 결정되어 미군정에 하달된 지침 뿐 아니라, 문서의 작성·수정과정에 주목함으로써 미국 본국의 대한정책이 현지 점령당국과의 상호작용을 통해 변형되고 굴절되는 과정을 규명하고자 하고 있다.

미군정기의 지배구조와 경제·사회정책을 전반적으로 고찰하고 있는 이혜숙 역시 SWNCC 문서를 통해 미군정기의 다양한 정책들의 형성과 집행 과정을 살펴보고 있다. 때문에 주로 점령과 신탁통치, 미소공위 등의 문제에 국한되어 있는 다른 선행연구들에서 검토되지 않는 한국 내 경제·사회 정책에 대한 SWNCC 문서들이 중요한 자료로서 활용된다.

예컨대 한국 내 일본 적산처리 문제를 둘러싼 정책의 입안 과정은 SWNCC 265 시리즈를 통해서, 또한 한국의 노동정책에 대한 미국 본국의 방침은 SWNCC 176/8과 SWNCC 376을 통해서 탐구되고 있다.[8] 박찬표의 연구와 마찬가지로 위의 정책의 수립·실행 과정에서 나타나는 본국의 부처 간 갈등과 현지 미군정과 본국 당국자 간 갈등 역시 주요한 분석의 대상이 된다.

4) 탈식민 문제와 한일 관계 구상

위에서 살펴본 선행연구들이 대부분 미국의 대한정책, 혹은 남한 사회 내부의 변화를 다루고 있는데 반해서, 몇몇 연구들은 한국과 일본과의 관계를 시야에 넣고, 전후 탈식민의 과제와 미국에 의한 한일 관계의 재조정 문제를 다루면서 SWNCC를 언급하고 있다.

김태기는 1944~1945년의 시점에서 미국무부 내의 소위 일본통 실무자들이 일본 내 한국인 문제를 어떠한 시각에서 이해했으며, 또한 이들이 구상해낸 정책들이 미육군태평양방면사령부GHQ와 연합군최고사령관SCAP등 일본 점령당국에 어떤 영향을 주었는지의 문제를 살펴보고 있다. 이러한 과정에서 재일난민에 대한 극동소위원회의 보고서 SFE 128과 일본점령에 대한 초기지령인 SWNCC 52/4, 재일난민에 대한 SWNCC 205 시리즈의 생산과정이 자세하게 고찰된다.[9]

송병권은 미국의 전후 정책의 형성과정에서 한국 경제와 일본 경제의 분리정책이 형성되고 변용되는 과정을 추적하면서, '경제관계의 단절'과 '대외무역의 개방'이라는 일견 모순되는 정책 방향이 점령정책의 수준에서 해소되는 방식을 분석한다. 이를 위해 그는 일본에 대한 미국의 초기지령인 SWNCC 150/4A, JCS 1380/15와 한국에 대한 미국의 초기지령인 SWNCC 176/8의 경제조항들을 세밀하게 비교함으로써, 양자 간의 유사성과 차이점을 밝히고 있다.[10]

2. NARA 소장 한국 관련 SWNCC 자료 개괄

1) 문서군별 SWNCC 자료 상황

앞에서 언급하고 있는 선행연구들이 활용하고 있는 SWNCC 정책 문서들은 어디에서 찾을 수 있을까? 미 국립문서기록관리청NARA II에는 1944~1947년 미국의 전후 세계질서 재편과 관련한 자료 가운데 가장 핵심적인 자료에 해당하는 SWNCC 관련 자료가 수많은 외교 및 군사 문서군에 소장되어 있다.

SWNCC는 국무부, 전쟁부(육군부), 해군부 간 조정위원회이므로 SWNCC 보고서 및 관련 자료들은 각 부의 주요 문서군에 포함되어 있다. 국무부의 SWNCC 자료는 국무부 일반 문서군(RG 59)과 국무부 부간·부내 위원회 문서군(RG 353)에 집중되어 있다. 전쟁부의 SWNCC 자료는 전쟁부 일반/특수참모부 문서군(RG 165), 육군참모부 문서군(RG 319), 육군부장관실 문서군(RG 335)에 있으며, 해군부는 해군작전부장실 문서군(RG 38), 해군부 일반 문서군(RG 80, 428)에 있다. 그리고 SWNCC 정책 결정에서 핵심 회람 대상이자 주요 협의 파트너였던 JCS의 문서군(RG 319)도 주요 SWNCC 보고서 및 자료들을 소장하고 있다. 그 밖에도 제2차 세계대전기 연합군 작전·점령 사령부 문서군(RG 331) 등에서도 찾아볼 수 있다.

한국 관련 SWNCC 자료는 SWNCC와 SFE에서 생산한 보고서와 회의록 및 기타 자료들이며, 이는 대표적으로 아래의 문서군에서 찾아볼 수 있다.

(1) 외교 문서군

● RG 43 국제회의, 위원회, 박람회 문서

　　Records of International Conferences, Commission, and Expositions, 1825-1979

이 문서군에는 미국이 참여하거나 관여한 국제위원회 관련 기록들(Records relating to U.S. membership on international commissions and committees)이 소장되어 있다. 그 가운데 미소공동위원회의 미국대표단 기록(Records of the U.S. Delegation to the US-USSR Joint Commission on Korea)에 State-War-Navy Coordinating Committee (SWNCC) documents, 3/19/1945-6/27/1947 시리즈가 포함되어 있다. 이 시리즈에 미국의 한국 관련 정책 SWNCC 보고서와 기타 자료들이 한 박스(Box. 15) 분량으로 구성되어 있다.[11]

● RG 59 국무부 일반문서
General Records of the Department of State

이 문서군에는 U.S. State-War-Navy Coordinating Committee Policy Files, 1944-49, 일명 SWNCC/SNACC case files이 있다. 이 파일은 스콜라리 리소스사에서 32개의 마이크로필름(LM 54)으로 재생하였다. 여기에는 문서 색인이 포함되어 있다.[12]

그리고 국무부 점령지역차관보 기록(Records of the Office of the Assistant Secretary of State for Occupied Areas, 1946-1959(Lot File[13]: 55D370))에도 SWNCC 자료들이 포함되어 있다. 1장에서 설명한대로 점령지역차관보는 1946년 4월 8일 4개의 점령지역, 즉 독일, 오스트리아, 일본, 한국의 점령문제에 관한 국무부의 모든 정책을 조정하기 위해 신설되었으며, 국무부장관 직속 기구였다. 점령지역 차관보는 SWNCC에서 국무부를 대표했으며, 1946년 8월 9일부터는 SWNCC 의장을 맡았다. 점령지역 차관보는 점령지역에 대한 모든 정책문제를 국무부 내 해당 부처와 국무부 밖의 해당 기관들에게 제출하는 역할을 했다. 독자적 기구와 인원을 갖지 않고, 다른 부처의 시설과 인원에 의지해 업무를 수행했다. 점령지역 차관보는 일본에서 연합군 점령정책을 주조했던 극동위원회(Far Eastern Commission, FEC)와 미국 정부를 이어주는 통로이기도 했다. 점령지역 차관보는 두 개의 비서과, 독일-오스트리아 비서과

(유럽국장이 맡음)와 일본-한국 비서과(극동국장이 맡음)를 두었다.[14]

무엇보다도 RG 59에는 1941~1949년 남한 내정과 관련된 문서들(훈령, 전문, 비망록 등)이 있다. 895(Internal Affairs of Korea) 시리즈와 740.00119 control(Korea) 시리즈, 501BB 시리즈 등이 있다. 그 가운데 740.00119 control(Korea) 시리즈에는 워싱턴의 국무부, 육군부 내 관련 부서에서 작성한 정책문서들이 많다. 국무부 내 한국문제 담당 부서는 극동국(Office of Far Eastern Affairs), 일본부(Division of Japanese Affairs), 북동아시아부(Division of Northest Asian Affair), 한국 및 일본 경제문제부(Division of Japanese and Korean Economic Affairs) 등이다. 육군부에서는 민사부(Civil Affairs Division: CAD), 작전부(Operation Division: OPD)가 있다. 이 시리즈에는 이 부서들의 대한정책 실무자나 고위 관리들이 입안·작성한 정책문서, 비망록, 또는 주한미군사령부와 주고받은 문서 등이 포함된다. 이 문서들은 구상 입안 단계의 정책이 실현가능한 정책으로 주조되는 과정, 정책 원안의 의도와 내용이 관련 부처나 주한미군 당국자와 조율되는 과정 등을 잘 보여준다. 또한 이 시리즈에는 개별 사안에 대해 대통령, 국무부장관, 육군부장관 등이 논평하거나 지시한 것도 포함되어 있다. 그리고 SWNCC와 JCS의 정책문서 가운데 중요한 문서들이 포함되어 있다. 이 시리즈의 다른 한축은 서울의 국무부 정치고문실에서 작성하거나 수집한 자료들이다. 이 문서들의 작성자는 정치고문, 주한미군사령관, 주한미군·미군정 산하 부서들이다. 정치고문과 주한미군사령관이 작성한 문서들은 대부분 한국 내 상황 보고, 정책에 대한 논평과 현지의 견해, 대안적 정책 제시 등으로 이루어져 있다. 워싱턴의 정책 담당자들과 교환한 이런 종류의 문서야말로 이 시리즈가 갖고 있는 최대 강점이다. 이 시리즈는 워싱턴과 점령지 남한의 사정을 모두 반영하였을 뿐만 아니라 양측 담당자들의 해당 사안에 대한 견해를 다른 어느 자료보다도 충실하게 반영하였다.[15]

- RG 353 국무부 부간·부내 위원회 문서

  Records of Interdepartmental and Intradepartmental Committees

이 문서군에는 State-War-Navy Coordination Committee 1944-49가 있다. 이것은 다시 여러 개의 하위 기록들로 구성되어 있다. 그 가운데 한국문제와 관련해서는 다음의 네 가지가 중요하다.[16]

- Records of the Subcommittee for the Far East, 1945-1948: 14개의 마이크로필름(T1205)으로 재생되었다. 문서는 극동소위원회에서 취급한 문서번호별로 정리되어 있다. SFE 식별부호.

- Minutes of Meetings of the Subcommittee for the Far East: 1개의 마이크로필름(T1198)으로 재생되었다. 문서는 회의 차수별로 정리되어 있다. 이 위원회는 1945년 말까지는 1주일에 1, 2회 정기 회합하였으나, 1946년 이후에는 필요할 때마다 소집되었다. 한국문제와 관련해서는 해방 직전과 1945년 8, 9월에 많은 논의가 이루어졌다. 한국문제에 대한 각 부 실무자들의 견해와 취급 방법을 보여준다.

- Minutes of Meetings of the SWNCC, 1944-1947: 1개의 마이크로필름(T1194)으로 재생되었다. 문서는 회의 차수별로 정리되어 있다.

- SWNCC&SNACC Decimal Subject Files, 1944-1949: 12개의 마이크로필름(T1195)으로 재생되었다. 문서는 국무부 십진분류체계에 의해 분류되었다. 전반적으로 잡다한 문서들로 구성되었다.

(2) 군사 문서군

- RG 165 육군부 일반/특수참모부 문서

  Records of the War Department General and Special Staffs, 1860-1952

육군부에서 SWNCC 자료와 관련해 가장 중요한 조직은 일반참모부 내 작전부(Operation Division, 이하 OPD)[17]와 산하 전략정책단(Strategy and Policy Groups, S&PG), 그리고 특수참모부 내 민사부(Civil Affairs Division, CAD)이다. OPD는 작전계획과 민정·군정계획을 수립했다. 그리고 CAD는 제2차 세계대전 중 새로 조직된 특별참모부서의 하나로 민정 업무의 계획, 정책준비, 조언, 결과에 대한 평가, 민정보고서 접수 및 분류 등의 임무를 담당했다.[18]

Records of the Operations Division, 1923-1948에는 전략정책단이 생산한 American- British-Canadian organizational planning and general combat operations('ABC파일')이 있다. 이 ABC파일에는 작전부 전략정책단의 문서들뿐만 아니라 SWNCC, JCS, 합동전쟁기획위원회(JWPC), 연합참모부(CCS) 문서 등이 집중되어 있다.

Records of the Civil Affairs Division, 1942-1952에는 Security Classified Committee Papers, 1943-1949 시리즈가 포함되어 있다. 이 시리즈에는 군정 관련 정책을 발전시키는데 책임 있는 위원회(SWNCC 등) 관련 비망록, 회의록, 아젠다, 보고서, 지령, 인덱스, 명부 등의 자료들이 들어 있다. 총 90박스 분량인데, SWNCC 관련 박스만 59박스이며, 한국 관련 SWNCC 보고서가 담겨 있는 박스도 여럿 있다.[19]

● RG 218 미합동참모부 문서

Records of the U.S. Joint Chiefs of Staff

JCS는 SWNCC의 모든 보고서들에 대해 검토하고, 의견을 제시했다. 이러한 이유로 이 문서군은 군사문서군 가운데에서 가장 많은 SWNCC 관련 자료들을 갖고 있다. 구체적으로 보면 이 문서군의 일반십진분류파일(General Decimal File)과 지역별 문서파일(Geographic File) 등에는 JCS 자료뿐만 아니라 JWPC, SWNCC 등과 교환한 여러 문서들이 집중되어 있다. 한국 관련 지역별 문서파일(Geographic File on Korea)도 주목된다.[20]

각 파일마다 자료가 중복되어 있다. 한 문서가 작성되면 여러 관계기관으로 발송, 회신한 자료도 함께 철하므로 내용상 별 차이 없는 자료들이 중복되어 있는 것이다.

● RG 319 육군참모부 문서

Records of the Army Staff

육군참모부라는 용어가 육군 일반참모부, 특수참모부, 행정참모부, 기술참모
부를 통칭하는 개념으로 채택된 것은 1950년이다. 그러나 그 이전 전쟁부 때
산하에 참모부서들이 있었고, 이 문서군은 전임 기구들의 자료를 모두 포함하
고 있다. 따라서 이 문서군에서의 SWNCC 관련 자료는 RG 165의 그것과 동
일한 것이다.[21] 특히 OPD의 후신인 기획작전부(Plans and Operation Divi-
sion) 자료에 한국 관련 SWNCC 자료들이 모여 있다.

● RG 331 제2차 세계대전기 연합군 작전 · 점령사령부 문서

Records of Allied Operational and Occupation Headquarters, World War II,
1907-1966

Records of Organizations of General Headquarters U.S. Army Forces,
Pacific, and its Successor, General Headquarters Far East Command,
Relating to SCAP Functions, 1945-1952 가운데 Records of the SCAP Sec-
tion of the Public Information이 있다. 여기에는 Records of the Office of
the Chief of Information이 생산한 자료 가운데 Formerly Top Secret Cor-
respondence and Message File, Compiled 1951-1951 시리즈에는 한국 관
련 SWNCC 보고서가 일부 있다.

그 밖에도 연합군최고사령관(맥아더)의 일반참모부와 특수참모부 산하의 여
러 조직들에 한국 관련 SWNCC 보고서 및 자료들이 흩어져 있다. 대부분은
JCS가 맥아더 총사령관에게 하달했던 자료들이 관계 업무를 수행하는 유관
기관들로도 배포되면서 이렇게 흩어진 채 존재하는 것으로 보인다.

● RG 335 육군장관실 문서

Records of the Office of the Secretary of the Army, 1903-2007

이 문서군에 Security Classified Numbered Papers of the State-Army-Navy-Air Force Coordinating Committee, 1944-1949 시리즈가 있다. 이 시리즈는 SWNCC와 SNACC의 한국 관련 보고서 복사본들이 집중되어 있다.

2) 한국 관련 SWNCC 문서 목록

한국 관련 SWNCC 문서는 SWNCC 76, 77, 78, 79, 101, 115, 176, 232, 239, 265, 376 시리즈이다. 그리고 SWNCC 16(태평양과 극동에서의 정치군사적 문제들)과 150(극동에서의 정치군사적 문제들: 패전 이후 일본 관련 미국의 초기 지령) 시리즈도 부분적으로 보면, 한국 관련한 내용들을 포함하고 있다. 이 문서들이 작성되거나 논의되거나 회람된 내역을 날짜별로 일별하면 아래의 목록과 같다.

표 1

No.	Date	Title
16	1945.1.31	Politico - Military Problems in the Pacific
16/1/D	1945.2.2	Politico - Military Problems in the Pacific
16/2	1945.2.19	Politico - Military Problems in the Pacific
76	1945.3.19	Politico-Military Problems in the Far East: Treatment of the Japanese Population by the Military Government of Korea
77	1945.3.19	Politico-Military Problems in the Far East: Treatment of the Korean Population by the Military Government of Korea
78	1945.3.19	Politico-Military Problems in the Far East: Utilization of Koreans in the Administration of a Military Government
79	1945.3.19	Politico-Military Problems in the Far East: Composition of Forces to Occupy Korea
16/3	1945.3.21	Politico - Military Problems in the Far East
16/4	1945.3.30	Politico - Military Problems in the Far East
101	1945.4.7	A temporary International Supervisory Authority in Korea: Relationship with Military Government
115	1945.4.9	

No.	Date	Title
115	1945.4.10	
101	1945.4.23	A temporary International Supervisory Authority in Korea: Relationship with Military Government
115	1945.4.23	Utilization of Korean in the War Effort
115	1945.4.24	Utilization of Korean in the War Effort
115	1945.5.26	Utilization of Korean in the War Effort
115	1945.5.29	Utilization of Korean in the War Effort
115/1	1945.5.31	Utilization of Korean in the War Effort
115/1	1945.5.31	Utilization of Korean in the War Effort
115/2	1945.6.4	Utilization of Korean in the War Effort
150	1945.6.11	Politico-Military Problems in the Far East: US Initial Post-Defeat Policy Relating to Japan
150/1	1945.8.11	Politico-Military Problems in the Far East: US Initial Post-Defeat Policy Relating to Japan
150/2	1945.8.12	Politico-Military Problems in the Far East: US Initial Post-Defeat Policy Relating to Japan
16/5/D	1945.8.13	Politico - Military Problems in the Far East
150/3	1945.8.22	Politico-Military Problems in the Far East: US Initial Post-Defeat Policy Relating to Japan
176	1945.8.22	International Agreements as to Occupation of Korea
176/1	1945.8.24	International Agreements as to Occupation of Korea
176/2/D	1945.8.24	International Agreements as to Occupation of Korea
150/3	1945.8.30	Revision of SWNCC 150/3(45-8-22)
16/6	1945.8.30	Politico - Military Problems in the Far East
176/3	1945.9.1	Basic Initial Directive to the Commander-in-Chief U.S. Army Forces in the Pacific for the Administration of Civil Affairs in Korea South of 38° North Latitude
101	1945.9.11	A temporary International Supervisory Authority in Korea: Relationship with Military Government

No.	Date	Title
101/1	1945.9.11	A temporary International Authority in Korea
176/4	1945.9.11	Basic Initial Directive to the Commander-in-Chief U.S. Army Forces in the Pacific for the Administration of Civil Affairs in Korea South of 38° North Latitude
101/1	1945.9.12	A temporary International Authority in Korea
101/1	1945.9.14	A temporary International Authority in Korea
150/5	1945.9.19	Politico-Military Problems in the Far East: US Initial Post-Defeat Policy Relating to Japan
101/1	1945.9.21	A temporary International Authority in Korea
150/4A	1945.9.21	Politico-Military Problems in the Far East: US Initial Post-Defeat Policy Relating to Japan
101/1	1945.9.26	A temporary International Authority in Korea
176/5/D	1945.9.26	Basic Initial Directive for Civil Affairs in Korea
176/5/D	1945.9.26	Basic Initial Directive for Civil Affairs in Korea
101/2	1945.9.27	A temporary International Authority in Korea
101/2	1945.9.27	A temporary International Authority in Korea
176/6	1945.9.27	Basic Initial Directive for Civil Affairs in Korea
176/6	1945.9.27	Basic Initial Directive for Civil Affairs in Korea
79/1	1945.9.27	Structure and Composition of Civil Affairs Administration in Korea
150/4	1945.9.6	Politico-Military Problems in the Far East: US Initial Post-Defeat Policy Relating to Japan
150/4	1945.9.6	Politico-Military Problems in the Far East: US Initial Post-Defeat Policy Relating to Japan
176/7	1945.10.4	Basic Initial Directive for Civil Affairs in Korea
176/7	1945.10.4	Basic Initial Directive for Civil Affairs in Korea
176/8	1945.10.13	Basic Initial Directive for Civil Affairs in Korea
176/8	1945.10.13	Basic Initial Directive for Civil Affairs in Korea
176/9/D	1945.10.15	Basic Initial Directive for Civil Affairs in Korea
176/9/D	1945.10.15	Basic Initial Directive for Civil Affairs in Korea
79/2	1945.10.15	Structure and Composition of Civil Affairs Administration in Korea
101/2	1945.10.17	A temporary International Authority in Korea
101/3	1945.10.18	A temporary International Authority in Korea

No.	Date	Title
101/4	1945.10.24	A temporary International Authority in Korea
101/4	1945.10.24	A temporary International Authority in Korea
16/7/D	1945.11.9	Politico - Military Problems in the Far East
176/10	1945.11.23	United States Initial Policy with Respect to Korea
150/6	1945.11.24	United States Initial Post-Surrender Policy for Japan
232/D	1945.12.3	Police Force and National Defense Forces for Korea
16/8	1945.12.4	Politico - Military Problems in the Far East
16/9	1945.12.11	Politico - Military Problems in the Far East
176/11	1945.12.15	United States Initial Policy with Respect to Korea
176/12	1945.12.17	Displaced Persons in Korea
150/8	1945.12.18	Post-Surrender Policy for Japan
232/1	1945.12.19	Police Force and National Defense Forces for Korea
239/D	1945.12.27	Use of Transport Type Japanese Aircraft for U.S. Military Government Airline Operation in Korea
150/7/D	1945.12.7	Post-Surrender Policy for Japan
176/13	1946.1.1	Directive to General MacArthur for U.S.-Soviet Conference on Korea
176/14	1946.1.10	Displaced Persons in Korea
239/1	1946.1.10	Use of Transport Type Japanese Aircraft for U.S. Military Government Airline Operation in Korea
176/15	1946.1.24	Political Policy for Korea
176/16	1946.1.24	Convening of Joint U.S.-Soviet Commission for Korea
176/17	1946.1.28	Political Policy for Korea
176/18	1946.1.28	Political Policy for Korea
176/19	1946.2.12	Political Policy for Korea
232/2/D	1946.2.13	Police Force and National Defense Forces for Korea
176/20	1946.2.14	Guidance for Initial Meeting of Joint Commission
265	1946.2.20	Disposal of Japanese Property in Korea
176/21	1946.2.21	Guidance for Initial Meeting of Joint Commission
16/10	1946.3.9	Politico - Military Problems in the Far East
239/2	1946.3.27	Use of Transport Type Japanese Aircraft for U.S. Military Government Airline Operation in Korea
318	1946.7.15	Consular Establishments in U.S. Zone of Korea
16/11	1946.7.24	Politico - Military Problems in the Far East

No.	Date	Title
176/22	1946.7.26	Proposed Negotiations with the USSR over Korea on a Governmental Level
176/23	1946.8.14	Interim Directive for Military Government in Korea
318/1	1946.8.20	Consular Establishments in U.S. Zone of Korea
232/3	1946.8.27	Police Force and National Defense Forces for Korea
265/1	1946.9.27	Disposal of Japanese Property in Korea
265/2	1946.10.24	Disposal of Japanese Property in Korea
150/9	1946.12.27	United States Initial Post-Surrender Policy for Japan
265/3	1947.1.21	Disposal of Japanese Property in Korea
150/10	1947.2.18	United States Initial Post-Surrender Policy for Japan
176/24	1947.5.8	Action by CG USAFIK in Event of Invasion by North Korean Army
176/25	1947.5.12	Interim Directive for Military Government in Korea
239/3	1947.6.2	Establishment of Commercial Air Service in Korea
176/26	1947.6.26	Interim Directive for Military Government in Korea
376	1947.6.27	Treatment of Korean Worker's Organization
176/28	1947.7.22	Interim Directive for Military Government in Korea
176/27	1947.7.24	U.S. Policy in Korea
176/29	1947.7.24	Interim Directive for Military Government in Korea
176/30	1947.8.4	U.S. Policy in Korea
176/31	1947.8.15	Interim Directive for Military Government in Korea
376/1	1947.8.19	Treatment of Korean Worker's Organization
176/32	1947.9.24	Interim Directive for Military Government in Korea
176/33	1947.11.7	South Korea Armed Forces
387	1947.11.7	Disposition of Korean ships and Fishing Vessels found in Japanese and other Far Eastern waters
239/4	1947.12.9	Establishment of Commercial Air Service in Korea
176/34	1947.12.29	Interim Directive for Military Government in Korea
176/35	1948.1.14	United States Policy in Korea
176/36	1948.1.22	Interim Directive for Military Government in Korea
176/37	1948.1.29	United States Policy in Korea
176/38	1948.2.24	United States Policy in Korea
176/39	1948.3.22	United States Policy in Korea

3. 한국 관련 SWNCC 보고서의 주요 내용

1) 한국 점령 준비 및 초기 신탁통치 관련 지침

(1) 태평양전쟁에서 한국인들의 활용 방안 검토

문서번호	날짜	제목	비고
SWNCC 115	1945.4.23	전쟁수행노력에서의 한국인들의 활용	
SWNCC 115/1	1945.5.31	전쟁수행노력에서의 한국인들의 활용	한국인 활용이 적절하지 않다는 웨드마이어 장군의 의견이 SWNCC에서 회람
SWNCC 115/2	1945.6.4	전쟁수행노력에서의 한국인들의 활용	한국인 활용이 적절하지 않다는 웨드마이어 장군의 의견을 수용

SWNCC 115는 일본에 대항한 태평양전쟁에서 한국인들의 군사적 활용 방안에 대해 검토하고 있다. 1945년 4월 10일 국무부 극동국의 요청에 응답하여, 1945년 4월 24일 국무부 매튜스Freeman Matthews가 SWNCC 115가 위원회 내 회람된다. SWNCC 115은 1945년 2월에 있었던 임시정부 조소앙의 제안과 러시아에서 2~3개 한국인 사단이 훈련받고 있는 첩보를 전제로 전쟁포로와 억류 주민을 통한 전투부대 구성안을 제시하면서도 임시정부에 대한 인정으로 여겨질 수 있는 중국 내 한국인들에 대한 지원은 불가하다는 점을 밝히고 있다. SWNCC는 1945년 5월 18일 회의를 통해 웨드마이어Alber C. Wedemeyer 장군의 검토가 필요하다고 동의하여 웨드마이어 장군의 검토를 받았다. 웨드마이어 장군은 해당 안이 적절하지 않다고 평가했다. 해당 의견은 1945년 5월 31일 SWNCC 115/1로 SWNCC에서 회람되었다. 최종적으로 1945년 6월 4일, SWNCC 115/2로 SWNCC 115/1를 승인함으로써 태평양 전쟁에서 국무부가 제안했던 한국인 활용방안은 폐기되었다.

(2) 초기 주한미군정의 정책 준비

문서번호	날짜	제목	비고
SWNCC 76	1945.3.19	극동에서의 정치·군사 문제: 한국 군정에 의한 일본인 주민 처리	1945.3.12. 극동소위원회 기안 1945.3.24. SWNCC 승인
SWNCC 77	1945.3.19	극동에서의 정치·군사 문제: 한국 군정에 의한 한국인 주민 처리	1945.3.12. 극동소위원회 기안 1945.3.24. SWNCC 승인
SWNCC 78	1945.3.19	극동에서의 정치·군사 문제: 군정 행정에 있어서 한국인 활용방안	1945.3.12. 극동소위원회 기안 1945.3.24. SWNCC 승인
SWNCC 79	1945.3.19	극동에서의 정치·군사 문제: 한국점령군의 구성	1945.3.12. 극동소위원회 기안 1945.3.24. SWNCC 승인
SWNCC 101	1945.4.7		신탁통치를 담당할 임시국제 감독기구에 대한 내용을 다루고 있음. 현재 확보한 자료에서 본문 내용 확인은 불가능.

SWNCC 76, 77, 78 시리즈, 그리고 SWNCC 79는 극동에서의 정치-군사적 문제를 다루는 행정적 절차 및 방법에 대한 보고서들이다. 해당 문서들은 모두 1945년 3월 12일 SWNCC 극동소위원회에서 기안되었다. 76은 한국 군정에 의한 일본인 처리, 77은 한국 군정에 의한 한국인 처리, 78은 한국 군정 행정에서 한국인들의 활용 방안에 정책 준비 대해 다루고 있다. 76, 77, 78, 79는 1945년 3월 19일 회람되고, 1945년 3월 24일에 승인되었다. 76과 77은 SWNCC 16/2에 따라 76은 한국 군정이 일본인 주민에 대해서는 법적, 정치적, 군사적, 사회적 요인을 고려해야하고, 77은 한국 군정이 한국 주민에 대해서는 한국의 해방과 독립을 고려하여 이들을 "적국민"으로 봐야할지 "해방된 국민"으로 봐야할지 방침을 정해야 한다고 본다. 78도 SWNCC 16/2에 따라 한국 군정에서 군정의 사무적, 기술적, 행정적 지위에 충원될 한국인의 역량과 채용의 타당성을 검토해야 한다고 보고 있다. 79 역시 SWNCC 16/2에 근거한 것으로 카이로 선언에서 한국을 적당한 시기에 자주 독립시킨다는 약속이 군

정에 미치는 영향, 연합국에 의한 군정과 미국에 의한 군정의 상대적 장점, 군정에 포함될 국가들, 한국 점령에 국가간 참여 정도를 검토해야 한다고 명시하고 있다. 76, 77, 78, 79 모두 SWNCC가 국무부에 초안을 요청하여 받고, 이 초안을 SWNCC 사무국이 JCS 유관 기관과 SWNCC 극동소위원회간의 공조를 통해 JCS의 승인을 얻은 후, SWNCC의 최종보고서로 각 정부 기관에 정책 지침으로 유포할 것을 지시하고 있다. SWNCC 101은 극동소위원회 작성 보고서로 1945년 4월 7일 SWNCC 내에 회람되었고, 이후 101 시리즈는 한국의 신탁통치를 담당할 임시국제기구의 성격에 대한 논의를 다루고 있다. 정용욱은 SWNCC 77, 78, 79, 101이 점령, 군정, 국제민정기구에 관한 실무적인 정책 지침을 마련한 것으로 평가하고 있다.[22]

(3) 초기 일본 점령 정책

문서번호	날짜	제목	비고
SWNCC 150	1945.6.11	극동의 정치·군사 문제: 승전 이후 미합중국의 초기 대일정책	
SWNCC 150/1	1945.8.11	극동의 정치·군사 문제: 승전 이후 미합중국의 초기 대일정책	
SWNCC 150/2	1945.8.12	극동의 정치·군사 문제: 승전 이후 미합중국의 초기 대일정책	
SWNCC 150/3	1945.8.22	극동의 정치·군사 문제: 승전 이후 미합중국의 초기 대일정책	
SWNCC 150/4	1945.9.6	극동의 정치·군사 문제: 승전 이후 미합중국의 초기 대일정책	
SWNCC 150/4A	1945.9.21	극동의 정치·군사 문제: 승전 이후 미합중국의 초기 대일정책	대통령의 승인을 받음

1945년 6월 11일, SWNCC 150이 "극동의 정치군사 문제: 승전 이후 미국의 초기 대일정책"이라는 주제로 SWNCC 내에 회람된다. 이 문서는 미국의 전반적 목표를 일본의 무조건 항복과 전면적 패배, 영토의 박탈, 일본의 전쟁 시도 억제, 일본 정부 개편으로 제시하고 있다. 일본의 무조

건 항복과 함께 연합군최고사령관은 내정 및 외교에 대한 최대 권력을 행사하고, 천황의 헌법적 권한을 정지시키며, 기존 정부 기관의 기능을 군정이 장악할 것을 명시하고 있다. 이 문서는 정치조항과 경제조항을 나누어 대일 정책을 제시하고 있는데, 150에서 특징적인 것 중 하나는 정치조항에서 일본에 대한 취급을 세 시기로 나누어 구별한다는 점이다. 1기는 군사점령을 통한 엄격한 제재 시기, 2기는 일본이 평화에 대한 의사가 있고 그 능력을 입증한 이후 제재를 완화하는 시기, 3기는 일본이 국제사회에서 책임을 적절히 완수하게끔 하는 시기이다.

1945년 8월 11일, SWNCC 150/1이 위원회 내 회람되면서 연합국의 권한 내용이 추가되었다. 여기서 천황의 권한은 완전히 정지되지 않고, 최고사령관 또는 기타 연합국 정무대표자의 권한이 천황 및 일본 정부기구를 통해 행사되도록 내용이 변경되었다. 또한, 150의 시기구분 내용이 삭제되었다. 다음 날인 1945년 8월 12일, SWNCC 150/2가 위원회 내에 회람되었다. 이 문서에서는 일본이 수립해야 할 정부의 상이 국제연합의 이상과 원칙에 부합해야 하며, 일본이 인권의 존중과 자유주의적이고 대의적인 정부 원리를 발전시켜야 한다는 문구가 추가되었다.

일본의 무조건 항복 이후, 1945년 8월 22일, SWNCC 150/3이 위원회 내에 회람된다. SWNCC 150/3은 일본의 주권이 미치는 영역을 혼슈, 홋카이도, 큐슈, 시코쿠, 그리고 협정에 기초한 주변 소도서로 한정했다는 점이 특징적이다. 연합국의 권한 부분에서는 연합국 간 의견 불일치 시 미합중국의 권한이 결정적일 것이라는 점을 명시했고, 천황 및 일본의 다른 권력자가 항복조건의 이행에 관한 최고사령관의 요구에 충분히 부응하지 못 한 경우, 최고사령관이 통치기구를 교체하거나 직접 행동할 수 있도록 지시하고 있다. 1945년 9월 6일, 150/3은 대통령에게 제출되어 승인을 받았고, 150/4는 이 내용을 위원회에서 회람하는 문서이다. 1945년 9월 21일 SWNCC 25차 회의에서 약간의 내용이 수정되어 150/4A로 위원회에서 회람되었다.

2) 한국 점령과 민사행정에 관한 초기 지령

(1) 한국 점령에 관한 국제적 합의

문서번호	날짜	제목	비고
SWNCC 176	1945.8.22	한국 점령에 관한 국제적 합의	맥아더의 지침 요청에 대한 국무부 차관보의 답변
SWNCC 176/1	1945.8.24	한국 점령에 관한 국제적 합의	맥아더에게 보낼 지령의 초안을 포함한 육군부 차관보 작성 비망록
SWNCC 176/2/D	1945.8.24	한국 점령에 관한 국제적 합의	맥아더에게 보내는 지령

SWNCC 176, 176/1, 176/2/D는 한국 점령에 관한 국제적 합의를 주제로 하고 있다. 제24군 사령관 하지 중장은 한반도 38도선 이남으로 진주하는 것이 결정된 상황에서 한반도 내부 상황에 대한 구체적인 정보를 미육군태평양사령부(맥아더 사령관)에게 요청했다. 이에 맥아더 사령관은 1945년 8월 22일 군정 실시에 요구되는 행정적·실무적 사항들뿐만 아니라 군정 수립과 과도적인 행정 이후 한국의 장래에 관한 미국 정부의 구상과 계획, 소련 측과의 협의 방식 등에 관한 지침을 다음과 같이 요청했다.

"한국 점령은 4개국 분할을 기본으로 하여 이루어질 것이므로 접경지역과 중첩지역 점령군 사령관 사이의 직접적인 접촉과 관련한 연합국과의 합의, 특히 러시아와의 합의를 한국과 관련된 적절한 지시들과 함께 이 사령부에 제공할 것을 요청합니다. 주한미육군사령관에게 보내는 지침서에 포함시키기 위해 위 정보를 긴급히 요구합니다."

이 요청은 JCS를 통해 SWNCC로 전달되었다.[23] 이에 대한 국무부 차관보가 JCS에게 보낸 답변이 SWNCC 176이다. 이 답변은 "한국 점령은 4개국 분할을 기본으로 하여 이루어질 것이므로"라는 첫 구절이 정확하지 않다고 문제 삼고 있다. 얄타회담에서 미국, 소련, 영국, 중화민국이 한국에 대해 임시적 신탁통치를 수립한다는 구두 동의가 이루어졌다는 것이다. 국무부는 이것이 의미하는 바를 4개국의 분할 점령이 아니라 미소 양군에 의한 점령과 한반도 전역에 통합되고 일원화된 민사행정 수립, 그리고 국제연합 총회의 감독 하에 4개국의 임시적 신탁통치 수립이라고 분명히 하고 있다.

이와 관련해 1945년 8월 24일 육군부 차관보이자 SWNCC의 위원인 맥클로이가 SWNCC 의장에게 비망록을 보낸 것은 바로 SWNCC 176/1이다. 맥클로이는 SWNCC 176이 맥아더 사령관의 문의에 대한 적절한 답변이 아니었다고 지적한다. 맥아더의 문의는 오직 한반도 점령의 작전 양상과 관련된 것이며, 그가 당면한 긴급 문제는 한반도 38도선 이남에 대한 정치적·경제적 사안, 그리고 소련 측과의 관계에 대해 어떻게 진행해야 되는지에 대한 지시였다는 것이다.

176/2/D는 맥아더의 요청에 대해 SWNCC가 JCS를 통해 맥아더에게 보내는 지령이다. 그 내용을 보면, 영국과 중화민국, 또는 여타 국제연합국의 특별한 의사 공표가 없는 상태에서, 한반도의 초기 점령은 미국과 소련의 군에 의해 이루어질 것이며, 얄타회담에서 구두 동의된 임시적 신탁통치가 이루어질 것이라는 점을 분명히 하고 있다. 또한 이것이 다개국의 공동 분할 점령을 의미하는 것이 아님을 강조하고 있다.

(2) 한국에서의 민사행정(civil affairs)을 위한 초기 기본 지령

문서번호	날짜	제목	비고
SWNCC 176/3	1945.9.1	38선 이남의 한국에서의 민사행정에 대한 미육군태평양방면사령관에게 하달하는 초기 기본 지령	176/8의 최초의 초고

문서번호	날짜	제목	비고
SWNCC 176/4	1945.9.10	38선 이남의 한국에서의 민사행정에 대한 미육군태평양방면사령관에게 하달하는 초기 기본 지령	맥아더에게 보내는 SWNCC 의장 대리의 비망록(한국 내 일본인 관료의 즉각적 해고 관련)
SWNCC 176/5/D	1945.9.26	한국에서의 민사행정에 대한 초기 기본 지령	176/3에 대해 JCS가 제안한 수정 사항들(JCS 1483/5)을 재회부
SWNCC 176/6	1945.9.27	한국에서의 민사행정에 대한 초기 기본 지령	SFE가 재작성한 JCS 1483/5에 대한 재구성
SWNCC 176/7	1945.10.4	한국에서의 민사행정에 대한 초기 기본 지령	SFE가 176/5/D와 176/3의 3부에 대해 수정 제안
SWNCC 176/8	1945.10.13	한국에서의 민사행정에 대한 초기 기본 지령	SWNCC와 JCS의 승인을 받은 176/3과 176/6의 통합수정본
SWNCC 176/9/D	1945.10.15	한국에서의 민사행정에 대한 초기 기본 지령	SWNCC가 SFE에게 동맹국과 언론에 초기 지령에 대한 성명 준비 지시
SWNCC 176/10	1945.11.23	한국에 대한 미국의 초기 정책	성명서
SWNCC 176/11	1945.12.15	한국에 대한 미국의 초기 정책	성명서에 대한 JCS 검토 비망록

SWNCC 176/3에서 176/11에 이르는 문서들은 모두 한국에서의 민사행정을 위한 초기 기본 지령을 주제로 하고 있다. 1945년 9월 1일 SFE가 작성한 176/3은 미군의 진주와 일본의 항복 이후 한반도 전체에 대한 4개국의 일원화된 민사행정 실시 이전까지의 '초기' 기간 동안 맥아더 사령관이 갖게 될 권한과 한국에서의 민사행정에서 실행할 정책들을 ①일반 및 정치, ②경제 및 민간보급, ③재정의 차원에서 규정하고 있다. 그리고 일원화된 민사행정 실시 이후 미-소-영-중의 신탁통치 수립을 제안하는 「한국의 임시국제기구」라는 주제의 SWNCC 101/1 보고서가 현재 준비 중에 있다고 밝히고 있다.

SWNCC 176/3은 한반도 38도선 이남의 점령에 이은 민사행정에 대한 초기 지령의 공식 승인된 지침이었던 176/8의 최초의 초고라는 점에서 의미가 있다. 따라서 이 보고서는 구체적으로 살펴볼 필요가 있으며, 아래에서는 일반 및 정치의 주요 내용을 중심으로 요약 소개한다.

1부   일반 및 정치

1. 본 지령의 목적과 범위

2. 군사적 권한의 기반과 범위

점령당국으로서 통상적인 권한을 부여받을 수 있음. 미국의 대한정책이 '미국과 소련에 의한 초기 과도적 민사행정 → 4개국에 의한 일원화된 민사행정 → 4개국의 신탁통치 → 국제연합 회원국으로서 한국의 완전한 독립'이라는 원칙을 지향하고 있음을 유념해야 함.

3. 군사점령의 기본 목표들

한국에서의 민사행정이 한국인들에게 다음의 사항을 의도한다는 점을 명확히 할 것. 한국에 있는 일본군의 항복 조건 준수 보증, 일본으로부터 한국의 완전한 정치적·행정적 분리 실현과 일본의 사회적·경제적·재정적 통제로부터 해방, 건실한 한국 경제의 발전 촉진, 지방자치의 확립과 유엔 헌장에 따른 자유독립국의 회복 촉진.

4. 민사행정의 확립

귀관은 목표 수행에 요구되는 모든 경우에서 즉각적인 조치를 취할 권한이 있음.

5. 정치적·행정적 재조직화

a. 한국 내 정치적·시민적 자유를 제한하는 모든 법률, 질서, 규정 폐지

b. 일반 형사·민사 법원은 귀관의 감독에 따름. 일본인 재판관들과 이들에게 협력한 여타 한국인 제거. 폐지될 유형의 법률 혹은 규정 하에 수감된 정치범들을 석방하기 위해 모든 조치를 취함.

c. 항복조건의 이행, 군사점령에 대항하는 공격으로 간주되는 행동들에 대해 사법권을 행사하기 위해 군사법원 설립.

d. 형사·일반 경찰기관에서 바람직하지 않은 요소들, 특히 일본에 협력한 일본인과 한국인들을 점진적으로 제거.

e. 일본의 초국가주의적, 폭력주의적, 비밀 애국주의적 단체와 관련된 모든 요소 해체.

f. 예외적인 상황에서만 자격 있는 한국인이나 여타 적합한 인력이 활용가능하지 않을 경우 귀관은 일본에 협력했지만 전문적 자질의 이유로 필요하다고 간주되는 일본인들과 한국인들을 책임 있는 지위에 임시적으로 두거나 계속 머무르도록 할 것임. 귀관은 가능한 빠른 시일 내에 이 인력들을 대체할 적절한 한국인들을 모집하고 훈련시키는데 모든 노력을 기울일 것.

6. 비군사화

한국 내 일본 헌병대, 민간자원부대, 준군사조직 등 모든 부대 무장해제. 그러나 단기적으로는 항복조건 이행이라는 제한된 목적을 위해 군사기관 활용 가능. 또한 모든 무기, 탄약, 군함, 전쟁장비들을 몰수, 파괴, 생산중단.

7. 체포와 구금

일본 군사참의원회, 육군·해군원수위원회, 육해군 참모본부의 모든 성원, 장교, 일본 초군국주의, 폭력주의적, 비밀 애국주의적 단체의 모든 주요 성원 등을 전범 혐의가 있는 자로 체포하고 억류할 것. 또한 일본의 침략계획에 주도적 역할을 담당했던 모든 관료들도 구금. 체포방식이나 구금조건과 관련해 계층과 지위에 따른 차별화가 행해져서는 안 됨. 체포된 자의 소유재산, 동산·부동산은 최종 처분에 관한 지시가 있을 때까지 귀관에게 귀속됨.

8. 전쟁포로, 국제연합국 국민, 중립국 국민 및 기타

9. 정치활동

a. 모든 형태의 일본 군국주의적, 국가신도적 이데올로기와 프로파간다의 유포 금지, 철저히 탄압.

b. 민주주의 이상과 원칙의 보급을 위해 이용가능한 공보수단들이 한국인들을 지도하는데 활용될 것.

c. 군사점령의 목적에 부합하지 않는 정당, 정치조직 및 단체 해산, 민주적 정당의 형성과 활동 장려.

d. 노동, 산업, 농업에서의 민주적 단체의 발전 장려.

e. 종교 예배의 자유.

f. 군사점령의 안전과 그 목적을 달성하는데 침해되지 않는 정도에서 사상, 표현, 언론, 결사의 자유 보장.

10. 교육, 예술 및 기록물

그런데 기본 초기 지령(176/3)이 준비되는 상황에서 "주한미군사령관(하지 중장)이 한국에서 일본 총독과 일본인 관리들을 임시로 유지한다고 결정했다"는 보고가 JCS를 통해 SWNCC로 전해졌다. 이에 SWNCC는 176/4를 통해 1945년 9월 10일 하지 중장의 이 같은 결정이 "한국에서의 우리의 입지에 불운한 영향을 주고 있고, 이전에 거론된 포괄적인 의도나 정책 개요와도 상반된다."고 판단했다. 특히 준비 중인 176/3의 '5. 정치적·행정적 재조직화' 부분에 저촉되었다. 그래서 SWNCC는 JCS와 함께 맥아더 사령관에게 보내는 메시지를 승인했는데, 그 내용은 전문성이라는 이유로 기존의 일본인 관리들의 복무를 제한적으로라도 활용하지 말라고 지시하고 있다. 즉 SWNCC와 JCS가 맥아더 사령관에게 "총독 아베, 총독부의 모든 국장들, 도지사와 도 경무국장, 여타의 일본인 관리들과 친일파 한국인 관리들을 가능한 빨리 해고해야 한다."는 의견을 전달했던 것이다.

제24군의 진주가 시작되면서 이제 기본 초기 지령의 하달이 시급하게 요청되었다. 9월 26일 SWNCC 176/5/D가 제출되었다. 이는 SWNCC 176/3에 대해 JCS가 JCS 1483/5를 통해 수정을 제안한 것으로, 주요 수정 대상은 제3부 재정 부분이었다. 그리고 다음날인 9월 27일 SWNCC 176/6에서 제1부 일반 및 정치 부분에서 군사적 권한의 기반과 범위에서 천명된 "4개국에 의한 일원화된 민사행정"이라는 (두 번째) 단계를 생략했다. 동시에 진행되고 있던 SWNCC 101/1(1945.9.11.)과 79/1(1945.9.27.)에서의 방침 전환을 반영한 것이었다. 다시 말해 한국에 대한 4단계 처리 원칙을 3단계 처리로 수정한 것이다. 그리고 10월 4일 SWNCC 176/7이 진행되었다. JCS 1483/5의 수정에 대해 SWNCC가 재수정 작업을 한 것이었다. 그리고 10월 13일 176/3과 176/6의 통합수정본으로서 176/8이 SWNCC 제27차 회의에서 승인되었다. 이것은 곧바로 JCS부터 승인을 받아 맥아더 사령부에게 한국에서의 민사행정 초기 지령으로서 전달되었다.

176/9/D에서 176/11은 이 176/8에서 준비된 초기 지령의 내용을 동맹국과 언론에 배포할 성명의 준비에 대한 것이다. 10월 5일 제출된 176/9/D에서는 SWNCC 사무국이 SFE로 하여금 성명을 준비하도록 지시하고 있으며, 그 결과 작성된 것이 11월 23일 176/10 성명서이다. 12월 15일의 176/11은 이에 대해 JCS가 검토해 보낸 비망록이다. 이렇게 준비된 성명은 미국의 대한對韓 초기 정책이 '적절한 시기'에 한국을 독립시키고자 하는 원칙 하에서 진행되고 있으며, 소련과의 협력을 통해 분할 점령과 군정에 의한 한반도 통치가 국제적 신탁통치로 계승되어야 함을 천명하고 있다. 성명의 구체적 내용은 176/8의 요약으로 정치, 경제, 재정으로 나누어 서술되어 있다. 정치의 주요 내용은 앞서 176/3에서 확인했으므로 여기에서는 경제와 재정을 성명의 내용을 중심으로 간략하게 소개한다.

(2) 경제

    a. 현 점령의 기간 동안 점령의 두 지대 간의 최대한 범위에서 가능한 정상적인 재화, 서비스, 통신의 분배를 위해 소련 점령군과 연락을 개설하는데 모든 노력이 이루어질 것이다.

b. 질서 있는 발전의 틀 안에서 한국의 경제생활에 대한 일본 통제의 흔적을 제거하고 일본에 대한 경제 독립을 통한 한국의 분리를 제공하기 위한 프로그램은 미국 당국에 의해 추진되고 있다. 일본인을 대체하기 위해 관리 및 기술직에 한국인들의 모집과 훈련이 진행될 것이다.

c. 소득과 생산수단의 지역 소유의 광범위한 분배와 교역을 허가하기 위해 고안된 조치들은 힘을 받을 것이다. 민주주의적 기반에서 만들어지고 국가적 한국경제에 질서 있게 통합되는 노동, 산업과 농업 내에서의 조직들의 발전은 격려되고 호의가 비춰질 것이다.

d. 한국경제에 중요한 모든 식품과 상품의 지역적 생산을 최대화하기 위해 고안된 프로그램들이 뒤따를 것이다. 이러한 항목들에 대해 어떠한 과잉이 나타날 때 이러한 항목들은 지대간inter-zonal 교환과 국제 교역에 활용할 수 있게 될 것이다.

e. 산업 발전과 지역 자원의 최대한의 활용을 조성해서 한국경제를 강화하고 한국 인민들의 삶의 기준을 높이기 위해 고안된 프로그램이 장려될 것이다. 독립된 한국경제를 극동과 국제 교역의 세계 체제로 질서 있게 통합하는 것이 지원될 것이다.

(3) 재정

a. 미합중국 점령 당국은 한국의 중앙은행 업무를 활용하기 위해 국가의 자원과 관련된 안정된 통화를 통해 산업과 상업의 발전을 제공하기 위해 고안된 통제 조치를 적용하기 위해 노력할 것이다.

b. 한국 기관과 요원들은 점령 요원 아래 금융거래 행정에서 활용되고 모든 공적이고 사적인 금융기관에서의 일본의 영향력은 제거될 것이다.

c. 통제지역 행정 내에 군정에 의한 지출을 대기 위해 이러한 세금

들은 지출과 행정의 적절한 세입을 확실히 하는 필수적인 선에서 징수되고 수집될 것이다.

d. 최근 국제연합 회원국과 적대행위에 참여한 정부, 한국을 제외한 국가나 속국의 국민 혹은 거주민이 소유하거나 부분적으로 통제하고 있는 부동산과 개인 재산은 압수되거나 봉쇄될 것이다. 국제연합 회원국 또는 중립국의 부재소유주까지를 포함한 부재소유주, 체제위협적인 기업들을 발전시킨 개인들, 군정에 의해 해소된 연합이나 조직에 있거나 체포된 개인들이 통제하고 있는 자원들 또한 압수되거나 봉쇄될 것이다. 이러한 재산들의 방출은 군정 당국에 의해 발행된 허가나 지침 아래 이루어질 것이다.

e. 수출과 수입에서 발생하는 것을 포함한 모든 외환 거래는 점령의 목적들에 준하여 통제될 것이다.

(4) 한국에서의 민사행정과 신탁통치 관련 초기지침

문서번호	날짜	제목	비고
SWNCC 101/1	1945.9.11	한국의 임시국제기구	1945.9.21. SWNCC가 JCS에 실행유예요청을 보냄
SWNCC 79/1	1945.9.26	한국 민사행정기구의 구성과 구조	
SWNCC 101/2	1945.9.27	한국의 임시국제기구	
SWNCC 101/3	1945.10.13	한국의 임시국제기구	합동참모본부가 SWNCC 101/2에 동의했다는 내용을 회람
SWNCC 79/2	1945.10.15	한국 민사행정기구의 구조와 구성	79/1에 대한 합동참모본부의 수정의견을 SWNCC 내에서 회람. 1945.10.16. SWNCC 3인 위원들에게 비공식승인.
SWNCC 101/4	1945.10.24	한국의 임시국제기구	SWNCC 28차 회의에서 승인
OPD 520	1945.10.27	한국의 민사행정기구의 구조와 구성	SWNCC 79/1과 SWNCC 101/4가 미육군태평양지구사령관에게 지침으로 전달.

1945년 9월 11일, SFE가 작성한 보고서가 SWNCC 101/1「한국의 임시 국제기구」를 주제로 위원회의 검토를 위해 회람된다. 보고서는 한국의 독립을 약속했던 카이로선언과 직접 관계국간의 합의로 해당 지역의 신탁통치 조항을 정한다는 국제연합헌장 79조, 한국에 대한 신탁통치 방침에 대한 소련 및 중국과의 합의를 참조로, 한국의 독립이 이루어질 때까지 미합중국, 대영제국, 소비에트 연방, 중화민국 등 4개국 간 신탁통치협정을 맺어 군정을 조속히 한국의 관리기구로 대체되어야 한다고 보고 있다. 이와 함께 향후 신탁통치기구와 국제연합기구간의 관계를 규정할 필요가 있다고 보고 있다. 또한, 관리기구의 성공적 운영을 위해서 4개국이 한국의 국제연합 가입을 지지하고, 한국인들이 독립을 책임질 수 있도록 촉진하며, 한국의 안전보장을 위한 국제적 노력을 기울인다. 그리고 신탁통치 관리 기구는 한국인들을 최대로 활용하고, 한국인들을 훈련시키는 시설을 제공하며, 한국인들의 입법 의회 구성을 촉진하고, 이를 위해 한국인들이 독립 정부를 수립하기 전까지 관리기구가 행정상, 입법상, 사법상 권한을 행사해야 한다고 보고 있다. 위원회 검토 결과 "국제연합총회와 신탁통치 이사회는 각각의 신탁통치 지역에 대한 정기적 시찰을 제공한다."는 문장에서 "지역"이 "합의"로 수정된 후, 그 다음 날 JCS에게 보냈다.

　　그러나 SWNCC는 1945년 9월 21일 문서 수정을 위해 101/1의 실행 유예를 요청한다. 9월 26일 SFE는 SWNCC에 SWNCC 79/1에 포함되는「한국 민사행정기구의 구조와 구성」, SWNCC 101/2에 포함되는「한국의 임시국제기구」를 주제로 한 두 개의 보고서를 제출한다. 앞의 보고서에서는 SWNCC 101/1에 기술된 바와 같이 미국과 소련의 한국에 대한 지대적 점령을 신탁통치로 대체해야 한다는 기조를 밝히고, 즉시 신탁통치에 대한 교섭을 시작할 것을 지시하고 있다. 이와 함께 신탁통치 협정 기간 동안 주한미군사령관이 행정기구 조직에 있어 소련 점령당국과 협의하면서 군사점령(과 민사행정)을 일원화해야 한다고 지시하고 있다. 또한, 해당보고서를 언론에 공표하지 말 것을 밝히고 있다. 1945년 10월 13일, JCS는 이러한 방침에 동의하면서도 미국과 소련의 "정부"라는 단어를 추가함으로써 38도선의 효과적 철폐에 정부 차원의 동의가 필요함을 강조했다. 다음 날인 9월 27일 SWNCC는 「한국 민사행정기구의 구조와 구성」을 포함한 SWNCC 79/1을 JCS 사무국에 전달한다.

후자의 보고서는 SWNCC 101/1에서 "연합국 군정"을 "군정"으로 바꾸고, "카이로선언에 나타났듯, 한국을 적당한 시기에 자주독립시킨다는 점이 미국의 정책"이며 한국의 신탁통치가 즉시 수립되어야 한다는 내용을 언론 성명에 추가할 것을 밝히고 있다. 1945년 9월 27일, SWNCC 101/2도 위의 SWNCC 79/1과 함께 위원회 내 회람된 후 JCS 사무국에 검토를 위해 전달된다. 해당 비망록에는 JCS의 수정요구를 담은 JCS 1483/6의 일부가 첨부되어 있다. JCS 1483/6은 한국의 "어떠한 곳도 전략지역strategic area로 지정되어서는 안 된다."는 내용을 추가할 것을 요구하고 있다. 이에 대해 정용욱은 한국을 비전략지역으로 상정함으로써 미국의 주도권 관철이 용이해진다는 점을 지적한다. 전략지역의 경우 강대국이 비토권을 갖는 안보리의 승인을 받아야 했고, 비전략지역의 경우는 총회 결정에 의존했기 때문에 미국의 영향력이 직접적으로 미칠 수 있기 때문이다.[24]

1945년 10월 15일, JCS의 논평이 SWNCC 79/2로 SWNCC 내에 회람되었고, 다음 날인 10월 16일 SWNCC 위원 3인은 해당 내용의 수정을 승인했다. 이 내용은 10월 22일, 3부와 JCS에 전달되었다. 1945년 10월 17일, JCS는 SWNCC 101/2을 승인하는 비망록을 보내왔다. 10월 18일, JCS가 승인했다는 내용이 SWNCC 101/3으로 SWNCC 내에 회람되었다. 10월 24일, 수정 사항들이 모두 포함된 SWNCC 101/4가 국무부, 육군부, 해군부, JCS 사무국에 전달되었다. 101/4에는 국무부가 시기를 판단하여

위 내용의 언론성명을 발표하는 것으로 하고 있다. 10월 27일, OPD는 미육군태평양지구사령관에게 SWNCC 79/1과 SWNCC 101/4를 지침으로 전달한다. 정용욱은 SWNCC 79/1과 SWNCC 101/4가 신탁통치안과 국제민간행정기구안의 원안이 되었다고 평가한다.[25]

3) 미소공동위원회와 임시정부 구성에 대한 지침

문서번호	날짜	제목	비고
SWNCC 176/13	1946.1.1	한국에 관한 미-소 회담을 위한 맥아더 장군에 내리는 지령	1월 3일 SWNCC 승인
SWNCC 176/15	1946.1.24	대한 정치 정책	176/13에서 예고한 정치 지침을 국무부 주도로 작성, 회람함
SWNCC 176/16	1946.1.24	한국에 대한 미소 공동위원회의 소집	CA 57133이 176/15의 수정을 위해 SWNCC에 회람됨
SWNCC 176/17	1946.1.28	대한 정치 정책	176/15에 대한 육군부 및 해군부 위원의 수정 제안
SWNCC 176/18	1946.1.28	대한 정치 정책	176/15 수정안의 최종 승인. 결론부분은 합참의 검토를 거쳐 1월 29일 SCAP으로 하달.
SWNCC 176/19	1946.2.12	대한 정치 정책	176/18 보고서 전체내용이 합참의 검토를 거쳐 2월 11일 SCAP으로 하달됨.
SWNCC 176/20	1946.2.14	공동위원회 첫 회담을 위한 지침	CA 57792에 대한 합참의 권고사항
SWNCC 176/21	1946.2.21	공동위원회 첫 회담을 위한 지침	국무부 위원이 작성한 176/20에 대한 답변/ 2월 26일 SWNCC승인 이후 28일 JCS를 통해 SCAP에 하달됨

SWNCC 176/13, 15-21은 1946년 1~2월에 작성되었으며, 모두 미소공동위원회에 대한 지침에 관한 내용으로 구성되어 있다. 이는 다시 SWNCC 176/18로 승인된 「대한 정치 정책」과 SWNCC 176/21로 승인된 「공동위원회 첫 회담을 지침」을 중심으로 두 주제로 나누어 살펴볼 수 있다.

(1) 미소공동위원회 회의를 위한 정치적 지침

1945년 12월 17일 발표된 모스크바 3상회의 결의문의 2항은 한국 임시정부 수립 등을 진행하기 위해 미소공동위원회를 설립할 것을 명시하고 있으며, 38선 이남과 이북 사이의 행정적·경제적 문제의 조정을 위해 2주 안에(1946년 1월 10일 이전에) 주한 미·소 사령부 대표들의 회의가 소집될 것을 규정하고 있다.

이를 앞두고 SWNCC가 맥아더에게 보내는 지령은 육군부 차관보 피터슨Howord C. Peterson에 의해 1946년 1월 1일 SWNCC 176/13으로 위원회에 회람된다. 피터슨의 초안은 맥아더에게 모스크바 결의문 부문 III(한국)의 조항 수행에 대한 책임을 부여하면서, 초기회담의 준비를 지시하고 있다. 또한 이와 관련해 SWNCC로부터 정치적 지침을 받게 될 것이므로, 추가적 지시가 있을 때까지 미국 대표들은 정치적 문제를 제외한 경제·행정적 문제만을 논의할 것을 지시하고 있다. 피터슨의 초안은 사소한 수정 후에 1월 3일 SWNCC에서 공식 승인되었다.

SWNCC 176/13에서 예고된 정치적 지침은 국무부 위원 주도로 작성되어 1월 24일 SWNCC 176/15로 회람된다. 이 보고서는 미소공동위원회의 기능과 한국 임시정부 수립을 위한 계획 등과 관련하여 소련군 사령관과의 협상 시의 정치적 지침을 서술하고 있으며, 이후 1월 28일 SWNCC 176/18로 최종 승인된 「대한 정치 정책」의 골간을 이루게 된다. 초안의 주요 내용을 결론을 중심으로 요약해보면 다음과 같다.

a. 맥아더 장군은 공동위원회의 초기회담을 위해 가능한 빠른 시일 내에 한반도 북부의 소령군 사령관과 협의해야 한다. 미국 정부의 관점에서, 공동위원회는 임시 한국 정부의 수립과 관련된 계획의 고안, 또한 한국 인민의 진보와 민주적 자치정부의 수립, 민족독립의 달성 지원을 목표로 한다. 또한 이러한 정책은 현재의 분할

점령을 일원화된 행정으로 대체하는 내용을 포함해야 한다.

b. 공동위원회의 미국 위원의 최우선적 임무는 임시 한국정부 수립 계획을 마련하는 것이며, 추가적 지시가 있기 전에는 독립국가 수립에 대한 내용은 논의하지 않아야 한다.

c. 주한미군사령관은 임시정부 수립을 위해 다양한 정치 당파들이 새로운 정부의 정책에 대해 합의를 이루도록 장려해야 한다.

d. 임시 한국정부 수립 계획에 대해 미국 정부는 다음과 같은 입장을 지지한다.

(1) 공동위원회와의 협의를 위해 한국의 지도자들을 선발할 시에, 그들의 정치적 힘과 대중적 지지를 고려해야 함. 그리고 극좌파나 극우파가 아닌, 중도 및 중도 좌파 정당을 대표하는 자들을 선발할 것.

(2) 공동위원회에서 위의 선발 방식에 대한 합의가 이루어지지 않을 시, 각각의 지대에서 별도로 선발할 수 있음. 이 때 두 영역에서 선발된 구성원의 수는 인구수나 최소한 도道의 수에 비례하도록 해야 함.

(3) 한국인 지도자들에 대한 숙소의 제공

(4) 선발된 한국인 지도자 단체들로 하여금 임시정부 수립 계획 체계화하도록 할 것.

(5) 임시 한국정부 수립 계획이 따라야 할 원칙들

e. 지도자 선발에 대한 미소공위의 합의 불가능할 시, 미합중국 사령관이 고문 역할을 할 한국인 조직을 독립적으로 결성해야 한다.

(후략)

이에 대한 수정 제안은 176/16과 176/17을 통해서 회람되었다. SWNCC 176/13에 대한 하지 장군의 논평이 CA 57133으로 SCAP과 JCS를 통해서 전달, 1월 24일에 SWNCC에서 176/16으로 회람되었는데, 여기서 하지 장군은 정치적 지령을 전달받기 이전에는 소련 측과 접촉하지 않을 것, 정치적 회담의 시작 전에 경제문제에 대한 논의의 결론을 기다려야 한다는 것, 정치회담은 현지 사령관 수준이 아니라 정부 간 의사소통의 형태로 소집되어야 함을 제안하고 있다.

국무부 주도로 작성된 SWNCC 176/15에 대한 육군 및 해군 소속 위원의 수정안은 176/17로 1월 28일 SWNCC에 회람된다. 수정안은 176/16을 반영하여 초기회담을 정부 수준의 협의를 통해 소집할 것을 제안함과 동시에, 한국인 자문단 구성의 원칙에서 "중도 및 중도 좌파 정당을 대표하는 자들"을 선발하라는 내용을 삭제하고 "좌우익의 극단주의자가 아닌 지도자"로 수정할 것을 제안한다. 또한 원안에 들어있던 추가 지시 있기 전까지 독립국가 수립 문제에 대한 토의를 금지하는 조항 역시 수정, 이에 대한 부분적 허용을 제안하고 있다.

176/16과 176/17의 수정 제안들은 모두 반영되어 1월 28일 SWNCC 176/18로 최종 승인되었다. 이렇게 결정된 최종안의 결론 부분은 JCS의 검토를 거쳐 1월 29일 SCAP에 전달되었다. 또한 SWNCC 176/19는 JCS가 176/18의 전체 내용을 군사적 관점에서 고려한 뒤에 동의하였고,「대한 정치 정책」의 전체 내용을 2월 11일 SCAP에 보냈음을 밝히고 있다.

(2) 미소공동위원회 첫 회담(initial meeting)을 위한 지침

176/18이 미소공동위원회에 대한 포괄적인 정치적 지침을 담고 있다면, 176/20과 21은 첫 회담의 개최를 앞둔 시점에서, 회담 개시의 선결조건을 둘러싼 하지, JCS, SWNCC 사이의 의견조정과정을 보여준다. 하지 장군의 메시지는 CA 57792로 맥아더와 합참을 통해 2월 14일 SWNCC에 회람된다. 여기서 하지는 소련과의 회담 개시를 위한 선결조건으로서 표현 및 언론의 자유와 이동의 자유를, 보다 구체적으로는 신문의 자유로

운 유통, 모든 정당에게 개방된 라디오 방송망, 한국인들의 한반도 내 이동의 자유를 요구를 요구할 것을 제안하고 있다. 또한 이에 대한 만족할 만한 해결책이 없을 경우 공동위원회를 연기할 것을 제안하고 있다. 이는 미래의 한국 정부가 "소련 주도의 공산주의 정부가 아닌 진실로 민주적인 정부"가 될 가능성을 높이는 조치라는 관점에서 주장되고 있다.

맥아더와 JCS가 동의한 이러한 견해에 대해, SWNCC의 국무부 위원이 작성한 지침은 2월 27일 SWNCC 176/21로 위원회에 회람된다. 지침에서는 공동위원회 회담절차의 초반에 언론과 표현의 자유, 이동의 자유를 요구한다는 하지 장군의 결정이 승인된다. 하지만 소련이 그에 동의하지 않을 경우, 미소공위의 휴회를 강요하기보다는, 보다 완화된 요구를 통해 과도정부 구성에 대한 고려를 계속해야 함을 밝히고 있다. 지침의 초안은 몇 가지 사소한 수정을 거쳐 JCS를 통해 2월 28일 SCAP에게 전송되었다.

4) 1차 미소공동위원회 결렬 이후 남한 점령정책의 전개와 변화

문서번호	날짜	제목	비고
SWNCC 176/22	1946.7.26	한국에 관한 소련과의 정부수준 협상 제안	1946.7.31. SWNCC 43차 회의에서 승인
SWNCC 176/23	1946.8.14	주한군정을 위한 잠정적 지령	1946.8.6. 68차 소위원회 회의에서 승인된 SFE 작성 보고서
SWNCC J.C.A.C.46/9/7	1946.9.24	JCAC-JSSC 공동보고서	176/23에 대한 JCAC-JSSC의 검토안
SWNCC 176/25	1947.5.12	주한군정을 위한 잠정적 지령	176/23에 대한 JCS의 수정 제안
SWNCC 176/26	1947.6.26	주한군정을 위한 잠정적 지령	176/23의 국무부 수정안
SWNCC 176/27	1947.7.24	미국의 대한정책	1947.7.23. SWNCC 59차 회의에서 C-54133과 육군부 작성 성명서에 동의하고 이를 임시위원회에 전달

문서번호	날짜	제목	비고
SWNCC 176/28	1947.7.22	주한군정을 위한 잠정적 지령	176/23에 대한 육군부 수정 제안
SWNCC 176/29	1947.7.24	주한군정을 위한 잠정적 지령	1947.7.23. SWNCC 59차 회의에서 176/23의 수정안을 최종 승인
SWNCC 176/30	1947.8.4	미국의 대한정책	한국에 관한 임시위원회 보고서

(1) 국무부의 '신정책' 확립과 전개

1차 미소공동위원회 휴회 이후 미국은 대한정책의 목표와 세부방침들을 재평가해야 할 필요성을 인지했다. 이에 국무부는 새로운 「대한정치정책 보고서」를 작성하여 육군부 및 해군부의 동의를 받은 이후 「대한정책」이라는 제목의 육군부 전문 WAR 90716으로 6월 7일 맥아더를 통해 하지에게 전달했다. 보고서는 모스크바 합의의 원칙을 고수함과 동시에 미소공동위원회 재개 이전까지 남한에서 미국의 원칙에 대한 대중의 적극적인 지지를 확보해야 한다는 점을 전제로 한다. 이를 위해 보고서는 ① 남한 행정에 대한 한국인의 참여기반 확대, ② 온건 좌·우파 정치인의 활용을 바탕으로 민주의원을 능가하는 광범위한 입법자문기구 설치, ③ 남한의 건설적인 경제 및 교육개혁을 위한 개혁수립, ④ 향후 재개될 미소공동위원회에서 입법자문기구가 중심이 된 임시정부의 수립 등을 명시하였다. 본 보고서에 주목한 박찬표와 정용욱에 따르면, 이는 정치 분야에 대한 본국의 상황평가 및 기본입장이 마련되어 구체적인 계획을 준비하는 단계에서 작성된 것이었으며 점령 중반기 국무부의 지침을 공식적으로 나타내는 대표적인 문서로 평가된다.[26]

　SWNCC 176/22와 176/23은 WAR 90716에서 공식화된 국무부의 정책안을 SWNCC에서 논의하여 구체화한 과정의 결과였다. 1946년 7월 17일 하지 중장은 소련 점령당국과의 추가적인 현지 협상의 재개 가능성이 희박하다는 정세 판단과 함께 한국 문제를 정부 수준에서 논의할 것을 요청하는 내용의 전보를 본국에 전달했다.[27] SWNCC 176/22는 국무부 위원 힐드링이 이러한 제안에 대해 작성한 답신을 별첨 'B'로 포함하고 있으며 힐드링은 여기서 다음과 같이 말한다.

> "국무부, 육군부, 해군부는 정부 수준에서 소련과 접촉하는 것이 궁극적으로 필요하게 될 것이라는 점에 동의하지만, 전략적인 이유들 때문에 현재 시점에서 그렇게 하는 건 바람직하지 않다. 그러한 접근이 현재로서는 미국의 초조함과 한국 내 우리의 불리한 입지를 드러낼 수 있는 한편, 미국이 목표들을 실현할 때까지 한국에 머무르기로 결심했음을 소련에게 가능한 모든 방식으로 보여주는 것이 바람직하다고 생각된다."

아울러 그의 답신은 WAR 90716에서 개괄한 정치정책을 기초로 한 새로운 지령이 SWNCC의 승인을 기다리고 있고 이 지령의 시행을 통해 한국인들의 지지확보와 미국의 대소 입지강화를 기대할 수 있음을 주지시킨다. 1946년 7월 31일 제43차 SWNCC 회의를 통해 SWNCC 176/22에 대한 논의가 이루어졌으며 이 과정에서 육군부 차관보 피터슨이 하지 중장의 입장을 강조했으나 결론적으로는 국무부의 견해를 받아들여 SWNCC 176/22를 승인했다.

앞서 언급한 새로운 지령이 곧 「주한 군정을 위한 잠정적 지령」이라는 제목의 SWNCC 176/23이다. SWNCC SFE가 재무부 측과의 상의를 통해 작성한 이 보고서는 1946년 8월 6일 68차 SFE 회의에서 승인되었다. 이후 8월 14일 SWNCC에 회부되어 JCS 사무국에 전달되었다. 이는 점령 초기 지령인 SWNCC 176/8과 같이 일반 및 정치, 경제 및 민간보급, 재정 부문으로 구성되어 있으나, 한국의 현 상황에 부합하여 초기 지령을 대체하는 새로운 중간 지령임을 명시하고 있다. 다음은 본 보고서의 주요 내용을 요약한 것이다.

1부 일반 및 정치

2. 군사적 권한과 범위

미소 양국의 지대적 행정 → 임시한국정부의 수립 → 4개국 신탁통치 → 독립이라는 경로를 유지함.

3. 군사점령의 기본적 목표

가능한 조속히 모스크바 합의 조항에 부합하는 방식으로 전국적 임시한국 정부를 수립해야 하며, 그 이전까지 양 사령부 간의 경제적·행정적 문제의 조정을 위해 노력할 것.

5. 정치적 재조직화

a. 남한의 행정에서 한국인 참여의 기반 확장. 현재의 민주의원을 대체할 자문입법기구를 광범위한 선거절차를 통해 구성, 모든 주요 정치 그룹의 선거참여 보장.

b. 위 자문입법기구를 중심으로 남한의 건설적인 경제적·교육적 개혁을 위한 프로그램 도입.

c. 의사표현의 자유 원칙을 고수하되, 망명 한국인들의 자발적인 정치적 은퇴를 반대하지 말 것.

d. 미소공동위원회 재개에 대비. 재개 시 SWNCC 176/18을 참고하되 협의대표기구와 임시정부 요원의 선출을 위해 미국식 민주주의에 부합하는 형태의 전국적 선거 실시 방안 고려.

6. 법률 및 경찰조직

a. 점령 목표에 부합하는 현지 실체법과 절차법을 존속, 필요시 법령과 조례를 통한 법률시행 가능.

b. 귀관의 감독 하에 민사·형사 법원 기능, 법원 인사를 납득할 수 있고 자격 있는 후임으로 대체.

c. 군사점령에 대항하는 행동들에 대한 사법권 행사를 위해 군사법원 및 경찰기구 유지.

7. 정치활동

민주적 정당 및 노동단체의 활동 장려

8. 기타 행정적 조치들

9. 문화정책의 목표

문화 기관과 교육 체계로부터 일본의 모든 국가주의적 영향력을 제거, 자유주의적이고 민주주의적인 방향으로 한국인의 전통적인 민족문화를 보존하고 발전시킬 수 있도록 장려.

2부   경제 및 민간보급

12. 목표

독립된 한국 경제의 수립, 국내 경제개혁의 광범위한 프로그램 실행

13. 목표의 실현을 위한 일반 정책

a. 현지 생산을 최대한 장려하고 필요 물품을 공평하게 분배.

b. 수출을 촉진하여 미국의 재원 부담이 따르는 수입품의 양을 최소한도로 유지.

c. 경제 프로그램 운영에 있어 자문입법기구를 바탕으로 한국인의 참여 장려.

14. 한반도 북부와 남부의 경제적 재통합

남북 지대 간의 물자교류 추진을 위한 노력 지속

15. 국내 경제 프로그램

배급, 물가통제, 원자재 할당, 생산 통제 등 확립, 현지 생산 극대화를 통한 한반도 남부의 경제 안정화.

혼합 형태의 경제제도 확립, 토지 소유권의 재분배 및 신용조합의 발전 등 경제개혁을 실행.

16. 대외 무역

17. 민간 보급

점령 수행에 필수적인 주요 물자의 확보에 있어 한국 내 현지 생산이나 유엔구호부흥기관(UNRRA)이 지원한 수입품을 통해 충족되지 못하는 경우,

미국에 의한 조달 이전에 활용되어야 할 수입원: 아시아 태평양 지역 내 미국의 잉여 혹은 과잉재고품, 일본으로부터의 수입(잠정적으로 일본이 미국에서 수입하는 물품에 대해 지불해야 할 대금에서 공제), 한국 내 외화와 수출품으로 조달.

3부 재정

20. 한국 재정기관으로부터 일본의 영향력 제거, 한국인의 최대한 활용.

22. 조선은행은 중앙은행으로서의 기능을 계속 수행.

점령군의 현지 통화수요와 세입 초과 자금을 조선은행으로부터 확보. 한국의 재정 및 신용구조에 대한 적절한 통제 필요.

24. 22의 사항에 의거한 자금충당은 최소한으로 유지되어야 함.

육군부의 허가된 민사·군정 작전에 대한 의회 예산의 범위를 초과하여 미국 정부의 달러자금으로 변제될 것으로 해석될 소지가 있는 어떠한 자금투입도 하지 않을 것.

25. 외환이나 외환자산으로 이루어지는 모든 거래에 대한 통제 가능.

이후 SWNCC 176/25, 176/26, 176/28은 SWNCC 176/23에 대한 수정사항을 제시한 것으로 국무부의 신정책에 대한 JCS와 육군부의 입장을 보여준다. 수정안의 내용을 정치 부문과 경제 부문으로 구분하면, 우선 정치 부문에 대한 수정은 SWNCC 176/25에서 JCS의 주도로 제안되었다. SWNCC 176/25는 1947년 5월 8일 JCS가 SWNCC에 보내는 비망록[28]에서 제시된 원칙에 입각하여 구체화되었다. 이 비망록에서 JCS는 SWNCC 176/23에 기본적으로 동의하지만, 1947년의 한국 정세에 대한 미국의 목표는 행정의 조기 민간인화civilianization이며 이를 위한 세부 조치로 주한미사령관의 군사·비군사(정치/경제/사회문화 등) 업무를 구분하고 후자의 경우 JCS를 통해 본국 정부에 즉각적으로 보고되도록 하고 전자의 경우 극동사령관의 지휘 하에 놓이도록 할 것을 제시하였다. 이를 공식화한 5월 12일자 SWNCC 176/25는 SWNCC 176/23에 대해 다음과 같은 수정사항을 제안했다.

① 비군사적 측면의 업무 보고를 JCS에게 즉각 이행한다는 내용의 단락을 삽입할 것,
② 최대한 미군 인력을 한국인 요원이나 미국 민간 인사들로 대체할 것, 한국 민사행정 및 대소 관계 관련 의무는 대사의 지위를 갖는 정치고문이 점차 담당하도록 할 것. 주한미사령관으로부터 정치고문으로의 권위 이전에 따라 '군사정부'라는 표현 대신 '주한과도민사행정(Interim Civilian Administration in Korea)'이라는 표현을 사용할 것,
③ 자문입법기구가 아닌 과도입법의회(Interim Legislative Assembly)를 활용할 것.

다음으로 경제와 재정 부문에 관한 논의는 주로 ① 부흥계획의 재원 조달 문제, ② 점령비용의 부담 문제를 중심으로 전개되었다. 1946년 8월 14일 SWNCC 176/23이 JCS 사무국에 전달된 이후 합동전략조사위원회JSSC와 합동민사위원회JCAC가 군사적 관점에서 보고서를 검토하고 권고사항을 JCS에 건의했다. 이를 보여주는 문서인 J.C.A.C. 46/9/7는 첫째, SWNCC 176/23이 한국의 대외수출 및 한국 내 외화의 활용을 충분히 강조하지 못하므로 미국 정부의 직접적 자금 조달 이전에 현지의 모든 경로를 통한 물자수입이 이루어져야 함을 부각해야 한다는 점, 둘째, 미국의 부담 감소를 위해 한국에서의 필수적 활동은 향후 한국 정부가 이양받는 것을 전제로 이뤄져야 한다는 것(군정의 지출을 임시정부에 의해 지불될 것) 등을 골자로 했다.

특히 점령비용의 부담 문제와 관련하여 SWNCC 176/25는 미군정의 지출을 궁극적으로 한국이 아닌 일본에 청구하는 방안을 다음과 같이 강

조했다.

> "본 지령을 하달 받은 이후, 귀관은 한국 독립 이전까지 점령군의 급료 및
> 유지비를 제외한 한국에서의 미국 점령비용, 그리고 질병과 소요 예방 및
> 점령목적 달성을 위해 일본에서 한국으로 수입하는 물자에 대한 모든 비
> 용은 한국이 아닌 일본에 청구한다는 점을 공개적으로 발표할 수 있다.
> 또한 그러한 지출의 상환이 미국의 대일 배상청구액의 일부로 간주될 것
> 이라는 점과 한국인들이 상환 권리를 포기할 것으로 기대된다는 점을 공
> 표할 수 있다."

국무부는 SWNCC 176/26을 통해 JCS의 이러한 제안에 기본적으
로 동의하면서도, 다만 원화로 지불된 점령 비용은 일본의 부담 액수에
서 제외할 것을 수정 제안했다. 즉 원화로 지불되지 않는(달러로 지불
한) 모든 점령비용을 일본의 부담으로 간주한다는 것이었다. 이후 JCS
의 안인 SWNCC 176/25와 국무부의 안인 SWNCC 176/26을 모두 고
려한 육군부는 7월 22일 SWNCC 176/28을 작성하여 7월 28일 위원회
에 회람하도록 했는데, 이 보고서는 "원화 또는 비원화로 지불된 모든 비
용을 포함한 남한 점령 비용은 별도의 지침에서 다룰 것"이라는 수정안
을 제시했다. 이에 대한 이유로 보고서는 한국과 오스트리아에서의 점령
비용에 대한 미국 달러 지불과 관련하여 최근 공표한 정책 때문임을 밝
히고 있으며, 또한 이 사안이 일본 점령비용과 대일배상청구 문제에 대
한 SWNCC 236/47과도 배치되는 내용이라는 점을 부연한다.[29] 따라서
SWNCC 236/47의 결정과 새로운 재정정책에 대한 고려 이전에, 대한지
령으로 이를 결정하는 것은 바람직하지 않는다는 설명이다. 이후 육군부
안인 SWNCC 176/28을 JCS 측이 수용함으로써 SWNCC 176/29가 7월
4일 최종적으로 채택되었다.[30]

(2) 남한 단정수립안으로의 변화

SWNCC 176/27과 176/30은 국무부의 신정책이 지향하던 미소협조 노선으로부터 남한 단정수립 노선으로의 변화를 보여준다. 1947년 7월 중순 제2차 미소공동위원회 결렬이 기정사실화되자 주한미사령관 하지는 다음과 같은 전문을 JCS에 보낸다.[31]

> "한국의 현 상황은 폭발 지점에 도달하기 직전이다. [...] 현재 진행되는 회담이 실패한다면 모스크바 결정을 폐기하는 것이 당연하다. 회담 실패시, 자치정부가 남한에 세워지지 못하고 진행 중인 GARIOA 원조를 통한 실질적인 부흥이 즉각적으로 이뤄지지 못한다면, 한국에서 미국은 실패할 것이다."

1947년 7월 23일 SWNCC는 하지의 전문과 관련하여 육군부가 작성한 의견서를 제59차 회의에서 SWNCC 176/27로 승인했다. 육군부 의견서는 한국 내 혼란한 정치상황과 미소공동위원회 회담의 난항 등을 설명하면서 소련의 행동으로 회담 결렬이 임박한 가운데 미국이 취할 수 있는 조치는 한국 문제를 유엔 총회에 회부하는 것이라는 점을 밝힌다. 이에 SWNCC는 한국 문제를 전담할 임시위원회(ad hoc committee on Korea, 이하 임시위원회[32])를 구성하였고, 7월 30일 SWNCC 176/27을 긴급 사안으로 연구하기 위해 임시위원회 국무부 대표로 극동국 일본과 차장 앨리슨John Allison, 육군부 대표로 작전국 전략정책단 소속 중령 듀피 T.N. Dupuy, 해군부 대표로 대위 허머H.R. Hummer를 배정했다.[33]

SWNCC 176/30은 8월 4일 임시위원회가 작성한 보고서로 이틀 후인 6일 SWNCC에서 승인되었다. 이 보고서의 주요 논의사항과 결론 부분을 요약하면 아래와 같다.

논의 사항

2. 남한 점령지대에서의 문제가 심화되는 것은 남한 경제지원과 민사행정 이전의 가능성에 대한 모순적이고 혼란스러운 워싱턴의 정책성명들 때문이다. 이는 하지 장군에 전달된 바 있다.

3. 부국간 특별위원회[34]의 3월 27일자 보고서는 ① 남한 정부수립, ② 한국 문제의 유엔 이관, ③ 3개국 외상과의 협의, ④ 남한에 대한 경제지원, ⑤ 소련과의 협상을 가능한 행동방침으로 설정했다.

4~5. 현재까지의 사태를 보았을 때 ③과 ⑤는 별다른 진전을 보이지 못했다.

6. ④ 경제지원(Grant-in-Aid) 방안은 의회의 다음 회기(1947년 가을) 때라야 가능하므로 현재 남한정세를 즉각적으로 해결하는 데에는 효과가 없을 것이다.

7. 특별위원회는 남한 정부의 수립을 잠재적 방안으로 가정하고 있으나 미국 여론은 정치경제적으로 불안정한 남한을 지지하는 데 있어 비용 부담을 원치 않을 것이다.

14. 어떠한 조치가 취해지든, 현재의 정책적 혼란을 불식시키기 위해 남한의 민사업무를 국무부로 이전하는 방침의 세부 절차와 시기를 결정하고 이를 주도할 민간고등판무관을 시급히 배치해야 한다.

결론

a. 당장의 미군 철수는 전 한반도의 공산화를 야기할 것이며 이는 미국의 대내외적 위신을 추락시킬 것이다. 이를 저지하면서 미국의 개입을 줄이거나 상쇄할 수 있도록 노력해야 한다.

b. 현재 남한 정세는 미국이 한국인들에게 독립을 약속하는 행동을 취하기 전까지 개선가능성이 없다.

c. 미소 공위의 조기 실패 시, 이에 낙담한 한국인들이 극좌-극우로 나뉘어 극단적 갈등에 휩싸일 것이며 이로 인해 미국의 여론이 미군 철수를 요구할 것이다.

d. 미국의 행동방침은 낙담한 한국인들에게 미국 정부가 그들의 독립을 위

해 노력하고 있다는 것을 보여주고, 미국 및 국제 여론에 미국이 모스크바 합의와 유엔 헌장 등 국제적 약속에 부합하도록 행동하고 있다는 것을 증명해야 한다.

e. 8월 7일까지 회담의 난항이 계속될 경우 소련 외무상에 서한(부록 C)을 전달하고 8월 17일까지 향후의 단계에 대한 보고서를 공위 측으로부터 받아야 하며, 이것이 불가능할 시 미 대표단 측이 미국 정부에 단독으로 보고서를 제출해야 한다. 보고서 전달 이후 8월 18일 미국 정부는 다른 3개국에 현 상황을 설명하고 모스크바 합의의 조속한 실현을 위한 명확한 조치를 제안해야 한다(부록 D). 이 제안들은 ① 민주적 절차를 통한 한국인들 스스로의 임시정부 수립, ② 임시정부 설립 절차 및 선거에 대한 유엔의 감독, ③ (신탁통치라 표현되지 않는) 지원 및 원조를 포함해야 한다. 만약 이에 3개국이 합의하지 못할 경우 미국 정부는 본 문제를 유엔 총회의 다음 회기에 이관한다.

g. 소련 정부가 미국의 제안을 거절할 경우 미국은 유엔 총회의 다음 회기에 이관하고 한국 관련 미국의 제안서에서 개괄한 초기 조치들을 취해야 한다.

h. 만약 소련이 점령군의 즉각적 동시 철수를 제안할 경우, 미국은 부국간 위원회 보고서에 제시된 조건에 따라 원칙상 동의해야 한다.

i. 극히 희박하지만 소련 대표단이 협력할 경우 유엔 이관은 일시적으로 연기되어야 한다.[35]

j. 국무부 실무집단은 한국 문제의 유엔 회부를 준비해야 하며 육군부, 해군부 대표와 협의할 수 있다.

k. 유엔에서의 해결되지 못할 경우를 대비해 남한만의 독립을 허용하는 방안을 준비해야 한다.

l. 한국 문제의 유엔 이관 여부에 상관없이 미국 정부의 경제지원(Grant-in-Aid)은 계속 필요하다.

상기한 결론에 대한 오코노기 마사오小此木政夫의 분석에 따르면, 이는 주한미군의 조기 철수의 불가능성을 공식적으로 언명하여 당시 군부로부터 제기되던 조기 철수론을 일차적으로 거부함과 동시에 미국의 인적·재정적 투입을 줄일 방안을 모색하도록 촉구했다는 점에 국무부와 육군부 사이의 입장 차이를 절충하고자 했던 시도라고 평가된다. 즉 국무부를 중심으로 추진된 대한 원조 및 부흥계획 등 개입정책과 육군부를 중심으로 한 조기철수요구를 조화시킨 최초의 시도라는 것이다.[36] 한편 정용욱은 SWNCC 176/30이 모스크바협의 노선을 폐기하고 한국 문제의 유엔 이관을 공식화하였다는 점에서 미국 대한정책사상 매우 중요한 문서임을 지적한다. 그에 따르면 이 보고서는 미국의 정책 전환을 명시했을 뿐만 아니라 미소공동위원회 결렬에서 한국 문제의 유엔 이관에 이르는 세부적 절차를 규정함으로써 단정 수립 방침에 따른 현실적 대비책의 방향을 제시하고 있다[37].

한편 박찬표는 이와는 다소 상이한 평가를 보였다. 그 또한 SWNCC 176/30을 신탁통치안의 폐기 및 한국 문제의 유엔 이관을 통해 단정 수립으로 나아가는 신호탄[38]으로 평가하지만, SWNCC 176/27에서 SWNCC 176/30이 성립되는 시기와 SWNCC 176/29가 최종 승인되어 주한미군정 당국에 하달되는 시기가 중복된다는 사실에 주목했다. 이를 통해 그는 남한 단정 수립 방침의 확정보다는 그러한 방침이 확정된 국면에서 어떠한 점령정책을 설정하고 있는지를 살펴봄으로써, 단정 수립 국면에서의 점령정책은 SWNCC 176/29에서 표방된 국무부 신정책의 조치들을 계속 견지하고 있다고 지적했다. 즉 SWNCC 176/29는 단일 정부 수립을 위한 대소협상에서 미국의 입지를 강화하기 위해 남한에서 적극적이고 개혁적인 정책을 수행하고자 했는데, 이 시기에 접어들어서는 남한 단정 수립 과정에서 광범위한 대중적 지지 기반을 가진 강력하고 지속 가능한 체제를 수립하기 위해 개혁 및 통합 정책을 수행하겠다는 것으로 그 성격이 변했다는 설명이다.[39] 이러한 해석은 국무부 신정책과 단정 수립 방침을 명확히 구별되는 별개의 정책방향으로 간주했던 기존의 설명과 차이를 보인다고 할 수 있다.

주

서장

미국 삼부조정위원회를 통해 '전후 신질서' 구축과 냉전적 변형을 보다

1   정용욱, 『해방 전후 미국의 대한정책』, 서울대학교출판부, 2003, 21~22쪽.
2   체계의 위기, 계급투쟁의 격화에 대한 케인즈주의와 파시즘적 대처는 후지이 다케시 논의에서 정리. 후지이 다케시, 『파시즘과 제3세계주의 사이에서: 족청계의 형성과 몰락을 통해 본 해방8년사』, 역사비평사, 2012.
3   도요시타 나라히코, 권혁태 역, 『히로히토와 맥아더: 일본의 '전후'는 어떻게 만들어졌는가』, 개마고원, 2009, 172~173쪽.
4   위의 글, 174~175쪽.
5   아메미야 쇼이치, 유지아 옮김, 『점령과 개혁』, 어문학사, 2012, 6쪽
6   위의 책, 8쪽.
7   현재를 '탈전후체제'로 보는 아메미야에게 전후체제는 이제 지나버린 시간대이지만, 제2차 세계대전 종전 이후에 계속된 아시아의 냉전과 열전에서 소거되었고 지금도 그러한 일본이 과연 엄밀하게 '탈전후'를 살고 있는지는 다소 이견이 있다. 그럼에도 분명한 것은 바로 지금, 그가 전후체제의 요소로 본 포츠담·샌프란시스코체제, 55년체제, 일본국 헌법체제 등이 현저히 붕괴된 것은 사실이기도 하다.

1장

원탁에 둘러앉은 외교관과 군인들:
극동을 중심으로 살펴보는 미국 삼부조정위원회의 통치 기제, 1944~1947

1   브루스 커밍스, 나지원 옮김, 「냉전의 중심, 한국」, 『아시아리뷰』 5(2), 2016,

185~210쪽.

2   SWNCC가 생산한 문서 목록은 일본국회도서관에서 제공하는 The Numerical Index of SWNCC Papers(1948.10.15.)에서 확인할 수 있다.

3   Hugh Borton, *Spanning Japan's modern century: the memoirs of Hugh Borton*. Lexington Books, 2002, p.121.

4   Theodor Cohen, *Remaking Japan*, The Free Press, 1987.

5   Eiji Takemae, *Inside GHQ*, Continuum, 2002.

6   정용욱, 『해방 전후 미국의 대한정책』, 서울대학교 출판부, 2003.

7   박찬표, 『한국의 국가 형성과 민주주의: 냉전 자유주의와 보수적 민주주의의 기원』, 후마니타스, 2007.

8   대표적인 국내 학자들의 논저들은 다음과 같다. 구대열, 『한국 국제관계사 연구』, 역사비평사, 1995; 김태기, 「미국무성의 대일점령정책안과 재일조선인 정책 – 일본통의 재일조선인에 대한 인식과 정책결정 과정을 중심으로」, 『한국동북아논총』 33, 2004, 127~156쪽; 이완범, 『38선 획정의 진실: 1944-1945』, 지식산업사, 2001; 이혜숙, 『미군정기 지배구조와 한국사회: 해방 이후 국가-시민사회 관계의 역사적 구조화』, 선인, 2008; 박찬표, 같은 책; 정용욱, 앞의 책.

9   연구가 비교적 많이 이루어진 대표적인 인사로는 국무부 극동국의 보튼(Hugh Borton)이 있다. 1903년생으로 퀘이커교도 집안에서 태어났으며 종교적 신념 때문에 군인으로 복무할 수 없었던 것이 국무부 근무의 중요한 이유가 되기도 하였다. 1928년 일본 도쿄에서 3년간 머물렀으며, 그 이후 일본 연구에 매진하며, 콜롬비아 대학에서 역사학 석사, 라이덴(Leiden) 대학에서 박사학위를 받았다. 1942년 6월부터 국무부에서 근무했으며, 군정학교에서 군정요원들에게 한국 및 일본에 대한 강의를 진행하기도 했다. 신탁통치, 일본 항복, 천황제 유지, 대일평화조약 등 중요한 정책문서의 기안을 맡았다. 자세한 내용은 Borton, *Op cit*, 2002와 안종철, 「태평양전쟁기 휴 보튼의 대일정책 구상과 한국문제 인식」, 『역사학보』 189, 2006, 73~100쪽 참조.

10 SWNCC의 활동 전체를 조망하는 연구로는 Ciampocero와 Munro-Leighton의 연구가 있다. Ciampocero는 SWNCC 회의록을 근거로 하여, SWNCC의 위상이 시간이 지남에 따라 정치군사적 문제에 대한 워싱턴의 입장을 결정하는 기구로 상승했다고 주장한다. 이러한 분석을 통해 그는 SWNCC를 미국의 대외정책 군사화의 본격적인 시발점으로 보고 있다. Munro-Leighton은 인도차이나, 중국, 한반도와 관련된 SWNCC 활동을 주로 분석한다. 그는 국무부와 군

부의 유럽파 관료들이 전후 소련에 대항하는 영국과 프랑스의 역할을 중시하여 SWNCC를 통해 루즈벨트의 이상주의를 무력화하고, 지역 전문가들의 억누르면서 자신들의 정책을 실현했다고 분석한다. 두 연구 모두 SWNCC 조직 자체를 주제로 한 드문 연구로 SWNCC 활동의 다각적인 의의를 검토하는데 도움을 준다. 그러나 이 연구들도 다른 연구들과 마찬가지로 조직 활동의 결과에만 주목할 뿐이다. 해당 연구들에서는 SWNCC 및 산하 소위원회의 구성 방식을 파악할 수 없으며, SWNCC 및 산하 소위원회에서 정책들이 조정되는 기제도 온전히 드러나지 않는다. Alan F. Ciampocero, "The State-War-Navy Coordinating Committee and the Beginning of the Cold War", State University of New York at Albany Ph.D. Thesis, 1980; Judith Munro-Leighton, "American policy vs. Asian revolution: SWNCC recommendations regarding post-World War II China, Korea, and Vietnam." UMI Dissertation Services, 1995.

11   Lester R. Kurtz, "War and Peace on the Sociological Agenda", T. C. Haliday and M. Janowitz (ed.), *Sociology and its Publics: the Forms and Fates of Disciplinary Organizations*, The University of Chicago Press, 1992, pp.61-98; Steve D. Matthewman, "Sociology and the Military", Social Space 4(2), 2012, pp.68-87; Brad West and Steve D. Matthewman, "Toward a Strong Program in the Sociology of War, the Military and Civil Society", Journal of Sociology 52(3), 2016, pp.482-499.

12   정근식, 「전쟁의 사회사」, 강진연 외, 『사회사/역사사회학』, 다산출판사, 2016.

13   Richard A. Best, "The National Security Council: An Organizational Assessment", CRS Report for Congress. Congressional Research Service, 2011; Thomas H. Etzold, "American Organization for National Security: 1945-50", Thomas H. Etzold and John L. Gaddis (ed.), *Containment: Documents on American Policy and Strategy*, 1945-50, New York Columbia University Press, 1978; Douglas T. Stuart, *Creating the national security state: A history of the law that transformed America*. Princeton University Press, 2009; Robert F. Kolterman, "Interagency Coordination: Past Lessons, Current Issues, and Future Necessities", U.S. Army War College Strategy Research Project, 2006.

14   Steven L. Rearden, *Council of War: A History of the Joint Chiefs of Staff*

1942~1991, NDU Press, 2012, pp.3-9.

15 Mark S Watson, *Chief of Staff: Prepare Plans and Preparations*, Center of Military History United States Army, 1991, p.3.

16 루즈벨트는 극동지역에 대한 군사작전에서 맥아더(Douglas MacArthur)의 육 군과 니미츠(Chester Nimitz)의 해군이 서로 다른 계획을 제시하며 경합하자, 직접 이들을 찾아가 의견을 경청하고 맥아더의 안으로 군사적전을 결정하기 도 하는 등, 워싱턴의 행정부처들을 체계적으로 활용하지 않았다. Douglas T. Stuart, *Op cit*, 2009.

17 Edwin J. Hayward, "Co-Ordination of Military and Civilian Civil Affairs Planning", The Annals of the American Academy of Political and Social Science 267, 1950, pp.19-23. Walter M. Hudson, *Army Diplomacy: American Military Occupation and Foreign Policy after World War II*, University Press of Kentucky, 2015, pp.129-135.

18 Harry L. Coles and Albert K. Weinberg, *Civil affairs: soldiers become governors*, Office of the Chief of Military History. Department of the Army, 1986, pp.31-32; Walter M. Hudson, *Op cit*, 2015, pp.131-132.

19 Judith Munro-Leighton, *Op cit*, 1995, pp.13-15; Rudolf VA Janssens, "*What future for Japan?*": US *wartime planning for the postwar era*, 1942-1945, Rodopi, 1995, p.148.

20 루즈벨트는 이전에도 육군의 독일 점령 계획안이 지나치게 온건하며 충분히 징벌적이지 못하다는 문제의식을 가지고 있었다. Walter M. Hudson, *Op cit*, 2015, pp.169-171.

21 John Dietrich, *Morgenthau Plan: Soviet Influence on American Foreign Policy*, New York: Algora Publishing, 2001; Rudolf VA Janssens, *Op cit*, 1995, p.252; Walter M. Hudson, *Op cit*, 2015, pp.168-172. 결국 모겐소 계 획은 국내외 비판을 받은 끝에 실행되지는 못 했다.

22 삼부 장관들은 다른 한편으로는 국무부, 육군부, 해군부 장관 간의 협의체인 삼 인위원회(The Committee of Three)를 구성하여 정기적으로 회의를 갖게 된 다. 그러나 해당 회의에서 일본 관련 논의가 진행될 때조차 SFE의 논의를 전혀 활용하지 않을 정도로, SWNCC와의 조직적 관련성은 높지 않았다. Rudolf VA Janssens, *Op cit*, pp.252-253; pp.271-272 참조.

23 Rudolf VA Janssens, *Op cit*, 1995, pp.252-253; Judith Munro-Leighton,

Op cit, 1995, pp.17-19.

24 Judith Munro-Leighton, *Op cit*, 1995, pp.19-21.

25 US DEPARTMENT OF STATE, *Foreign Relations of the United States Diplomatic Papers*, 1944, *General I.* Washington, D.C.: US Government Printing Office, 1966, pp.1,466-1,470.

26 Judith Munro-Leighton, *Op cit*, 1995, p.19.

27 정용욱, 앞의 책, 2003, 19~23쪽; Rudolf VA Janssens, *Op cit*, 1995, pp.230-232; Hugh Borton, *Op cit*, 2002, p.104.

28 Rudolf VA Janssens, *Ibid*, pp.229-237.

29 Walter M. Hudson, *Op cit*, 2015, p.142; Edwin J. Hayward, *Op cit*, 1950.

30 Theodor Cohen, *Op cit*, 1987, p.15.

31 Edwin J. Hayward, *Op cit*, 1950.

32 Walter M. Hudson, *Op cit*, 2015, p.143; Edwin J. Hayward, *Op cit*, 1950.

33 Walter M. Hudson, *Op cit*, pp.143-144.

34 Rudolf VA Janssens, *Op cit*, p.149.

35 Eiji Takemae, *Allied Occupation of Japan*, A&C Black, 2003, p.206.

36 Dale M. Hellegers, *We, the Japanese people. World war II the origins of the Japanese*, Washington: Stanford University Press, 2002, pp.163-164.

37 *Ibid*, pp.191-192.

38 Hugh Borton, *Op cit*, 2002, p.119.

39 Rudolf VA Janssens, *Op cit*, 1995.

40 Ernest R. May, "The Development of Political-Military Consultation in the United States", *Political Science Quarterly* 70(2), 1955, pp.161-180.

41 Alan F. Ciampocero, *Op cit*, 1980; Dale M. Hellegers, *Op cit*, 2002.

42 Rudolf VA Janssens, *Op cit*, 1995; Eiji Takemae, *Op cit*, 2002.

43 미 국립공문서관(The U.S. National Archives and Records Administration: 이하 NARA), RG 353, Microfilm T1194, Minutes of Meetings of the State-War-Navy Coordinating Committee(SWNCC), 1944-1947, 1차 회의 회의록. 향후 본고에서 언급되는 SWNCC 회의록들은 모두 해당 마이크로필름에서 확인한 것으로 이하에서는 해당 회차의 SWNCC 회의록임을 약식으로 밝히겠다.

44 SWNCC 10차 회의록

45 SWNCC 3차 회의록

46 SWNCC 57/1 「Procedure Organization and Functions of SWNCC Secretariat」(1945.2.20.) 이하의 모든 SWNCC 문서는 국사편찬위원회에서 마이크로필름으로 소장하고 있는 것을 활용하였다.

47 SFE의 회의록은 NARA Ⅱ, RG 353, Microfilm Publications T1198, Minutes of Meetings of the Subcommittee for the Far East, 1945-1947의 자료를 참조한 것이다. 이후에는 SFE 회의록으로 간략히 표시하겠다.

48 NARA Ⅱ, RG 353, Entry 153, Box 135, Roster of State-War-Navy Coordinating Committee and Sub-Committees 문서철 참조. 해당 문서철은 1945년 2월부터 1947년 2월까지 비정기적으로 SWNCC 및 산하 소위원회의 인사명단을 기록한 비망록들을 정리한 문서철이다.

49 NARA Ⅱ, RG 165, Entry UD36, Box 1, SWNCC Memorandum for Information No. 70(1947.2.3.). 해당 비망록은 SWNCC에서 SANACC으로 개편이 진행되는 과정에서 SWNCC 및 산하 소위원회들의 헌장을 정리하는 과정에서 만들어진 비망록이다. 본 절에서 이하 문단의 내용은 모두 해당 비망록의 내용을 근거로 정리한 것이다.

50 비망록에서는 직접적으로 밝히지 않지만 CAD 소속 위원이 제기한 안건으로 보인다. 앞에서 설명한 것처럼 CAD는 모든 민사행정과 관련된 지침들을 준비하고 배포하는 통로로 만들어진 부서였다.

51 Judith Munro-Leighton, *Op cit*, 1995, pp.41-43.

52 *Ibid.*, pp.43-48.

53 *Ibid.*, pp.67-74.

54 *Ibid.*, pp.65-77.

55 *Ibid.*, pp.79-86.

56 *Ibid.*, p.90.
    그러나 이러한 서술은 관료 개개인의 역량을 지나치게 강조하는 측면이 있다. 사실 SFE도 1945년 3월 23일의 12차 회의를 통해 프랑스 저항군에 대한 공중지원을 허용하는 안으로 내용을 변경하고 있었다. 또한 SFE 참가 위원들을 동남아시아 전문가로 보기에도 무리가 있다. SFE 회의 참여자 중에는 동남아시아부장이었던 모팻(Abbot Moffat)은 제외되어 있는 등 인도차이나 지역의 전문가는 배제되어 있었고, 스트롱은 첩보 계통에서 주로 근무했던 장교로 군사적 관점을 주로 염두에 두었을 뿐, 해당 지역의 정치문화적 특성이나 식민주의의 효과를 이해하는 동아시아전문가로 보기에는 무리가 있다.

57 Alan F. Ciampocero, *Op cit*, 1980, pp.35-36.

58 Walter M. Hudson, *Op cit*, 2015, p.241.

59 Hal M. Friedman, *Arguing over the American Lake: Bureaucracy and Rivalry in the US Pacific*, 1945-1947. Texas A&M University Press, 2009, pp.206-220.

60 Rudolf VA Janssens, *Op cit*, 1995, pp.375-377; Hugh Borton, *Op cit*, 2002, p.157.

61 정용욱, 앞의 책, 2003, 130~132쪽.

62 Walter M. Hudson, *Op cit*, 2015, pp.245-252.

63 SFE 36차 회의록

64 SWNCC 176/3 「Basic Initial Directive to the Commander-in-Chief U.S. Army Forces in the Pacific for the Administration of Civil Affairs in Korea South of 38 North Latitude」(1945.9.1.)

65 국사편찬위원회 편, 『주한미군사 Ⅰ』, 국사편찬위원회, 2014, 192~198쪽.

66 Hugh Borton, *Op cit*, 2002, pp.435-436; Eiji Takemae, *Op cit*, 2002, pp.149-150.

67 Rudolf VA Janssens, *Op cit*, 1995, p.435.

68 Hugh Borton, *Op cit*, 2002, p.121; 다케마에 에이지, 송병권 옮김, 『GHQ 연합국 최고사령관 총사령부』, 평사리, 2011, 72~74쪽.

69 John H. Hilldring, "American Policy in Occupied Areas", *The Department of State Bulletin*(1946.7.14.), The Department of State, 1946.

70 Richard A. Best, *Op cit*, 2011, p.4.

71 Richard A. Best, *Ibid*; Douglas T. Stuart, *Op cit*, 2009; Robert F. Kolterman, *Op cit*, 2006.

72 Steve D. Matthewman, *Op cit*, 2012, p.70.

73 해당 개념에 대해서는 미셸 푸코, 오트르망 옮김, 『안전, 영토, 인구』, 난장, 2011를 참조.

74 두 인물 및 현자들(Wise men)에 대한 전기로는 Walter Isaacson and Evan Thomas, *The Wise Men: Six Friends and the World They Made*, Simon&Schuster Paperbacks, 1986 참조.

미국의 '점령형 신탁통치'와 냉전적 변형: 조선, 미크로네시아, 류큐제도를 중심으로

1 심지어 동아일보의 희대의 '오보' 위력 때문인지 소련이 시도했고 미국이 반대했다는 왜곡된 이해도 여전히 일각에서는 존재한다.

2 Kang and Ha, "Comparative Historical Sociology of the United States 'Occupational Trusteeship': Focusing on Korea, Austria, and Okinawa," 〈International Conference: Comparative research on the Cold War in Europe and Asia〉(Seoul National University, 2014.12.12-13).

3 池上大祐, 『アメリカの太平洋戦略と国際信託統治: 米国務省の戦後構想 1942-1947』, 法律文化社, 2014.

4 설령 신탁통치의 기획 단계에서부터 신탁통치 실시를 위한 방법으로 점령 및 군정 수립을 사전 단계로 입안했더라도 현실에서는 점령과 군정이 진행되고, 이후 신탁통치가 적용되는 것이다.

5 유엔헌장 제12장 81조는 신탁통치 지역의 시정을 행할 당국을 '시정권자' 또는 '시정기구'로 칭하고 있다. 미국이 신탁통치를 논의할 때 administrative authority는 모두 이에 해당하며, 관계 문서에서 administration을 사용하는 경우에도 시정권자, 시정기구를 가리키는 경우가 대부분이다. 여기서 '시정'이란 단순 행정을 의미하는 것이 아니라 행정, 사법, 입법 권한을 모두 갖는 것을 의미한다.

6 Roberts Adam, "What is a Military Occupation," *British Yearbook of International Law* 55(1), 1985, p.251.

7 위임통치를 담당하는 수임국(Mandatory Power)의 지위는 전쟁 중 해당 지역을 점령한 국가가 부여받았고, 위임통치령들은 현지 주민의 자치 정도에 따라 3단계로 분류되었다. 통치 관련 감독은 상설위임통치위원회를 중심으로 이루어졌으며, 각 수임국은 정기적으로 해당 지역의 통치에 대해 보고했다.

8 하지은, 「국제적 신탁통치 구상과 냉전적 변형: 한국 사례를 중심으로」, 서울대학교 사회학과 석사학위 논문, 2015, 25~26쪽.

9 조선에 대한 병합과 식민지배는 당시 세력균형체제에서 힘의 논리로 승인되었지만, 국제법적으로 합법성, 정당성 요건을 갖추지는 못했다.

10 이완범, 『삼팔선 획정의 진실』, 지식산업사, 2001, 173쪽.

11 도요시타 나라히코, 권혁태 역, 『히로히토와 매아더: 일본의 '전후'는 어떻게 만

들어졌는가』, 개마고원, 2009, 172쪽.

12 다케마에 에이지, 송병권 역, 『GHQ: 연합국 최고사령관 총사령부』, 평사리, 2011, 252쪽.

13 SWNCC 150/4: Politico-Military Problems in the Far East: U.S. Initial Post-Defeat Policy Relating to Japan(1946.9.4.).

14 池上大祐, 앞의 책, 2014, 16쪽.

15 영토불확대 원칙(1항), 민족자결의 원칙(3항), 안전보장체제의 창설(8조) 등이 잘 알려져 있다.

16 池上大祐, 앞의 책, 2014, 79~80쪽.

17 예컨대 가축보다 더 심하게 다뤄지는 감비아인, 교육도 복지도 받지 못하는 가난한 인도차이나인 등을 언급했다.

18 위의 책, 72~73쪽.

19 하지은, 앞의 논문, 2015, 38쪽.

20 池上大祐, 앞의 책, 2014, 85쪽.

21 부간위원회는 1945년 2월 2일 첫 회의를 시작으로 3월 15일을 끝으로 활동을 종료했다.

22 Notter, *Postwar Foreign Policy Preparation*, 1939-1945, Department of State, 1949, p.388.

23 The Secretary of State to President Roosevelt, April 9. 1945, *FRUS: diplomatic papers*, 1945. *General: the United Nations, vol.I*, pp.211-214.

24 池上大祐, 앞의 책, 2014, 96~97쪽.

25 루즈벨트와 이든 외상이 만나는 이 자리에 카이로선언 초안을 기초했던 홉킨스가 동석했기 때문에 카이로선언에 조선 독립 조항의 삽입은 필연적이었다고 볼 수 있다.

26 노창현, "미국, 1942년부터 한국신탁통치 계획, 美 현대사 연구가 문헌 발굴," 「뉴시스」 2015.11.26 (http://www.newsis.com/ar_detail/view.html?ar_id=NISX20151126_0010441047&cID=10101&pID=10100)

27 이완범, 앞의 책, 2001, 49~50쪽.

28 위의 책, 50~51쪽.

29 "Post-War Status of Korea: Briefing Book Paper: Inter-Allied Consultation Regarding Korea," *FRUS: diplomatic papers*, 1945, *The CONFERENCES AT MALTA AND YALTA*, pp.358-361.

30 "No.253 Briefing Book Paper: Post-War Government of Korea," *Ibid*, 1945, p.314.

31 이완범, 앞의 책, 2001, 87~88쪽; 정용욱, 『해방전후 미국의 대한정책』, 서울대학교출판부, 2003, 57쪽.

32 이완범, 앞의 책, 2001, 129쪽.

33 정용욱, 앞의 책, 2003, 128쪽.

34 박남수·김득중 편(2014), 『주한미군정사 1』, 국사편찬위원회.

35 일본군 전문에는 소련의 38선 이남 남진 가능성에 대한 우려, 북조선에 진주한 소련군으로 인해 치안과 질서 유지 곤란, "상황을 이용해서 평화와 질서를 교란시키려는 음모를 꾸미는 공산주의자들과 독립선동가들이 조선인 사이에 존재"함, 미군이 조속히 진주해 질서 회복, 항복 접수, 행정기구 이양 기대에 대한 내용이 담겨 있었다.

36 정용욱, 앞의 책, 2003, 128~132쪽.

37 SWNCC 176/8 "Basic Initial Directive for Civil Affairs in Korea," 1945.10.13.

38 SWNCC 176/8 "Basic Initial Directive for Civil Affairs in Korea," 1945.10.13., Apprendix A.

39 SWNCC 101/4 "A temporary International Authority in Korea," 1945.10.24.

40 SWNCC 101/4 "A temporary International Authority in Korea," 1945.10.24., Apprendix C.

41 정용욱, 앞의 책, 2003, 138~141쪽. 만약 소련이 참여하지 않을 경우 38선 이남에 대해서라도 정무위원회 구상이 실행되어야 할 것을 제안했기 때문에 랭던 구상은 사실상 단정안의 원형이라고 평가되기도 했다.

42 신복룡·김원덕 편역, 「신탁통치에 관한 보고서」, 『한국분단보고서(하)』, 풀빛, 1992, 176~177쪽

43 "Memorandum by the United States Delegation at the Moscow Conference of Foreign Ministers: Unified Administration for Korea."

44 *FRUS*: *diplomatic papers*, 1945. *General*: *political and economic matters*, Vol. Ⅱ, pp.641-643.

45 서중석, 『한국현대민족운동연구: 해방후 민족국가 건설운동과 통일전선』, 역사비평사, 1991, 쪽.

46 이 같은 소련의 제안은 오스트리아의 '임시연립정부' 수립을 모델로 삼았던 것

으로 보인다.

47 SWNCC 176/22(1946.7.26.)에서 SWNCC 176/29(1947.7.24.)로 이어지는 지침들이 이에 해당한다.

48 SWNCC 176/30 "U.S. Policy in Korea," 1947.8.4.

49 조성윤, 『남양군도: 일본제국의 태평양섬 지배와 좌절』, 동문통책방, 2015.

50 Committee on Colonial and Trusteeship Problems Minutes 42, 1944.3.10., Records of Notter, 1944, p.2. 이 위원회는 1944년 3월 종속지역문제위원회로 개칭된다.

51 Committee on Dependent Area Problems Documnets 165, "Disposition of the Japanese mandated islands in relation to general policy for dependent areas," 1944.5.22., Records of Notter, pp.2–4.

52 Friedman, Hal M., Creating an American Lake: United States Imperialism and Strategic Security in the Pacific Basin, 1945–1947, Westport: Greenwood Press, 2001, p.18.

53 New York Times, 1946.1.16.

54 SWNCC 59/1, "Policy Concerning Trusteeship and other Methods of Disposition of the Mandated and Other Outlying and Minor Island Formerly Controlled by Japan," 1946.6.24.

55 SWNCC 59/2, "Strategic Areas and Trusteeship in the Pacific," 1946.6.28. SWNCC 59/2 보고서는 합참이 JCS 1619/1(1946.5.24.)로 통과시킨 것을 SWNCC에 제출한 것이다.

56 보고서는 미크로네시아 현지 주민의 인구가 적고 흩어져 있어 정치적·경제적으로 아직 발전하지 않은 것에서 자치를 달성할 수 없다는 인식도 '주권 획득'의 논거로 들고 있다.

57 SWNCC 59/6, "Draft Trusteeship Agreement," 1946.9.20.

58 池上大祐, 앞의 책, 2014, 129쪽.

59 SWNCC 59/10, "United States Position on Soviet Proposal for Amendment of Draft Trusteeship Agreement," 1947.3.1.

60 역사적으로 보면, 스페인과 독일의 지배에 대해 저항했던 섬 주민들은 일본의 위임통치 시기에는 크게 저항하지 않았다. 조성윤은 일본이 섬 주민들을 통제하고 사회문화적으로 차별하긴 했지만, 이전 제국과 달리 가혹하게 다루지 않았으며, 현지 주민과 이민 온 일본인의 네트워크가 섞이지 않고 따로 작동했다

고 논의한다.

61 조성윤, 앞의 책, 2015, 200쪽.

62 정영신, 「오키나와의 기지화·군사화에 관한 연구」, 정근식·전경수·이지원 편저, 『기지의 섬, 오키나와: 현실과 운동』, 논형, 2008.

63 1946년 1월 29일 일본으로부터 오키나와를 분리시킨 맥아더의 SCAPIN 677 지령도 주목된다.

64 中野好夫編, 1969, 『戰後資料 沖繩』, 日本評論社, 9쪽.

65 SWNCC 59/2, *Op cit*.

66 SWNCC 59/1, *Op cit*.

67 국무부 내 대표적 지일파는 그루(Joseph C. Grew), 두만(Eugene Dooman), 보튼, 피어리(Robert A. Fearey), 시볼드(William J. Seabald), 비숍(Max W. Bishop) 등이 있다.

68 피어리는 그루가 일본 대사였을 때 개인비서를 했고 국무부 극동국 일본과와 동북아과를 거치면서 대일평화조약 초안 작성에 깊이 관여했다.

69 Elderige, Robert D., *The Origins of the Bilateral Okinawa Problem: Okinawa in Postwar US-Japan Relations*, 1945-1952, Garland Publishing Inc, 2001, pp.169-176.

70 *Ibid*, pp.144-151.

71 정병준, 『독도 1947: 전후 독도문제와 한미일 관계』, 돌베개, 2010, 402~403쪽.

72 Elderige, *Op cit*, 2001, p.189.

73 *Ibid*, pp.190-193; 정병준, 앞의 책, 2010, 425~426쪽.

74 NSC 13 시리즈(Recommendations With Respect to United States Policy Toward Japan). 특히 NSC 13/3(1949.5.6.)은 미국의 장기 전략적 통제 ((long-term strategic control)에 둘 것을 명시하고 있다.

75 정병준, 앞의 책, 2010, 504, 510쪽.

76 1957년 6월 5일 USCAR 책임자가 민정장관에서 고등판무관으로 바뀌었다. 1969~72년에 피어리가 류큐미민정에서 personal rank of Minister을 역임했고, 1982년 오키나와 반환의 공로로 일본 정부로부터 훈2등서보장을 받았다.

77 정영신, 앞의 책, 2008, 187~196쪽.

78 위의 책, 187쪽.

79 임경화, "오키나와와 북한에 전후는 없다: 기지의 섬과 38선 이북, 그 슬픈 인연들(1)", 「레디앙」 2013.7.17., http://www.redian.org/archive/57999.

80 오키나와의 일본 복귀가 이루어졌음에도, 현재까지 일본 내 미군 기지의 74.6%가 '기지조차'의 방식으로 오키나와에 집중되어 있는 것은 참으로 아이러니하다.

3장

해방된 전범, 붙잡힌 식민지 : 전후 미국의 전범재판과 조선에서의 전범문제 논의

1 박진희, 「戰後 韓日관계와 샌프란시스코 平和條約」, 『한국사연구』 131, 2005; 정병준, 『독도 1947』, 돌베개, 2010.

2 조선인 B·C급 전범에 관한 연구로는 우쓰미 아이코, 이호경 역, 『조선인 BC급 전범, 해방되지 못한 영혼』, 동아시아, 2007; 우쓰미 아이코, 무라이 요시노리, 김종익 역, 『적도에 묻히다 (독립영웅, 혹은 전범이 된 조선인들 이야기)』, 역사비평사, 2012; 김용희, 「B·C급 전범재판과 조선인」, 『법학연구』 27, 2007; 채영국, 「해방 후 BC급 戰犯이 된 한국인 포로감시원」, 『한국 근현대사 연구』 29, 2004; 조엘 켄 브라우닝, 『한국의 과거사 규명작업과 「B/C급 전범」 문제』, 서울대학교 석사학위 논문, 2008 등이 있다.

3 Minear, Richard H., *Victors' Justice*, Tuttle Company, 1971.

4 Drea, Edward, "Introduction", Greg Bradsher, *Researching Japanese War Crimes Records: Introductory Essays*, IWG, Washington D.C., 2006.

5 Boister, Neil, Cryer, Robert, *The Tokyo International Military Tribunal*, Oxford University Press, 2008; Maga, Tim, *Judgment at Tokyo*, The University Press of Kentuchy, 2001; Totani, Yuma, *The Tokyo War Crimes Trial: The Pursuit of Justice in the Wake of World War* Ⅱ, Harvard University Press, London, 2008; Kushner, Barak, *Men to Devils, Devils to Men: Japanese War Crimes and Chinese Justice*, Harvard University Press, 2015.

6 존 다우어, 최은석 역, 『패배를 껴안고』, 민음사, 2009, 612쪽.; Totani, *Op cit*, 2008, p.13.

7 UNWCC, *History of the United Nations War Crimes Commission and the Development of the Laws of War*, His Majesty's Stationary Office, London,

1948, pp.113-130.

8 극동-태평양 소위원회의 위원장은 왕총혜(Wang Chung-Hui)로 소위원회에는 미국과 영국을 포함한 11개국이 참여하였다. 미국은 소위원회가 존재한 기간 동안 헐리(Hurley) 장군을 포함하여 총 8명을 이곳에 파견하였다.

9 미국과 영국이 전범재판에 소극적이었던 이유로는 두 가지를 들 수 있다. 첫 번째 이유는 1차 세계대전 후 독일 전범에 대한 재판이 제대로 이루어지지 않았던 사실이 이러한 재판을 반복하는 것에 대한 우려를 주었다는 것이다. 두 번째 이유로는 연합국이 전범재판을 한다면 독일 또한 포로로 잡힌 연합국의 폭격기 조종사들을 전범으로 처벌할 것이라고 위협했기 때문이었다.

10 스팀슨의 동료 챈러(Chanler)는 1928년 캘로그-브리앙 협정의 정신을 이어받아 나치 지도자들을 '평화에 반한 죄'로 기소하여 재판하자는 제안을 하였다. 스팀슨은 이 아이디어를 받아 전쟁부를 중심으로 전범재판 정책을 만들었다.

11 林博史, 『BC級戰犯裁判』岩波書店, 2005; 日暮吉延, 『東京裁判』, 講談社, 2008

12 Jackson, Robert H., *Report of Robert H. Jackson United States Representative to the International Conference on Military Trials*, Department of State, Washington D.C., 1949, p.44.

13 OCCWC, *Final Report to The Secretary of the Army on The Nuremberg War Crimes Trials Under Control Council Law No.* 10, Office, Chief of Counsel for War Crimes, 1949, pp.3-12.

14 SWNCC SFE Minutes 7th(1945.3.23.) RG353 T1194 이하의 SWNCC 극동소위원회 회의록은 미국국립공문서관이 마이크로필름으로 소장하고 있는 것을 활용하였다.

15 Totani, Yuma, The Tokyo War Crimes Trial: The Pursuit of Justice in the Wake of World War Ⅱ, Harvard University Press, London. 2008, p.24.

16 日暮吉延, *Op cit*, 2008 p.54.

17 전쟁범죄의 대상이 연합국 국민에 한정되는지 혹은 '적국'의 국민이나 국적이 없는(stateless) 사람도 전쟁범죄의 대상이 되는지의 여부는 논쟁의 여지가 있다. 유럽에서는 UNWCC에서 이 문제가 활발히 논의되었는데 나치에 의해 살해된 이탈리아 주민의 경우처럼 추축국의 시민들 또한 전쟁범죄의 대상으로 보아야 한다는 의견들도 제시되었다. UNWCC, History of the United Nations War Crimes Commission, His Majesty's Stationary Office, London, 1948, pp.172-174.

18   SWNCC SFE Minutes 32nd(1945.8.13.).

19   도요시타 나라히코, 권혁태 역, 『히로히토와 맥아더』, 개마고원, 2009.

20   SWNCC SFE Minutes 35th(1945.8.21.). 이와 같은 문장은 당장 천황을 전쟁 범죄 용의자로는 간주하지 않게 하였지만, 이것은 임시적인 결정이었다. 천황 문제에 대한 SWNCC의 결정은 SWNCC 55 시리즈 「Treatment of the Person of HIROHITO, Emperor of Japan」에서 살펴볼 수 있다.

21   일본에서는 일반적으로 B·C급 전범재판이라고 부르고 있지만 이를 공식적인 명칭이라고 할 수는 없다. 이것은 연합군이 A·B·C급(Class)으로 범죄를 구분하고, 피의자에게 적용된 범죄에 따라 편의상 A급 전범, B·C급 전범으로 나누어 불렀으며, 재판소에도 같은 명칭을 적용하여 생긴 것이기 때문이다. 하지만 A급 전범에게도 B급 범죄의 혐의가 적용되었던 것을 고려하면 이 명칭은 혼란을 줄 수 있다. 또 흔한 오해와는 달리 범죄의 각 급은 범죄의 종류를 가리킬 뿐 범죄의 중요도를 가리키지는 않는다. 공식 문서를 보면 영국에서는 전범재판을 주요 전범(major war criminal) 재판과 하위 전범(혹은 경輕 전범 minor war criminal) 재판으로 나누고 있고, 미국에서도 하위 재판(lesser trials)이라는 용어를 사용하고 있다. 때문에 본 논문에서는 잠정적으로 '하위 전범재판'이라는 용어를 사용하고, '조선인 B·C급 전범' 등 이미 널리 사용되고 있는 용어에 있어서만 'B·C급 전범재판'을 사용하고자 한다. 하야시 히로부미, 현대일본사회연구회 역, 『일본의 평화주의를 묻는다』, 논형, 2012, 34쪽. 참조.

22   이와 같은 지시에도 불구하고 전범 용의자의 자살은 계속 발생하였다. 도조 히데키처럼 자살에 실패하여 검거되는 경우도 있었지만, 혼조 시게루, 고노에 후미마로 등은 체포 명령이 내려지거나 출두 요구서를 받자 자살하였다. 일본 주요 인사의 자살이 계속되자 주변국들은 미국이 전범을 제대로 체포할 의지가 없는 것이 아닌지 의심하기도 했다.

23   SWNCC 57/1 「Politico-Military Problems in the Far East: The Apprehension and Punishment of War Criminals」(1945.3.13). 이하의 모든 SWNCC 보고서는 국사편찬위원회에서 마이크로필름으로 소장하고 있는 것을 활용하였다.

24   日暮吉延, Op, Cit, 2008 p.60.

25   SWNCC 57/3 「The Apprehension and Punishment of War Criminals」. (1945.9.12.).

26   Totani, *Op cit*, 2008, p.25.

27 SWNCC 57/5 「The Apprehension and Punishment of War Criminals」. (1945.10.22.)

28 미국은 태평양지역에서의 전후처리를 위해 미국, 영국, 중국, 호주, 캐나다, 네덜란드, 뉴질랜드, 프랑스가 참가한(소련은 거부) FEAC(Far Eastern Advisory Commission)를 만들었으나 전범재판에 있어서는 미국이 일방적으로 주도하였고, 그 후속기관인 FEC에서도 마찬가지였다. Boister, Neil, Cryer, Robert, The Tokyo International Military Tribunal, Oxford University Press, 2008, pp.22-24.

29 국제군사재판소만이 전범재판소로 인정되는 것은 아니다. 전범재판소에는 다섯 가지 유형이 있는데, (1)일반적인 국내 법정, (2)군사 재판소, (3)군사 위원회, (4)공동 국제군사재판소, (5)국제군사재판소가 그것이다. 전범 혐의에 적용될 수 있는 법 또한 국가나 재판소의 형태마다 상이하였다. U.S. Army, War Crime Trials: Procedural due process, The Judge Advocate General's School, 1967, p.58.

30 Maga, Tim, *Judgment at Tokyo*, The University Press of Kentuchy, 2001, pp.93-97.

31 1945년 12월 5일자 'SCAP 규정'에서의 전쟁범죄 정의는 다음과 같다. UNWCC, Law Report of Trials of War Criminals Vol.1, His Majesty's Stationary Office, London, 1947, pp.114-115.

(a) 침략 전쟁이나 국제 조약, 협정, 협약을 위반한 전쟁을 준비하고, 계획하고, 개시하고, 벌이거나, 이상의 사항 중 어떤 것이라도 달성하기 위한 공동의 계획이나 음모에 참여하는 것.

(b) 전쟁의 관습이나 법의 위반. 이 위반 사항에는 살인, 학대, 노예 노동이나 다른 목적에 의한 민간인들의 이송, 해상이나 혹은 기타 지역에서의 전쟁 포로, 구금자, 개인의 학살이나 학대, 인질에 대한 부당한 대우, 공공 혹은 개인 재산의 약탈, 악의적인 마을이나 촌락, 도시의 파괴, 군사적 필요와 상관없는 초토화 등이 포함될 수 있지만, 이에 제한되지는 않는다.

(c) 전쟁 이전이나 전쟁 시기 중 발생한 민간인에 대한 살인, 절멸, 노예화, 강제이송 혹은 비인간적인 행위들, 혹은 범죄가 자행된 국가의 국내법을 어겼거나 어겼지 않거나와 무관하게 여기서 정의된 어떤 범죄를 저지르는 중이거나 그와 연관되어 있는 정치적, 인종적, 종교적 배경에 의한 박

해 행위.

32　林博史, *Op cit*, 2005, pp.82-83.

33　백재예, 『아시아·태평양 전쟁기 연합국의 일본군 '위안부' 인식에 관한 연구』, 서울대학교 석사학위논문, 2016

34　Piccigallo, Philip R., *The Japanese on Trial*, University of Texas Press, 1979, pp.197-198.

35　Totani, Yuma, *Justice in Asia and the Pacific region, 1945-1952: Allied war crimes prosecutions*, Cambridge University Press, New York, 2015, p.12.

36　SWNCC 176/3 「Basic Initial Directive to the Commander-in-Chief U.S. Army Forces in the Pacific for the Administration of Civil Affairs in Korea South of 38° North Latitude」(1945.9.1.).

37　SWNCC 150/3 「U.S. Initial Post-Defeat Policy Relating to Japan」(1945.8.23.).

38　SWNCC 176/3 「Basic Initial Directive to the Commander-in-Chief U.S. Army Forces in the Pacific for the Administration of Civil Affairs in Korea South of 38° North Latitude」(1945.9.01.) 8절 e항.

39　SWNCC 77 「Politico-Military Problems in the Far East: Treatment of the Korean Population By The Military Government of Korea」(1945.3.19.).

40　SWNCC 176/8 「Basic Initial Directive for Civil Affairs in Korea」(1945.10.13.).

41　SWNCC 176/6 「Basic Initial Directive for Civil Affairs in Korea」. (1945.9.29.) 부록 B.

42　SWNCC 176/10 「United States Initial Policy with Respect to Korea」(1945.11.23.).

43　SWNCC 176/4 「Immediate removal of certain Japanese officials in Korea」. (1945.9.11.). "총독 아베, 총독부의 모든 국장들, 도지사와 도 경무국장들. 귀관은 또한 가능한 빨리 여타 일본인 관리들과 친일파 한국인 관리들도 해고하여야 한다.".

44　초선 총독이었던 아베는 해임 이후 일본으로 이송된 뒤 전쟁범죄 혐의로 체포되었다. 그러나 재판을 받지 않고 무혐의로 석방되었다.

45　駐韓美軍史(HUSAFIK) Chapter VII p.1.

46 G-2 Periodic Report No.48(1945.10.28.).

47 「자유신문」1945.10.25.

48 또 다른 유사 사례로는 미군정의 군사법정에서의 재판을 들 수 있다. 일례로 전
직 헌병대였던 카와이 소좌를 비롯한 몇몇의 일본인이 비밀결사를 조직하여
해방 이후 조선인을 암살하고 무기를 은닉하다가 미군정에 적발되어 미정군의
재판소에서 재판받은 사례가 있으나, 이는 전후에 발생하였기 때문에 전쟁범
죄로 간주되지 않았다.

49 「항복 문서」7조 "일본제국정부와 일본대본영은 현재 일본 지배하에 있는 모든
연합국 포로와 민간인 구금자를 즉시 석방하며, 그들을 보호하고 보살피고 부
양하며 지시된 장소로 즉각 이송할 것을 명한다."

50 조건, 「일제 강점 말기 조선주둔일본군의 조선인 포로감시원 동원과 연합군 포
로수용소 운영」, 『한국근대사연구』67, 2013, 467쪽.

51 조선 포로수용소의 전반적인 실태에 관해서는 조건(2013)을 참조.

52 駐韓美軍史(HUSAFIK) Chapter V, p.10.

53 駐韓美軍史(HUSAFIK) Chapter V, p.49.

54 G-2 Periodic Report No.228(1946.5.15.).

55 단 여기에는 흥남 포로수용소의 포로관계자들은 포함되지 않았다. 미군은 한
반도의 전범 처벌 권한이 SCAP에게 있다는 판단 하에 소련과의 접촉을 통해
관련한 전쟁범죄자들을 넘겨받고자 했지만, 소련은 이에 대해 응답하지 않았
다. 북쪽에 있던 포로수용소 관계자들은 시베리아로 끌려가 강제 노역을 받고
있는 것으로 추정되었다. "Cases in Korea"(1946.5.31.) USA NARA RG 331
Entry 1189 Box 937

56 조건, 앞의 책.

57 "List of Alleged Japanese War Criminals"(1945.11.19.) USA NARA RG 331
Entry 1189 Box 937.

58 "Treatment of U.S. and British Prisoners of War in Korea"(1945.9.19.) USA
NARA RG 331 Entry 1189 Box 937.

59 G-2 Periodic Report No.114 (1946.01.04), G-2 Periodic Report No.120
(1946.1.10.). 이들의 정확한 한국 이름은 나타나지 않는다. 다만 전자의 경
우 은 세이젠(En Seizen)으로 표기하는 경우도 있고, 후자는 탁치원(Tac Chi
Won)으로 표기되는 경우도 있다.

60 "Korean War Crimes" (1946.2.15.), "Korean War Crimes" (1946.3.27.) USA

NARA RG 331 Entry 1189 Box 937.

61 G-2 Periodic Report No.189(1946.3.30.).

62 "朝鮮에서의 戰爭犯罪者 告發"(1946.2.8.) RG 331 Entry 1189 Box 937. 이 고발장에는 3명의 일본인과 5명의 조선인 총 8명이 나타난다. 먼저 일본인은 모두 전직 정무총감으로 오노 로쿠이치로(大野緑一郎), 다나카 다케오(田中武雄), 엔도 류사쿠(遠藤柳作)인데 이들의 재직기간은 전쟁 중에 한정된다. 조선인은 국민총력연맹 총장을 역임한 한상룡, 대의단 단장 박춘금, 대화동맹 이사장 손영목, 총력연맹부장 정교원, 전북지사였던 김대우 5인으로 모두 대표적인 친일파들이었다.

63 파주경찰서 역대경찰서장 목록에는 '경감 송갑진'이 초대 경찰서장으로 1945년 2월 10일부터 1946년 3월 9일까지 재직한 것으로 되어있다.

64 G-2 Periodic Report No.191(1946.4.2.).

65 Clark, Donald N., Living Dangerously in Korea: The Western Experience 1900-1950, EastBridge, 2003, pp.264-265.

66 "Case File Ko-152" USA NARA RG 331 Entry 1189 Box 938.

67 YOKOHAMA No.T272 「United States of America vs Kap Chin Song」(1948.10.14.).

68 "Case File Ko-152" RG 331 Entry 1189 Box 938.

69 "Kap Chin Song, Chinese Prisoner"(1947.1.4.) USA NARA RG 554 Entry UD UP 39 Box 108.

70 "Certificate of Parole(Song Kap Chin)"(1952.1.25.) USA NARA RG 554 Entry UD UP 39 Box 108.

71 "Korean War Crimes"(1946.2.15.) USA NARA RG 331 Entry 1189 Box 937.

72 "Korean War Crimes"(1946.3.27.) USA NARA RG 331 Entry 1189 Box 937.

73 존 다우어, 최은석 역『패배를 껴안고』, 민음사, 2009, 600쪽.

74 우쓰미 아이코, 이호경 역,『조선인 BC급 전범, 해방되지 못한 영혼』, 동아시아, 2007, 187쪽.

75 위의 책. 266~268쪽.

76 아시아·태평양 전 지역에서 전범이 된 총 148명의 조선인 전범 중에서 미국에 의해 재판받은 조선인은 단 세 명에 불과했다. 첫 번째는 송갑진이었고, 두 번째는 일본육군 중장 홍사익이었다. 홍사익은 왕족을 제외하면 조선인 중 일본육군의 가장 높은 자리에 올라간 인물로 필리핀에서 포로 학대 혐의로 사형 선

고를 받았다. 마지막 인물은 일본육군 오장으로 알려진 최원용으로 그 또한 필리핀 마닐라 전범재판소에서 유기형을 받았다.

77 G-2 Periodic Report No.92.

78 정용욱, 『해방전후 미국의 대한정책』, 서울대학교출판부, 2003, 292쪽.

79 『南朝鮮過渡立法議員速記錄』 제10호(1946.12.30.).

80 『南朝鮮過渡立法議員速記錄』 제12호(1947.1.9.).

81 허종, 『반민특위의 조직과 활동』, 선인, 2003, 96~98쪽. 특별법률조례기초위원의 관선위원들은 모두 독립운동 경력을 가진 인물들이었기 때문에 친일파·민족반역자·전범 등의 처리에 있어 적극적으로 나섰다. 반면에 민선의원들의 경우 대부분이 한민당과 독촉 소속인 우익들이었고, 친일파도 다수 포함되어 있었기 때문에 이들은 이 법안의 처리과정에서 적극적으로 반대에 나섰다.

82 『南朝鮮過渡立法議員速記錄』 제35호(1947.3.14.).

83 SWNCC 176/3 「Basic Initial Directive to the Commander-in-Chief U.S. Army Forces in the Pacific for the Administration of Civil Affairs in Korea South of 38° North Latitude」.

84 『南朝鮮過渡立法議員速記錄』 제39호(1947.3.21.).

85 이강수, 「南朝鮮過渡立法議院의 親日派肅淸法 硏究」, 『한국독립운동사연구』 22호, 2004, 171쪽.

86 「경향신문」 1947.4.11., 「동아일보」 1947.4.11.

87 「경향신문」 1947.4.15.

88 "이차대전의 전후처리는 종래와 같이 영토나 재화를 수탈하는 형이하적인 배상방법을 보류하고 정승민주국가군은 패망 파쇼 제국가에서 위선 '전쟁범죄자'와 호전벽을 가진 여얼을 처단하여 발본색원의 첫 조건인 피의 숙청부터 실행하였다. 이것이 타력 혹은 외래숙청이라면 내부적으로는 자국민의 손에 의한 역도의 자가숙청이 뒤따른 것도 실제 있었고 의당 할 일이 아닐 수 없다. 해방국가인 조선에도 엄격히 규정하여 진주군 즉 제3자의 입장에서 전범으로 처단될 대상이 없다는 견해를 가지기는 어려울 것이다.". 「경향신문」 1947.4.24.

89 과도입법의원 속기록은 제 50호부터 제 109호가 유실된 것으로 보인다. 이하의 내용은 당시의 신문기사를 참조하였다.

90 허종, 앞의 책, 105쪽.

91 해방 당시의 일본군 '위안부' 문제가 어떻게 인식되고 있었는지 보여주는 연구는 아직 부족한 편이다. 연합군의 전범재판에서도 괌과 바타비아에서 강제매

춘(forced prostitute)으로 형을 부과한 사례가 있기는 했지만, 조선인을 대상
으로 한 것은 아니었고 당시에는 잘 알려진 판결은 아니었다. 하야시 히로부
미에 따르면 UNWCC의 전쟁범죄 목록에는 강간이나 강제매춘이 포함되어 있
었기 때문에 이와 같은 것이 고려되었을 가능성이 있다(林博史, *Op cit*, 2005,
p.39.). 또 미국의 삼부조정위원회가 독일의 전범재판을 준비하면서 작성한
「SWNCC 50/D: 전범의 체포와 구금」에도 '사형에 해당하는 범죄'에 "비도덕적
목적으로(immoral purpose) 여성을 체계적으로 동원하는 것"이라는 죄목이
있어, 위안부 혹은 그와 유사한 여성 동원을 전쟁범죄로 처벌하려고 했다는 것
을 알 수 있는데, 이러한 맥락에서 일본군의 '위안부' 동원, 조선인 모집업자의
'위안부' 제공을 전쟁범죄로 규정했을 가능성이 있다. 「SWNCC 50/D: Appre-
hension and Detention of War Criminals」.

92 「경향신문」 1947.4.26.

93 「동아일보」 1947.5.7.

94 우쓰미 아이코, 앞의 책, 180쪽.

95 「동아일보」 1947.1.12.

96 「경향신문」 1947.8.6.

97 『南朝鮮過渡立法議員速記錄』 제126호(1947.8.4.).
    이미 당시에는 전범으로 사형판결을 받았던 홍사익 중장에 대해서도 비슷한
    요청이 있었다. 이승만, 김원봉, 김성주, 안재홍, 김규식 등 주요 사회 인사들은
    하지를 통해 홍사익 중장의 구명진정서를 제출하고 또한 변호사를 파견하게
    해달라고 요청한 바 있다. 하지는 진정서를 접수하기는 하였으나, 변호사를 파
    견하는 것은 불가능하다고 답하였다. 「조선일보」 1946.2.13.

98 조선인 포로감시원들은 이후 전범으로 낙인찍힌 삶을 살면서 '동진회'를 조직
    하여 명예 회복에 힘썼고 그 결과 2006년 5월에는 이들 중 일부가 일제강점하
    강제동원피해진상규명위원회'에 의해 일제 강제동원의 피해자로 인정되었다.
    전범재판의 과정이 공정하지 못했고, 이들의 전쟁범죄 혐의는 명령에 의해 어
    쩔 수 없이 수행된 일들이었다는 것이 피해 결정의 이유였다. 위원회의 결정이
    그들이 전범이었다는 사실을 뒤집을 수 있는 것은 아니었지만, 적어도 한국 정
    부는 이들에게 억울한 측면이 있었음을 공식적으로 인정해 주었다. 그런데 한
    편으로 조선인 포로감시원들의 강제 동원을 인정하면서도, 전범재판에 넘겨
    진 전범들에게는 일정한 범죄 행위나 혐의가 있었기 때문에 일방적인 피해자/
    가해자 구도 속에서 이 문제를 이해하는 것이 온당하지 않다는 비판 또한 존재

한다. 조선인 포로감시원들이 억울한 혐의를 받은 경우도 상당 수 있고, 제대로 된 변호사를 선임하지 못했기 때문에 발생한 문제를 감안하더라도, 연합국에 의한 전범재판 자체가 문제였다고 하기는 힘들다는 것이다. 조엘 켄 브라우닝, 『한국의 과거사 규명작업과 「B/C급 전범」 문제』, 서울대학교 석사학위 논문, 2008.

99 한국정부수립 직후 장택상 외무장관은 연합국에 조선관계 전범을 조선으로 인도하라는 요구를 하기도 했다. 극동국제군사재판에서 'A급 전범'이 된 일본인 중 조선관계 전범은 전 총독인 고이소 구니아키와 미나미 지로, 조선군 사령관이었던 이타가키 세이시로가 있었다. 이러한 요구는 극동국제군사재판에 대한 한국의 권리가 있음을 주장하는 것이었지만 연합국에 의해 받아들여지지 않았다. 「동아일보」 1948.11.30.

100 이타가키 류타, 「탈냉전과 식민지배책임의 추급」, 『역사와 책임』, 선인, 2008; 이재승, 「식민주의와 과거극복의 정치」, 『법과 사회』 49, 2015;조시현, 「한일 과거청산과 식민지 범죄」, 『문화연구』 4, 2016, 153~188쪽.

4장

노동정책 보고서를 통해 본 미군정의 '노동개혁'과 냉전적 변형

1 John. G. Ikenberry, *Liberal Leviathan: The Origins, Crisis, and Transformation of the American World Order.* Princeton: Princeton University Press, 2011 참조.

2 그러한 점 때문에 한국과 일본의 많은 연구자들이 미국을 중심으로 하여 노동개혁이 이뤄진 양상에 대해 주목하였다. 한국에서는 대표적으로 정용욱, 박지향을 꼽을 수 있다. 정용욱은 미국에서 노동관련 보고서들을 검토하여 중도파 정책을 중심으로 보고서들을 평가하였고, 박지향은 당초 미국의 개혁적 기획에서 탄압으로 전환하는 과정에 중점을 두었다. 일본에서도 최초로 운동론적인 시각에서 탈피하여 노자관계의 법적 성립 과정에 주목해야 한다고 주장한 엔도 코시(遠藤公嗣)와 함께, "노동개혁"을 미국의 전후 기획과 엮어 SWNCC에서 연합군 최고사령부, 일본 정부로 이어지는 총체적인 과정을 조명한 타케마에 에이지

(竹前栄治)의 연구가 있다. 정용욱, 「미국 국립문서관 소재 '노동' 관련자료」, 정용욱, 『미군정 자료연구』, 선인, 2003; 박지향, 「한국의 노동 운동과 미국, 1945-1950」, 박지향 외 편, 『해방전후사의 재인식 2』, 책세상, 2006; 遠藤公嗣, 『日本占領と労資関係政策の成立』, 東京: 東京大学出版会, 1989; 竹前栄治, 『戦後労働改革: GHQ労働政策史』, 東京: 東京大学出版会, 1982.

3 "포츠담 선언(Potsdam Declaration)" 제6조.

4 "육전의 법 및 관습에 관한 협약(Convention with Respect to the Laws and Customs of War on Land)" 제43조.

5 SWNCC, 150/4/A "Politico-Military Problems in the Far East: US Initial Post-Defeat Policy Relating to Japan"(1945.9.21.). 이하 인용하는 1차 자료들은 한국 국사편찬위원회와 일본 국립 국회도서관 헌정자료실(憲政資料室)이 수집한 미국 국립문서기록관리청(United States National Archives and Records Administration: NARA)의 자료들을 활용하였다. 그 외에도 다음의 서적을 참조하였다. 竹前栄治·三宅明正·遠藤公嗣 編, 『(資料) 日本占領史 2: 労働改革と労働運動』, 東京: 大月書店, 1992; 한림대학교 아시아문화연구소 편, 『美軍政期情報資料集: 노동관련 보고서(1945.9~1950.4)』, 한림대학교 아시아문화연구소, 1995.

6 SWNCC, 150/4/A.

7 김진희, 「뉴딜 단체협상법의 생성과 변형: 와그너 법에서 태프트-하틀리 법까지」, 『미국학논집』 38(3), 2006, 39쪽.

8 김진희, 위의 글; 이승길, 「일본에 있어 연합군총사령부 점령기의 노동기본권에 관한 소고」, 『노동법논총』 25, 2012 참조.

9 안정옥, 「소비적 근대성과 사회적 권리 - 미국 헤게모니의 사회적 기원과 한계」, 백승욱 편, 『미국의 세기는 끝났는가?: 세계체계 분석으로 본 미국 헤게모니의 역사』, 그린비, 2005, 88~93쪽 참조.

10 미셸 아글리에타, 성낙선 외 역, 『자본주의 조절이론』, 한길사, 1994, 100쪽.

11 조반니 아리기, 백승욱 역, 『장기 20세기』, 그린비, 2008, 468~473쪽.

12 Steve Fraser, "The 'Labor Question'," Steve Fraser & Gary Gerstle eds., *The Rise and Fall of the New Deal Order*, 1930~1980, Princeton: Princeton University, 1989, pp.55-57.

13 竹前栄治, 앞의 책, 31~33쪽; PWC, 290a "Japan: Workers' Organizations during the Period of Military Occupation"(1944.11.15.).

14   SWNCC, 92/1 "Treatment of Japanese Workers' Organization"(1945.11.16.).

15   *Ibid.*

16   SWNCC, 176/8 "Basic Initial Directive for Civil Affairs in Korea"(1945.10.13.).

17   박찬표, 『한국의 국가 형성과 민주주의: 냉전 자유주의와 보수적 민주주의의 기원』, 후마니타스, 2007, 94~95쪽 참조.

18   SWNCC, 176/8.

19   朴慶植 編, 『朝鮮問題資料叢書 第14卷: 八‧一五直後の南朝鮮の政治‧經濟‧文化狀況』, 調布: アジア問題研究所, 1990: 23~24쪽.

20   안태정, 『조선노동조합전국평의회』, 현장에서 미래를, 2002, 318쪽.

21   초기 노무계는 조선총독부 광공국에서 그대로 가져온 것이고, 광공국 안의 노무과는 1945년 11월 3일 창설되었다. 이어 1946년 2월 13일 군정법령 제48호에 의거하여 광공국이 상무국으로 개편되었고, 노무과도 노동과로 개칭하였다. 박영기‧김정한, 『한국노동운동사. 3: 미군정기의 노동관계와 노동운동』, 지식마당, 2004, 238쪽; 이혜숙, 『미군정기 지배구조와 한국사회: 해방 이후 국가–시민사회 관계의 역사적 구조화』, 선인, 2008, 136쪽.

22   "activities report for week ending 1200"(1945.10.6.); "weekly report"(1945.11.9.), 한림대학교 아시아문화연구소 편, 『美軍政期情報資料集: 노동관련 보고서(1945.9~1950.4)』, 한림대학교 아시아문화연구소, 1995, 8~9쪽; 22쪽에서 재인용.

23   "letter of instructions"(1945.10.24.), 한림대학교 아시아문화연구소 편, 위의 책, 19쪽에서 재인용.

24   박찬표, 앞의 책, 92~94쪽.

25   타케마에 에이지, 송병권 역, 『GHQ: 연합국 최고사령관 총사령부』, 평사리, 2011, 80쪽.

26   서중석, 『한국현대민족운동연구: 해방 후 민족국가 건설운동과 통일전선』, 역사비평사, 1991, 122쪽. 따라서 조선에서 실시된 군정의 통치 양태를 직접통치인지, 혹은 총독부 조직을 그대로 활용하고자 한 다른 유형의 간접통치인지, 어느 쪽으로 정의할 지는 다소 이견이 존재한다. 이혜숙은 이를 직접통치라고 정의하였다. 이혜숙, 앞의 책, 114쪽. 반면 박찬표는 "통치의 구체적 방식에서 기존의 행정, 치안 조직들을 해체하지 않고 그대로 존치시키고 이용하여 통치했다는 점에서는 일본과 다른 유형의 간접통치"라고 주장하였다. 박찬표, 앞의

책, 60쪽.

27 타케마에 에이지, 앞의 책, 84~85쪽.

28 박남수·김득중 편, 『주한미군사 1』, 국사편찬위원회, 2014.

29 박찬표, 앞의 책, 144쪽; 이혜숙, 앞의 책, 138쪽.

30 竹前栄治, 『戦後労働改革: GHQ労働政策史』, 87쪽.

31 시오타 쇼베에, 우철민 역, 『일본노동운동사』, 동녘, 1985, 108쪽.

32 GHQ/SCAP, ESS/LA, "Labor Division Activities and Labor Development in Japan, Prepared for the Far Eastern Commission"(1946.1.29.).

33 또한 이러한 유형의 쟁의는 조선인과 중국인이 본국으로 돌아감에 따라 그 빈도도 줄어들었고, 군정 당국은 이 빈 자리에 일본인을 채워 넣는 정책을 취하였다. 竹前栄治, 『戦後労働改革: GHQ労働政策史』, 85~87쪽.

34 歴史学研究会 編, 『日本同時代史 1: 敗戦と占領』, 東京: 青山書店, 1990, 216쪽. 점령 초기 연합군 최고사령부 내부에서도 생산관리운동이 점령 목적에 반하는지 여부는 논쟁의 대상이었다. 그러나 당시 노동과장 칼핀스키(William Karpinsky)가 미국의 유사한 판례를 들어 불법이 아니라는 입장을 내세워 내부에서 설득을 하였다. 그 결과 연합군 최고사령부는 잠정적으로 생산관리운동이 노동자들의 자발적인 민주적 노동운동이라고 결론을 내렸다. 竹前栄治, 『戦後労働改革: GHQ労働政策史』, 88쪽.

35 GHQ/SCAP, SCAPIN 93 "Removal of restrictions on political, civil and religious liberties"(1945.10.4.).

36 SCAP, 天川晃 外 編, 『GHQ日本占領史 31: 労働組合運動の発展』, 東京: 日本図書センター, 1996, 55~56쪽.

37 시오타 쇼베에, 앞의 책, 104쪽.

38 歴史学研究会 編, 앞의 책, 243쪽.

39 SCAP, 『GHQ日本占領史 31: 労働組合運動の発展』, 57~58쪽.

40 시오타 쇼베에, 앞의 책, 104쪽.

41 竹前栄治, 『GHQ労働課の人と政策』, 東京: エムティ出版, 1991, 64쪽.

42 歴史学研究会 編, 앞의 책, 225~226쪽.

43 안태정, 앞의 책, 50~75쪽.

44 "activities report for week ending 1200"(1945. 10. 6.); "letter of instructions"(1945. 10. 24.), 한림대 아시아문화연구소 편, 앞의 책, 8~9쪽; 22쪽에서 재인용.

45   박지향, 앞의 글, 116쪽.

46   안태정, 앞의 책, 57~62쪽.

47   이러한 시각은 1945년 9월 25일 조선인의 직장 복귀에 관한 하지의 회견에서 잘 드러난다. "특히 일본인 소유재산을 조선인에게 부여할 때의 수속절차도 이를 연구하는 중이므로 이것이 결정되면 자연 취업과 실업문제는 해결되리라고 본다. 이것은 일본인을 위함이 아니오 오직 조선인 자체와 조선 국가의 부를 위하여 한다는 그 실현성을 생각지 않으면 안될 것이다."「하지, 조선인 각 직장 복귀와 일본인 소유 토지문제에 관해 회견」,『매일신보』1945.9.25. 또한 동년 11월 1일 군정법령 제19호에 관한 회견에서도 유사한 시각이 드러난다. "담화에서 다음과 같이 밝히고 있다. '그러함에도 불구하고 어떤 단체에서는 조선인의 부를 독점하자는 생각을 갖고 노동자로 하여금 직장에 돌아가지 못하게 하며 … 이러한 형편이 조선 안에 비상사태를 재래하게 되었다. 조선인의 복리를 보장하고 조선인을 보호하기 위하여 비상조치를 하지 않으면 안되게 되었다.'"「법령19호에 대한 소개」,『매일신보』1945.11.1.

48   군정법령 제2호.「패전국 소속 재산의 동결 및 재산이전 제한의 건」.

49   군정법령 제33호.「조선 내 일본인 재산의 권리 귀속에 관한 건」.

50   金三洙,『韓國資本主義國家の成立過程 1945~53年: 政治體制·勞動 運動·勞動 政策』, 東京: 東京大学出版会, 1993, 47~48쪽.

51   안태정, 앞의 책, 290쪽.

52   위의 책, 90쪽.

53   안태정은 조공 중심의 지도부와 별개로 노동자 대중이 스스로의 필요와 욕구에 의한 독자적으로 목표를 갖춘 주체로 전평을 파악하고 있다. 안태정, 위의 책, 90~91쪽. 김무용은 당과 대중운동의 결합, 조돈문은 제휴관계 정도로 표현하면서 외곽단체라는 표현을 피하고 있다. 조돈문,「전평노동조합들과 노동계급의 계급형성」.『동향과전망』6, 1995; 김무용,「해방 후 조선공산당의 혁명론과 국가구상, 그리고 노동운동」,『진보평론』7, 2001.

54   박영기 외, 앞의 책, 432~433쪽.

55   金三洙, 앞의 책, 127쪽.

56   노진귀,『8·15해방이후의 한국노동운동-한국노총측면의 시론적 재조명』, 한국노총 중앙연구원, 2007, 35~36쪽.

57   박영기 외, 앞의 책, 461쪽.

58   김영태,「도큐멘터리 노동운동 20년 소사 2」,『노동공론』1972년 1월호,

164~175쪽.

59 William Karpinsky, "Preliminary Report on Current Labor Situations"(1945.10.15.), 竹前栄治 外 編, 앞의 책, 419~424쪽에서 재인용.

60 遠藤公嗣, 앞의 책, 110~112쪽.

61 스탠치필드의 약력은 竹前栄治, 『戰後勞働改革: GHQ勞働政策史』, 247쪽 참조.

62 GHQ/SCAP, ESS/LA, "Final Report of Advisory Committee on Labor in Japan"(1946.7.29.).

63 遠藤公嗣, 앞의 책, 80~83쪽; 107쪽.

64 위의 책, 101쪽; 109쪽.

65 위의 책, 114~124쪽.

66 위의 책, 109~110쪽.

67 FEC, 045 "Principles for Japanese Trade Unions"(1946.12.6.).

68 Labor advisory Korean sub-committee, "Labor Problems and Policies in Korea"(1946.6.18.).

69 군정법령 제19호, 「노동의 보호, 언론 출판 등의 등기」.

70 광공국 고시 제8호.

71 실제로 노동조정위원회는 일본의 노동위원회와 같이 노동조합 설립, 운영, 노동쟁의의 조정 등을 포함한 단체협약에 관한 업무를 통괄함에도 불구하고 그 정원이 군정 기간 내내 채워진 적이 없었다. 박영기 외, 앞의 책, 246쪽.

72 박영기 외, 앞의 책, 264~269쪽 참조. 군정법령 제19호가 실제로 단결권을 침해한 것인지 아닌 것인지에 대해서는 논쟁이 있다. 김삼수는 단결권의 금지, 나가오 미치코는 단결권을 용인하되 쟁의는 억압하는 것으로 해석하였다. 金三洙, 앞의 책, 45쪽; 中尾美知子·中西洋, 「米軍政·全評·大韓勞総(1): 朝鮮解放から大韓民国への軌跡」, 『経済学論集』 49(4), 1984, 79쪽. 그러나 당시 노정과 방침과 사법부의 해석이 엇갈리기 때문에 이에 대한 분명한 해석이 없었다고 보는 것이 옳다고 봐야 할 것이다.

73 ① 쟁의 관계로 인천에 피검 중인 자를 즉시 석방할 것. ② 해고자는 즉시 복직시키되, 5월 30일 이전의 해고자는 중앙노동조정위원회에 회부해서 그 판결의 결과에 따라 해결할 것. ③ 종업원의 요구 조건은 노동조정위원회에서 해결할 것이나, 이에는 쟁의단, 전평, 노동국, 회사측이 참여할 것. ④ 이 안으로 노동자는 즉시 공장에 복귀할 것. 안태정, 앞의 책, 336쪽.

74 박영기 외, 앞의 책, 468~469쪽; 임송자, 「대한노총 연구(1946-1961)」, 성균

관대학교 사학과 박사학위논문, 2004, 28~30쪽. 강령 개정안이 1947년 3월에 채택되었다는 것은 한국노총의『한국노동조합운동사』를 따른 것이다. 임송자는 1946년 12월에 출판된『조선연감』1947년판에 홍윤옥의 강령이 그대로 반영되어 있다는 점을 들어 1946년 6월에서 10월 사이에 강령이 실제로 개정되었을 것이라고 주장한다. 임송자, 위의 글, 30쪽.

75 김득중,『빨갱이의 탄생』. 선인, 2009, 38~39쪽.

76 마스다 하지무(Masuda Hajimu)는 이를 "용광로(crucible)"라고 표현하였다. 사회의 역동적인 반응과 지역적인 사건들이 냉전이라는 이름의 용광로로 용해되고, 그 안에 모든 의제가 녹아 들어가면서 자연스럽게 억압적이고 반동적인 사회가 구성되었다는 것이다. Masuda Hajimu, *Cold War Crucible*: *the Korean Conflict and the postwar world*, Cambridge: Harvard University Press, 2015.

77 *Ibid.*, p.19.

78 Michael. G. Heale, *American Anticommunism*: *Combating the Enemy Within*, 1830-1970, Baltimore: Johns Hopkins University Press, 2010; 김진희,「미국 노동과 냉전」,『미국학논집』42(3), 2010 참조.

79 시오타 쇼베에, 앞의 책, 112~113쪽.

80 타케마에 에이지, 앞의 책, 214쪽.

81 竹前栄治 外 編, 앞의 책, 148~149쪽.

82 竹前栄治,『GHQ労働課の人と政策』, 13쪽.

83 Theodore Cohen, "Labor under American Occupation"(1947.7.21.).

84 전전 일본에서 건설, 하역 등의 분야에서 노동자에게 일감을 팔아넘기는 제도를 의미한다. 노동자는 노동 보스와 관계에서 벗어나 독자적으로 일자리를 구하거나, 노동조합에 가입할 수 없었다. SCAP,『GHQ日本占領史 31: 労働組合運動の発展』, 14쪽.

85 竹前栄治 외, 앞의 책, 13쪽.

86 遠藤公嗣, 앞의 책; 竹前栄治,『GHQ労働課の人と政策』참조.

87 GHQ/SCAP, ESS/LA, "Report and Analysis Branch Civil Affairs Division, Department of the Army Special Staff, Labor Relations and Labor Legislation in Japan"(1948.5.12.).

88 竹前栄治 외, 앞의 책, 12쪽.

89 미야케 아키마사(三宅明正)는 1950년의 레드 퍼지에서 노동과가 개입한 사실

에 대해서 연구하였으며, 추가적으로 1948년에서 1949년 사이 연합군 최고사령부에 고용된 노동자들에 대한 레드 퍼지가 이뤄졌다는 설을 제기했다. 三宅明正(1994), 『レッド・パージとは何か』. 東京: 大月書店, 1994 참조.

90 타케마에 에이지, 앞의 책, 242~243쪽.

91 US Army Forces in Korea, "History of the Department of Labor," 일자 불명. 한편 1947년 6월 6일자 『동아일보』는 다음과 같이 보도하고 있다. "작년 말 공포하기로 준비중이던 조선 노동조합법은 그동안 여러 차례의 심의와 수정을 거쳐 군정장관의 "싸인"까지도 끝나게 되었던 바, 사정의 변화로 말미암아 전면적으로 폐기하고 새로 행정명령으로 법령 제97호를 보충하는 정도의 명령을 기초하여 시행하기로 되었다고 한다." 「노동조합법, 신행정령으로 시행」, 『동아일보』 1947.6.6.

92 임송자, 앞의 글 참조.

93 Stewart Meacham, "Korean Labor Report, Prepared for The Secretary of Labor"(1947).

94 정용욱, 앞의 글 참조.

95 정용욱은 SWNCC가 미국 노동부의 협조로 조선 노동문제를 검토하게 되었다는 점에서 미챔의 적극적인 활동과 노동부의 작용이 있었다고 보고 있다. 정용욱, 위의 글, 265쪽.

96 SWNCC, 376/11 "Treatment of Korean Worker′s Organization"(1947.8.19.).

97 정용욱, 앞의 글 266쪽.

98 박영기 외, 앞의 책, 399쪽.

99 정용욱, 앞의 글, 266~267쪽.

100 정용욱, 위의 글 참조.

101 「정치색을 띄운 노동조합 정당한 단체로 인정 않겠다」, 『동아일보』, 1947.6.8.

102 노진귀, 앞의 책, 45~46쪽.

103 박영기 외, 앞의 책, 252쪽.

104 竹前栄治, 『戦後労働改革: GHQ労働政策史』, 4쪽.

5장

문서 자료로 읽는 미국 SWNCC와 한국

1　이완범,『38선 획정의 진실: 1944-1945』, 지식산업사, 2001.

2　위의 책, 173~175쪽; 178~180쪽.

3　구대열,『한국 국제관계사 연구』, 역사비평사, 1995.

4　위의 책, 197~198쪽

5　위의 책, 194쪽; 223쪽. 이 글의 4장 1)의 (1)에서 보듯 이 구상은 검토 끝에 1945년 6월 4일 폐기된다.

6　정용욱,『해방 전후 미국의 대한정책: 과도정부 구상과 중간파 정책을 중심으로』, 서울대학교출판부, 2003.

7　박찬표,『한국의 국가 형성과 민주주의: 냉전 자유주의와 보수적 민주주의의 기원』, 후마니타스, 2007; 이혜숙,『미군정기 지배구조와 한국사회: 해방 이후 국가-시민사회 관계의 역사적 구조화』, 선인, 2008.

8　이혜숙, 앞의 책, 226~236쪽; 350~359쪽.

9　김태기,「미국무성의 대일점령정책안과 재일조선인 정책 - 일본통의 재일조선인에 대한 인식과 정책결정 과정을 중심으로」,『한국동북아논총』 33, 한국동북아학회, 2004, 137~145쪽.

10　송병권,「미국의 전후 한일 간 경제분리정책의 형성과 변용」,『한국 근현대사 연구』 53, 한국근현대사학회, 2010, 160~165쪽.

11　http://research.archives.gov/description/1374140, 2017년 2월 22일 검색.

12　일본 국립국회도서관 헌정자료실이 2007년 8월 작성해 제공하는 The Numerical Index of SWNCC Papers(15 October 1948)도 이 문서 색인을 참조해 재구성한 것으로 보인다.

13　Lot File은 국무부의 Special File 문서들을 Central File로 보내지 않은 채 국무부 각 부처의 서가에 방치된 문서들을 말한다.

14　정용욱,『미군정 자료 연구』, 선인, 2002, 25~26쪽.

15　같은 책, 53-57쪽; 국사편찬위원회,「미국소재 한국사 자료 조사보고1: NARA 소장 RG 59 · RG 84 외』, 2002, 7쪽.

16　http://www.archives.gov/research/guide-fed-records/groups/353.html#353.6, 2017년 2월 22일 검색; 국사편찬위원회, 위의 책, 2002, 9쪽; 정용욱, 위의

책, 2002, 32~33쪽.

17 전쟁기획부(War Plans Division)는 1942년 작전부(OPD)로 개편되었다가, 1946년 기획작전부(Plans and Operation Division)로 개편된다.

18 이완범, 앞의 책, 40쪽; 국사편찬위원회, 앞의 책, 12쪽; 정용욱, 앞의 책, 2002, 47쪽.

19 2017년 2월 22일 NARA Online Catalog 검색 결과.

20 국사편찬위원회, 앞의 책, 9~10쪽; 정용욱, 앞의 책, 2002, 46쪽.

21 국사편찬위원회, 앞의 책, 11~12쪽; 정용욱, 앞의 책, 2002, 39쪽.

22 정용욱, 앞의 책, 2002, 51쪽.

23 문서 SM-3005(1945.8.22.)

24 정용욱, 앞의 책, 2002.

25 위의 책: 139쪽.

26 박찬표, 앞의 책, 2007, 194쪽; 정용욱, 앞의 책, 1993, 236쪽.

27 육군부 전보 C-63158(1946.7.17.).

28 비망록 SM-8156(1947.5.8.).

29 SWNCC 236/47, 1947.7.1.,「U.S. Policy with Respect to Definition of Japanese Occupation Costs and the Priority to be Accorded Their Repayment.」

30 박찬표는 1946년 하반기~1947년 초 '역코스' 방침에 따라 엄중 배상정책이 취소되자, 일본의 전후 배상금을 한국 점령비용의 재원으로 활용한다는 계획이 자연히 취소되었다고 지적한다. 이 과정에서 SWNCC 176/29 또한 실현되지 못한 채 최종적으로 폐기되었다고 언급한다. 박찬표, 앞의 책, 2007, 207~210쪽.

31 육군부 전보 C-54133(1947.7.18.).

32 아래의 부국간 특별위원회(Special Interdepartmental Committee on Korea)와의 구분을 위해 '임시위원회'라 칭한다.

33 비망록 SWN-5601(1947.7.30., 모슬리 사무관이 각 부처 소속 위원에게 보내는 비망록)

34 1947년 2월 국무부 주도 하에 한국 문제의 해결책을 도모하기 위해 구성된 특별위원회로 육군부를 비롯한 예산국, 상무부, 미군정 대표들이 참여했다.

35 e항부터 i항까지는 이후 예상되는 상황전계에 따른 단계별 행동방향을 가정한 것이다.

36 小此木政夫, 『한국전쟁- 미국의 개입과정』, 현대사연구실 역, 청계연구소, 1986, 18쪽.

37   정용욱, 앞의 책, 1993, 420~422쪽.

38   박찬표, 앞의 책, 2007, 278쪽.

39   박찬표, 위의 책, 2007, 280~282쪽.

참고문헌

1장

원탁에 둘러앉은 외교관과 군인들:
극동을 중심으로 살펴보는 미국 삼부조정위원회의 통치 기제, 1944~1947

1차자료

State-War-Navy Coordinating Committee(SWNCC), Minutes of Meetings of the State-War-Navy Coordinating Committee(SWNCC), 1944-1947, NARA, RG 353, Microfilm T1194.

State-War-Navy Coordinating Committee(SWNCC), Minutes of Meetings of the Subcommittee for the Far East, 1945-1947, NARA Ⅱ, RG 353, Microfilm T1194.

State-War-Navy Coordinating Committee(SWNCC), Roster of State-War-Navy Coordinating Committee and Sub-Committees, NARA Ⅱ, RG 353, Entry 153, Box 135.

State-War-Navy Coordinating Committee(SWNCC), SWNCC Memorandum for Information No. 70, 1947.2.3, The U.S. National Archives and Records Administration Ⅱ(이하 NARA Ⅱ), RG 165, Entry UD 36, Box 1.

State-War-Navy Coordinating Committee(SWNCC), SWNCC 176/3 "Basic Initial Directive to the Commander-in-Chief U.S. Army Forces in the Pacific for the Administration of Civil Affairs in Korea South of 38 North Latitude", 1945.9.1., 국사편찬위원회 사료관.

State-War-Navy Coordinating Committee(SWNCC), SWNCC 57/1 "Procedure Organization and Functions of SWNCC Secretariat", 1945.2.20., 국사편찬위원회 사료관.

2차문헌

구대열, 『한국 국제관계사 연구』, 역사비평사, 1995.

국사편찬위원회 편, 『주한미군사 Ⅰ』, 국사편찬위원회, 2014.

김태기, 「미국무성의 대일점령정책안과 재일조선인 정책 – 일본통의 재일조선인에 대한 인식과 정책결정 과정을 중심으로」, 『한국동북아논총』 33, 2004, 127~156쪽.

다케마에 에이지, 송병권 옮김, 『GHQ 연합국 최고사령관 총사령부』, 평사리, 2011.

박찬표, 『한국의 국가 형성과 민주주의: 냉전 자유주의와 보수적 민주주의의 기원』, 후마니타스, 2007.

브루스 커밍스. 나지원 옮김. 「냉전의 중심, 한국」, 『아시아리뷰』 5(2), 2016, 185~210쪽.

안종철, 「태평양전쟁기 휴 보튼의 대일정책 구상과 한국문제 인식」, 『역사학보』 189, 2006, 73~100쪽.

이완범, 『38선 획정의 진실: 1944-1945』, 지식산업사, 2001.

이혜숙, 『미군정기 지배구조와 한국사회: 해방 이후 국가-시민사회 관계의 역사적 구조화』, 선인, 2008.

일본국회국립도서관, "The Numerical Index of SWNCC Papers(15 October 1948)", 2007(인터넷 검색: https://rnavi.ndl.go.jp/kensei/tmp/SWN_1.pdf(2016.11.20.).

정근식, 「전쟁의 사회사」, 강진연 외, 『사회사/역사사회학』, 다산출판사, 2016.

정용욱, 『해방 전후 미국의 대한정책』, 서울대학교 출판부, 2003.

미셸 푸코, 오트르망 옮김, 『안전, 영토, 인구』, 난장, 2011.

Best, Richard A., "The National Security Council: An Organizational Assessment", *CRS Report for Congress*. Congressional Research Service, 2011.

Borton, Hugh, *Spanning Japan's modern century: the memoirs of Hugh Borton*. Lexington Books, 2002.

Ciampocero, Alan F., "The State-War-Navy Coordinating Committee and the Beginning of the Cold War", State University of New York at Albany Ph.D. Thesis, 1980.

Cohen, Theodore, *Remaking Japan*. The Free Press, 1987.

Coles, Harry L. and Albert K. Weinberg, *Civil affairs: soldiers become governors*, Office of the Chief of Military History. Department of the

Army, 1986.

Etzold, Thomas H., "American Organization for National Security: 1945-50", Thomas H. Etzold and John L. Gaddis (ed.), Containment: Documents on American Policy and Strategy, 1945-50, New York Columbia University Press, 1978.

Friedman, Hal M., *Arguing over the American Lake: Bureaucracy and Rivalry in the US Pacific, 1945-1947*, Texas A&M University Press, 2009.

Hayward, Edwin J., "Co-Ordination of Military and Civilian Civil Affairs Planning", *The Annals of the American Academy of Political and Social Science* 267, 1950, pp.19-27.

Hellegers, Dale M., *We, the Japanese people. World war II the origins of the Japanese*, Washington: Stanford University Press, 2002.

Hilldring, John H., "American Policy in Occupied Areas", *The Department of State Bulletin(1946.7.14.)*, The Department of State, 1946.

Hudson, Walter M., Army Diplomacy: *American Military Occupation and Foreign Policy after World War II*. University Press of Kentucky, 2015.

Isaacson, Walter and Evan Thomas, *The Wise Men: Six Friends and the World They Made*, Simon&Schuster Paperbacks, 1986

Janssens, Rudolf VA, *"What future for Japan?": US wartime planning for the postwar era, 1942-1945*. Rodopi, 1995.

Kolterman, Robert F., *Interagency Coordinaton: Past Lessons, Current Issues, and Future Necessities*, U.S. Army War College Strategy Research Project, 2006.

Kurtz, Lester R., "War and Peace on the Sociological Agenda", T. C. Haliday and M. Janowitz(ed.), *Sociology and its Publics: the Forms and Fates of Disciplinary Organizations, The University of Chicago Press*, 1992, pp.61-98

Matthewman, Steve D., "Sociology and the Military", *Social Space* 4(2), 2012, pp.68-87.

May, Ernest R., "The Development of Political-Military Consultation in the United States". *Political Science Quarterly* 70(2), 1995, pp.161-180.

Munro-Leighton, Judith, "American policy vs. Asian revolution: SWNCC recommendations regarding post-World War II China, Korea, and Vietnam." UMI Dissertation Services, 1995.

Rearden, Steven. L., *Council of War: A History of the Joint Chiefs of Staff 1942–1991*, NDU Press, 2012.

Stuart, Douglas. T., *Creating the national security state: A history of the law that transformed America*. Princeton University Press, 2009.

Takemae, Eiji, *Inside GHQ*. Continuum, 2002.

Takemae, Eiji, *Allied Occupation of Japan*. A&C Black, 2003.

US DEPARTMENT OF STATE, *Foreign Relations of the United States Diplomatic Papers, 1944, General, Volume I*. Washington, D.C.: US Government Printing Office, 1966.

Watson, Mark. S, *Chief of Staff: Prepare Plans and Preparations*, Center of Military History United States Army, 1991.

West, Brad and Steve Matthewman, "Toward a Strong Program in the Sociology of War, the Military and Civil Society", *Journal of Sociology* 52(3), 2016, pp.482-499.

2장

미국의 '점령형 신탁통치'와 냉전적 변형: 조선, 미크로네시아, 류큐제도를 중심으로

1차자료

박남수· 김득중 편, 『주한미군정사 1』, 국사편찬위원회, 2014.

신복룡· 김원덕 편역, 「신탁통치에 관한 보고서」, 『한국분단보고서(하)』, 풀빛, 1992.

Department of State(1945), *FRUS: DIPLOMATIC PAPERS*.

  - FRUS: diplomatic papers, 1945. General: the United Nations, vol.I
  - FRUS: diplomatic papers, 1945. General: political and economic matters, vol. Ⅱ
  - FRUS: diplomatic papers, 1945, The CONFERENCES AT MALTA

AND YALTA.

New York Times, 1946.1.16.

Notter, Harley, Postwar Foreign Policy Preparation, 1939-1945, Department of State, 1949.

NSC 13/3, "Recommendations With Respect to United States Policy Toward Japan," 1949.5.6.

U.S. States-War-Navy Coordinating Committee Policy Files, 1944-1949(LM 54, 마이크로필름)

- SWNCC 176/8 "Basic Initial Directive for Civil Affairs in Korea," 1945.10.13.

- SWNCC 101/4 "A temporary International Authority in Korea," 1945.10.24.

- SWNCC 59/1, "Policy Concerning Trusteeship and other Methods of Disposition of the Mandated and Other Outlying and Minor Island Formerly Controlled by Japan," 1946.6.24.

- SWNCC 59/2, "Strategic Areas and Trusteeship in the Pacific," 1946.6.28.

- SWNCC 176/22 "Proposed Negotiations with the USSR over Korea on a Governmental Level," 1946.7.26.

- SWNCC 150/4: "Politico-Military Problems in the Far East: U.S. Initial Post-Defeat Policy Relating to Japan," 1946.9.4.

- SWNCC 59/6, "Draft Trusteeship Agreement," 1946.9.20.

- SWNCC 59/10, "United States Position on Soviet Proposal for Amendment of Draft Trusteeship Agreement,"1947.3.1.

- SWNCC 176/29 "Interim Directive for Military Government in Korea," 1947.7.24.

中野好夫編,『戰後資料 沖縄』, 日本評論社, 1969.

2차연구

다케마에 에이지, 송병권 역,『GHQ: 연합국 최고사령관 총사령부』, 평사리, 2011.

도요시타 나라히코, 권혁태 역,『히로히토와 매아더: 일본의 '전후'는 어떻게 만들어졌는가』, 개마고원, 2009.

서중석,『한국현대민족운동연구: 해방후 민족국가 건설운동과 통일전선』, 역사비평사, 1991.

이완범,『삼팔선 획정의 진실』, 지식산업사, 2001.

정병준,『독도 1947: 전후 독도문제와 한미일 관계』, 돌베개, 2010.

정영신,「오키나와의 기지화·군사화에 관한 연구」, 정근식·전경수·이지원 편저,『기지의 섬, 오키나와: 현실과 운동』, 논형, 2008.

정용욱,『해방전후 미국의 대한정책』, 서울대학교출판부, 2003.

조성윤,『남양군도: 일본제국의 태평양섬 지배와 좌절』, 동문통책방, 2015.

하지은,「국제적 신탁통치 구상과 냉전적 변형: 한국 사례를 중심으로」, 서울대학교 사회학과 석사학위 논문, 2015.

Freedman, Hal M., Creating an American Lake: United States Imperialism and Strategic Security in the Pacific Basin, 1945-1947, Westport: Greenwood Press, 2001.

Kang, Sung Hyun and Ha, Ji-Eun, "Comparative Historical Sociology of the United States 'Occupational Trusteeship': Focusing on Korea, Austria, and Okinawa," 〈International Conference: Comparative research on the Cold War in Europe and Asia〉(Seoul National University, 2014.12.12.-13).

Eldridge, Robert D., The Origins of the Bilateral Okinawa Problem: Okinawa in Postwar US-Japan Relations, 1945-1952, Garland Publishing Inc, 2001.

Roberts, Adam, "What is a Military Occupation," *British Yearbook of International Law* 55(1), 1985.

池上大祐,『アメリカの太平洋戦略と国際信託統治: 米国務省の戦後構想 1942-1947』, 法律文化社, 2014.

3장

해방된 전범, 붙잡힌 식민지: 전후 미국의 전범재판과 조선에서의 전범문제 논의

1차자료

[신문]

〈자유신문〉 〈경향신문〉 〈동아일보〉 〈조선일보〉(네이버 뉴스 라이브러리, 국사편찬위
　　　원회 한국사데이터베이스 검색).

[미국국립공문서관 수집 자료]

RG331 Entry1189(연합군최고사령부 법무국 지역 사건 파일: 한국).

RG353 T1194 SWNCC SFE Minute(SWNCC SFE 마이크로필름).

RG554 Entry UD UP39(스가모 형무소 개인 파일).

[자료집]

SWNCC 보고서(국사편찬위원회 마이크로필름 소장).

USAFIK, 『駐韓美軍史(HUSAFIK)』 1~4, 돌베개 영인, 1988.

주한 미 육군사령부 정모참모부, 『G-2 Periodic Report』 1945.9~1949.6, 일월서각
　　　영인, 1986.

남조선과도입법의원, 『南朝鮮過渡立法議員速記錄』 1~5, 여강출판사 영인, 1984.

UNWCC, *Law Report of Trials of War Criminals Vol.1*, His Majesty's Stationary
　　　Office, London, 1947.

UNWCC, *History of the United Nations War Crimes Commission and the Devel-
　　　opment of the Laws of War*, His Majesty's Stationary Office, London,
　　　1948.

OCCWC, *Final Report to The Secretary of the Army on The Nuremberg War
　　　Crimes Trials Under Control Council Law No. 10*, Office, Chief of
　　　Counsel for War Crimes, 1949.

Jackson, Robert H., *Report of Robert H. Jackson United States Representative
　　　to the International Conference on Military Trials*, Department of
　　　State, Washington D.C., 1949.

U.S. Army, *War Crime Trials: Procedural due process*, The Judge Advocate
　　　General's School, 1967.

2차문헌

권혁태, 차승기 엮음, 『'전후'의 탄생』, 그린비, 2013.

김석연, 「동경재판과 '평화에 反한 죄': 라다비노드 팔의 죄형법정주의」, 『일본연구』 15, 2011, 295~324쪽.

김용희, 「B·C급 전범재판과 조선인」, 『법학연구』 27, 2007, 513~535쪽.

나카노 도시오, 김부자 편저, 이애숙, 오미정 역, 『역사와 책임』, 선인, 2008.

도요시타 나라히코, 권혁태 역, 『히로히토와 맥아더』, 개마고원, 2009.

박원순, 『아직도 심판은 끝나지 않았다』, 한겨레신문사, 1996.

박진희, 「戰後 韓日관계와 샌프란시스코 平和條約」, 『한국사연구』 131, 2005, 3~34쪽.

박찬표, 『한국의 국가 형성과 민주주의』, 후마니타스, 2007.

백재예, 『아시아·태평양 전쟁기 연합국의 일본군 '위안부' 인식에 관한 연구』, 서울 대학교 석사학위논문, 2016.

우츠미 아이코, 「동남아시아에서 생각하는 전쟁재판과 배상」, 『4·3과 역사』 7, 2007, 272~287쪽.

우쓰미 아이코, 이호경 역, 『조선인 BC급 전범, 해방되지 못한 영혼』, 동아시아, 2007.

우쓰미 아이코, 무라이 요시노리, 김종익 역, 『적도에 묻히다 (독립영웅, 혹은 전범이 된 조선인들 이야기)』, 역사비평사, 2012.

이강수, 「해방 직후 남·북한의 친일파숙청 논의 연구」, 『역사학연구』 20호, 2003, 23~50쪽.

이강수, 「南朝鮮過渡立法議院의 親日派肅淸法 硏究」, 『한국독립운동사연구』 22호, 2004, 165~195쪽.

이재승, 「식민주의와 과거극복의 정치」, 『법과 사회』 49, 2015, 1~31쪽.

이타가키 류타, 「탈냉전과 식민지배책임의 추급」, 『역사와 책임』, 선인, 2008, 317~346쪽.

정병준, 『독도 1947』, 돌베개, 2010.

정용욱, 『해방전후 미국의 대한정책』, 서울대학교출판부, 2003.

조건, 「일제 강점 말기 조선주둔일본군의 조선인 포로감시원 동원과 연합군 포로수용소 운영」, 『한국근대사연구』 67, 2013, 451~490쪽.

조시현, 「한일 과거청산과 식민지 범죄」, 『문화연구』 4, 2016, 153~188쪽.

조엘 켄 브라우닝, 『한국의 과거사 규명작업과 「B/C급 전범」 문제』, 서울대학교 석사학위 논문, 2008.

존 다우어, 최은석 역, 『패배를 껴안고』, 민음사, 2009.

채영국, 「해방 후 BC급 戰犯이 된 한국인 포로감시원」, 『한국 근현대사 연구』 29, 2004, 7~34쪽.

하야시 히로부미, 현대일본사회연구회 역, 『일본의 평화주의를 묻는다』, 논형, 2012.

허종, 『반민특위의 조직과 활동』, 선인, 2003.

Boister, Neil, Cryer, Robert, *The Tokyo International Military Tribunal*, Oxford University Press, 2008.

Clark, Donald N., *Living Dangerously in Korea: The Western Experience 1900-1950*, EastBridge, 2003.

Drea, Edward, "Introduction", Greg Bradsher, *Researching Japanese War Crimes Records: Introductory Essays*, IWG, Washington D.C., 2006.

Kushner, Barak, *Men to Devils, Devils to Men: Japanese War Crimes and Chinese Justice*, Harvard University Press, 2015.

Maga, Tim, *Judgment at Tokyo*, The University Press of Kentuchy, 2001.

Minear, Richard H., *Victors' Justice*, Tuttle Company, 1971.

Piccigallo, Philip R., *The Japanese on Trial*, University of Texas Press, 1979.

Totani, Yuma, *The Tokyo War Crimes Trial: The Pursuit of Justice in the Wake of World War II*, Harvard University Press, London, 2008.

Totani, Yuma, *Justice in Asia and the Pacific region, 1945-1952: Allied war crimes prosecutions*, Cambridge University Press, New York, 2015.

林博史, 『BC級戰犯裁判』 岩波書店, 2005.

林博史, 『裁かれた戦争犯罪―イギリスの代日戦犯裁判』, 岩波書店, 2014.

日暮吉延, 『東京裁判』, 講談社, 2008.

4장

노동정책 보고서를 통해 본 미군정의 '노동개혁'과 냉전적 변형

1차자료

Far Eastern Commission(FEC), 045 "Principles for Japanese Trade Unions," 1946.12.6.

Karpinsky. William, "Preliminary Report on Current Labor Situations," 1945.10.15.

Labor advisory Korean sub-committee, "Labor Problems and Policies in Korea," 1946.6.18.

Meacham. Stewart, "Korean Labor Report, Prepared for The Secretary of Labor," 1947.

Postwar Programs Committee(PWC), 290a "Japan: Workers' Organizations during the Period of Military Occupation," 1944.11.15.

SCAP, Economic and Scientific Section/Labor Division(ESS/LA), "Labor Division Activities and Labor Development in Japan, Prepared for the Far Eastern Commisiion," 1946.1.29.

SCAP, Economic and Scientific Section/Labor Division(ESS/LA), "Final Report of Advisory Committee on Labor in Japan," 1946.7.29.

SCAP, Economic and Scientific Section/Labor Division(ESS/LA), "Report and Analysis Branch Civil Affairs Division, Department of the Army Special Staff, Labor Relations and Labor Legislation in Japan," 1948.5.12.

State-War-Navy Coordinating Committee(SWNCC), 150/4/A "Politico-Military Problems in the Far East: US Initial Post-Defeat Policy Relating to Japan," 1945.9.21.

State-War-Navy Coordinating Committee(SWNCC), 92/1 "Treatment of Japanese Workers' Organization," 1945.11.16.

State-War-Navy Coordinating Committee(SWNCC), 176/8 "Basic Initial Directive for Civil Affairs in Korea," 1945.10.13.

Supreme Commander for the Allied Powers(SCAP), SCAPIN 93 "Removal of restrictions on political, civil and religious liberties," 1945.10.4.

US Army Forces in Korea, "History of the Department of Labor," 일자 불명.

[법령]

군정법령 제2호, 19호, 33호, 34호, 55호, 72호.

광공국 고시 제8호.

[신문 및 언론기사]

『동아일보』.

『매일신보』.

김영태, 「도큐멘터리 노동운동 20년 소사 2」, 『노동공론』 1972. 1., 164~175쪽.

[아카이브]

국가법령정보센터 홈페이지(http://www.law.go.kr).

국사편찬위원회 전자사료관(http://archive.history.go.kr/).

국사편찬위원회 한국사데이터베이스(http://db.history.go.kr/).

日本国立国会図書館(http://www.ndl.go.jp).

日本政治·国際関係データベース(http://www.ioc.u-tokyo.ac.jp/~worldjpn/documents/).

2차문헌

김득중, 『빨갱이의 탄생』, 선인, 2009.

김무용, 「해방 후 조선공산당의 혁명론과 국가구상, 그리고 노동운동」, 『진보평론』 7,
        2001, 323~349쪽.

김진희, 「뉴딜 단체협상법의 생성과 변형: 와그너 법에서 태프트-하틀리 법까지」,
        『미국학논집』 38(3), 2006, 29~62쪽.

김진희, 「미국 노동과 냉전」, 『미국학논집』 42(3), 2010, 73~105쪽.

노동자역사 한내 편, 『사진과 함께 보는 노동자역사 알기』, 한내, 2015.

노진귀, 『8·15해방이후의 한국노동운동-한국노총측면의 시론적 재조명』, 한국노총
        중앙연구원, 2007.

미셸 아글리에타, 성낙선 외 역, 『자본주의 조절이론』, 한길사, 1994, 100쪽.

박남수·김득중 편, 『주한미군사 1』, 국사편찬위원회, 2014.

박영기·김정한, 『한국노동운동사 3: 미군정기의 노동관계와 노동운동』, 지식마당,
        2004.

박지향, 「한국의 노동 운동과 미국, 1945-1950」, 박지향 외 편, 『해방전후사의 재인
        식 2』, 책세상, 2006, 103~140쪽.

박찬표, 『한국의 국가 형성과 민주주의: 냉전 자유주의와 보수적 민주주의의 기원』,
        후마니타스, 2007.

서중석, 『한국현대민족운동연구: 해방 후 민족국가 건설운동과 통일전선』, 역사비평

사, 1991.

시오타 쇼베에, 우철민 역.『일본노동운동사』, 동녘, 1985.

신복룡 편,『한국분단사자료집 III-3』, 원주문화사, 1992.

안정옥,「소비적 근대성과 사회적 권리-미국 헤게모니의 사회적 기원과 한계」, 백승욱 편,『미국의 세기는 끝났는가?: 세계체계 분석으로 본 미국 헤게모니의 역사』, 그린비, 2005, 85~116쪽

안태정,『조선노동조합전국평의회』, 현장에서 미래를, 2002.

이승길,「일본에 있어 연합군총사령부 점령기의 노동기본권에 관한 소고」,『노동법논총』 25, 2012, 307~361쪽.

이혜숙,『미군정기 지배구조와 한국사회: 해방 이후 국가-시민사회 관계의 역사적 구조화』, 선인, 2008.

임송자,「대한노총 연구(1946-1961)」, 성균관대학교 사학과 박사학위논문, 2004.

정용욱,「미국 국립문서관 소재 '노동' 관련자료」, 정용욱,『미군정 자료연구』, 선인, 2003, 245~274쪽.

조돈문,「전평노동조합들과 노동계급의 계급형성」,『동향과 전망』 6, 1995, 177~217쪽.

조반니 아리기, 백승욱 역,『장기 20세기』, 그린비, 2008

타케마에 에이지, 송병권 역,『GHQ: 연합국 최고사령관 총사령부』, 평사리, 2011.

한림대학교 아시아문화연구소 편,『美軍政期情報資料集: 노동관련 보고서(1945.9-1950.4)』, 한림대학교 아시아문화연구소, 1995.

金三洙,『韓國資本主義國家の成立過程 1945-53年: 政治體制・勞動 運動・勞動政策』, 東京: 東京大学出版会, 1993.

朴慶植 編,『朝鮮問題資料叢書 第14卷: 八・一五直後の南朝鮮の政治・經濟・文化狀況』, 調布: アジア問題研究所, 1990.

三宅明正,『レッド・パージとは何か』, 東京: 大月書店, 1994.

歷史学研究会 編,『日本同時代史 1: 敗戦と占領』, 東京: 青山書店, 1990.

遠藤公嗣,『日本占領と労資関係政策の成立』, 東京: 東京大学出版会, 1989.

竹前栄治,『戦後労働改革: GHQ労働政策史』, 東京: 東京大学出版会, 1982.

竹前栄治,『GHQ労働課の人と政策』, 東京: エムティ出版, 1991.

竹前栄治・三宅明正・遠藤公嗣 編,『(資料) 日本占領史 2: 労働改革と労働運動』, 東京: 大月書店, 1992.

中尾美知子・中西洋,「米軍政・全評・大韓労総(1): 朝鮮解放から大韓民国への軌跡」,

『経済学論集』49(4), 1984, 65~96쪽.

Heale, Michael. G., *American Anticommunism: Combating the Enemy Within, 1830-1970*, Baltimore: Johns Hopkins University Press, 1990.

Ikenberry, John. G., *Liberal Leviathan: The Origins, Crisis, and Transformation of the American World Order*, Princeton: Princeton University Press, 2011.

Masuda Hajimu, *Cold War Crucible: the Korean Conflict and the postwar world*, Cambridge: Harvard University Press, 2015.

Steve Fraser, "The 'Labor Question'," Steve Fraser & Gary Gerstle eds., *The Rise and Fall of the New Deal Order, 1930~1980*, Princeton: Princeton University, 1989.

Supreme Commander for the Allied Powers(SCAP), 天川晃 外 編,『GHQ日本占領史 31: 労働組合運動の発展』, 東京: 日本図書センター, 1996.

5장

문서 자료로 읽는 미국 SWNCC와 한국

이완범,『38선 획정의 진실: 1944-1945』, 지식산업사, 2001.

구대열,『한국 국제관계사 연구』, 역사비평사, 1995.

정용욱,『해방 전후 미국의 대한정책』, 서울대학교 한국사연구총서 15권, 서울대학교 출판부, 1993.

정용욱,『미군정 자료 연구』, 선인, 2002.

정용욱,『해방 전후 미국의 대한정책: 과도정부 구상과 중간파 정책을 중심으로』, 서울대학교출판부, 2003.

박찬표,『한국의 국가 형성과 민주주의: 냉전 자유주의와 보수적 민주주의의 기원』, 후마니타스, 2007.

이혜숙,『미군정기 지배구조와 한국사회: 해방 이후 국가-시민사회 관계의 역사적 구조화』, 선인, 2008.

김태기, 「미국무성의 대일점령정책안과 재일조선인 정책-일본통의 재일조선인에 대한 인식과 정책결정 과정을 중심으로」, 『한국동북아논총』 33, 한국동북아학회, 2004, 127~156쪽.

국사편찬위원회, 『미국소재 한국사 자료 조사보고1: NARA 소장 RG 59·RG 84 외』, 국사편찬위원회, 2002.

小此木政夫, 현대사연구실 역, 『한국전쟁-미국의 개입과정』, 청계연구소, 1986.

지은이/엮은이 소개

강성현

성공회대학교 동아시아연구소 HK연구교수. 한국과 동아시아의 사상통
제와 전향, 공안, 법과 폭력, 전쟁과 학살, 과거청산, 점령과 군정, 일본군
'위안부' 문제, 사진에 깊은 관심을 가지고 연구하고 있다.『황해문화』와
『사회와 역사』편집위원으로 활동하고 있다. 대표 저서로『한국전쟁 사
진의 역사사회학』(공저),『식민주의, 전쟁, 군 '위안부'』(공저),『한국현대
생활문화사 1950년대: 삐라 줍고 댄스홀 가고』(공저),『세월호 이후의 사
회과학』(공저) 등이 있다.

곽귀병

서울대학교 사회학과 박사과정 수료. 사회사, 역사사회학 전공. 2차 세계
대전 전후 동아시아 질서의 구조 변동과 그 효과에 관심을 가지고 있다.
주요 저서로는『문서와 사진, 증언으로 보는 '위안부' 이야기』(공저),「미
국 국립문서기록관리청(NARA) 소장 일본군 전쟁범죄 관련 'Interagen-
cy Working Group(IWG)' 문서군 중 한국 관련 자료 조사 및 해제」(공
저) 등이 있다.

공준환

서울대학교 사회학과 박사과정 수료. 사회사 전공. 20세기 중반 동아시
아에서 일어난 전쟁과 전후 체제의 형성에 대해 관심을 가지고 민간인
피해, 전쟁범죄, 위안부 문제 등의 주제를 연구하고 있다. 주요 저서로는
「미국 국립문서기록관리청(NARA) 소장 일본군 전쟁범죄 관련 'Inter-
agency Working Group(IWG)' 문서군 중 한국 관련 자료 조사 및 해
제」(공저) 등이 있다.

권헌규

고려대학교 사회학과 석사 졸업. 역사사회학, 비교사회학 전공. 동아시아, 특히 한국과 일본 사회의 전후 체제가 구조화되는 과정과 그 효과에 관심을 가지고 있다. 대표 논문으로 「미군정과 냉전 자유주의 사회 형성에 관한 연구」(석사논문)가 있다.

백원담

성공회대학교 동아시아연구소 소장·일반대학원 국제문화연구학과 주임교수·중어중국학과 교수, 한국냉전학회 부회장. 논저로는 『신중국과 한국전쟁』, 『동아시아 문화의 생산과 조절』, 『냉전아시아의 문화풍경 Ⅰ·Ⅱ』, 「The 60th anniversary of the Bandung Conference and Asia」, 「냉전연구의 문화적 지역적 전화문제」 등이 있다.